JN081961

自分を変える！
行動の理由が
わかる！

ゼロからわかる
行動科学大全

明治学院大学教授
宮本聡介
監修

ナツメ社

はじめに

行動科学（Behavioral Science）という語が書物のなかに現れるようになったのは、1930年代半ばごろとされています。

この言葉を用い始めた最初のひとりが、心理学者のクラーク・ハルでした。当時、ハルは生物の行動を数学的に表現することが行動科学の目標と考えていたようです。

行動科学を世に広めた立役者はジェームズ・ミラーでした。彼は生物学や社会科学の諸領域の融合に強い関心をもち、1956年、雑誌『Behavioral Science』を創刊、その後30年にわたって編集長を務めました。彼がめざした行動科学は、文系・理系の枠を超えて人の行動を科学的に探求するという、超学際的なものでした。

行動科学は人間の行動を理解し、制御し、予測するという目標の実現をめざしています。程度の強さに強弱はあるものの、人の行動を科学的に解明するという学問的目標を掲げている学問は広範に及びます。たとえば、心理学（とくに社会心理学）

や行動経済学、認知科学を思い浮かべる方はたくさんいらっしゃると思いますが、社会学、人類学、医学、神経科学なども行動科学的な視点をもっています。

日常生活のなかに見られる人の行動の普遍的特徴の解明はもちろんのこと、行動に及ぼす文化的影響や脳内メカニズムまでが、行動科学の守備範囲といっていいでしょう。広範囲すぎてまとまりがないという批判も世の中にはあるかもしれませんが、多様な視点から人の行動の原因を説明しようとする姿勢が、行動科学の魅力でもあると思います。

本書はとくに仕事や人間関係、日常生活に役立つ知見を集め、行動のメカニズムや法則を紹介することを心がけました。行動科学は、社会に横たわる人間の行動に関する多くの問題の解決策を提供してくれています。

本書を読みながら、「えっ、そうなんだ」「そんなことまでわかっているんだ」と感じていただけたら、望外の幸せです。ぜひ、行動科学の世界をご堪能ください。

明治学院大学心理学部教授　**宮本聡介**

無意識の 脳のクセだった！

自分の行動も他人の行動も、真の理由には気づけていないもの。

まずは６つの質問に答え、行動科学的知見にふれてみましょう。

Question 1

IT企業に勤めるあなたは、今後の仕事に役立てるために知的財産権の勉強をしたいと考えています。

必要なテキストも揃えました。なのに家に帰るとつい、好きな芸人のユーチューブ動画を見てゴロゴロ。

気づけば夜中で、勉強はまるで進んでいません。

この行動の原因は何でしょうか？

A. 意志が弱い性格だから
B. ストレス解消の時間を無意識に求めているから
C. 明確な目標がないから

答えはP8

Prologue

行動の原因は、

Question 2

今日も厄介な上司に、予定外の仕事を振られたあなた。

何とか終わらせ、学生時代の友だちとの飲み会に駆けつけました。

しかしその話を友人にしたところ、「もっといい会社探したほうがいいよ」と真顔で言われ……、心のなかでムカムカ。

「大手で働いているからって、上からアドバイスかよ！」と思ったのです。

さてこのとき、あなたがとるべき行動は？

A. とりあえず水を飲んで落ち着く
B. 「ちょっとトイレ」と言って、店の外を全力疾走し、怒りを発散
C. 「すげー上から目線じゃない？」と、率直に言う

答えはP8

Question 3

あなたは今月から、新しい会社に転職したばかり。
やらされ感の強かった以前の会社とは違い、やりがいを感じながら、
キャリアを高めたいと考えています。数多くの同僚のなかで、
あなたがいちばん親しくなるべき人は、どのタイプでしょう？

A. 能力は低いけれど、親切でやさしい人
B. その部署でいちばん優秀といわれる人
C. 忙しくも楽しそうに働いている人

答えはP8

Question 4

日本経済の見通しは暗く、年金もあてにできません。
あなたは将来のため、給与の一部を
投資にまわすことにしました。利益が出る
確率が高い株式投資は、どの方法でしょうか？

A. チャートをリアルタイムで
分析し、迅速に売り買い
B. 上昇中の銘柄1点に
集中投資し、チャートを追う
C. よさそうな銘柄4つに
分散投資し、ほうっておく

答えはP9

Question 5

今日もSNSで、炎上案件を発見。
最近はあなたが勤める会社でも、
公式アカウントのツイートが炎上し、
対処に追われたばかりです。
炎上に加わり、コメントを書き込む人は、
なぜそのような行動をとると思いますか?

A. 正義感が強く、間違った発言を罰したいから

B. 快楽欲求が満たされるから

C. 暇な人だから

答えはP9

Question 6

最近はあなたの会社でも、多様な人種の社員を採用しようとしています。
しかしなかには、外国人の同僚に対し、日本人と同じに接することが
できない人も。どうすれば、このような偏見・差別を減らせるでしょうか?

A. 外部講師に依頼し、偏見を減らす研修プログラムを実施

B. わざと多様な人種のチームにし、プロジェクトを任せる

C. おたがいをよく知るための食事会やイベントを企画する

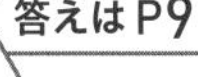
答えはP9

Q1～6の正解は？

≫C. 明確な目標がないから

Answer 1

性格のせいではありません。動機の高めかたの失敗です

自制心がきかないのは、A（性格）やB（無意識のストレス）のせいではなく、脳の使いかたの問題。長期的目標を明確にもつと、脳の「前頭前野（ぜんとうぜんや）」の力で、目先の欲求を抑えられます。

➡ P34

≫A. とりあえず水を飲んで落ち着く

Answer 2

怒りをぶつけたり発散させると、かえってエスカレートします

B（怒りの発散）は、怒りをかえって悪化させると実証済み。また、Cのような物言いは、人間関係を悪化させます。ここでは、落ち着いて話すためのアンガー・マネジメントが必要です。

10数えたり、深呼吸するのも効果的

➡ P88

≫C. 忙しくも楽しそうに働いている人

Answer 3

仕事の楽しさ、目的意識の高さはまわりの人にうつります

高いワークモチベーションで成果を出すには、内側からのやる気が肝心。高いモチベーションで楽しそうに働く人と一緒に過ごすと、自分のモチベーションや目的意識も高まります。

➡ P94

》C. よさそうな銘柄4つに分散投資し、ほうっておく

「先読みで大儲け!」は、自信過剰バイアスのなせる業

投資で多い失敗は、頻繁な売り買いや集中投資によるもの。「自分はマーケットを読める」という自信過剰バイアスが原因です。分散投資でリスクを避け、ほうっておくのが正解です。

➡ P160

》B. 快楽欲求が満たされるから

なぜ炎上に加わっているか、当事者も正しく理解していない

炎上に参加する人は、自分ではA（間違った発言を罰したい）と答えます。しかしこれは自己イメージを守るための方便で、実際は快楽欲求が満たされるためとわかっています。

➡ P180、192

》B. わざと多様な人種のチームにし、プロジェクトを任せる

共通の目的のために協働するのがいちばん効果的

外国人差別の背景には、別の属性をもつ集団を敵視する「外集団差別」があります。差別の軽減には、A（研修）やC（ただの交流）でなく、同じ目標に向かって協働するのが有効です。

➡ P206

自分の行動ですら、人は正しく説明できない

自分の行動にも人の行動にも、合理的な理由があると考えがち。
でも多くは無意識の判断のため、自分でも把握できていないのです。

今日のランチのチョイス、理由を正しく説明できる？

行動の多くは、脳内で無意識に選択されるもの。昼のメニュー選びの理由すら、正確な説明は困難です。しかし、その無意識にも法則があります。どんな状況で、なぜそのような行動をとるのかを科学的に説明するのが「行動科学」。社会心理学や行動経済学、社会学、神経科学などの知見です。自身の行動変容にも、他者の行動理解にも役立ちます。

認知

ものごとをどう知覚し、処理するか。たいていは無意識の反応

状況を解釈し、適切な行動を選択して、最終的な意思決定をするのが、脳の「認知」機能。過去の経験則も記憶として保存され、意思決定に活用される。なお、認知的処理にはふたつのパターンがある（→P12）。

状況

人の行動は、性格で決まらない。状況や他者の影響が大きい

人の行動選択は、状況に応じて変わるもの。ほかの人の行動も無意識に影響。自分の失敗は状況のせい、他人の失敗はその人の性格のせいにするなど、ご都合主義な部分も強い。

動機

意識的で明確な動機と、無意識の欲求の両方がある

行動は脳内で無意識に決めていることが多いが、理性を司る脳領域で行動をコントロールすることも、もちろんできる。明確なモチベーションがあれば統制がききやすい。

感情

自覚できていない感情も意思決定に大きく影響

ポジティブな感情のときは前向きな判断をしやすいが、失敗の後などは不安が強く、リスクに敏感になるなど。感情も無意識の意思決定、行動選択に強く影響している。

行動

これらの要素の組み合わせにより、行動が決まっている。食事のメニュー選択ですら、各要素がたがいに影響しあっているため、正しく自覚し、説明することはむずかしい。

脳の思考回路の「クセ」に気づこう！

どんな状況でどのような行動をとるかは、脳の思考システムで決まります。これを知ることで、行動の本当の理由が見えてきます。

スピーディだけど、ちょっと雑!? システム1

脳内にある経験則などを高速でざっくり処理し、行動を決める。たいていは正解にたどりつける、優秀なシステム。しかし頼りすぎると、決めつけや偏見、失敗につながる。

飛んできた球を、いつものフォームで打ち返す
Aといえば Bでしょ!!

- 経験にもとづく知識を使う
- 実用的に判断する
- 直感で、無意識的・自動的にものごとを決める
- 複数の情報を一度に処理。処理容量が多い
- 言語にあまり頼らない
- 文脈をもとに、連想ゲームのように考える
- 脳内のワーキングメモリ*を使わず、認知的能力とも無関係
- 進化的に古く、ほかの動物にもあるシステム

*思考などの脳内作業のために、関連情報を一時的に保存するシステム

人は1日3万5000以上の意思決定をしている

無意識の行動といっても、フロイト的な深層心理ではありません。脳活動の効率化です。私たちは1日3万5000以上の意思決定をしています。大事なのはスピードと、おおよその正確さ。多くの事柄は、経験則などをもとに考える「システム1」で判断します。一方、正確さが重要なときは「システム2」で時間をかけて考えます。

こうした脳のクセを知り、両者をバランスよく使えると、行動をよりよく変えたり、人の行動を正しく理解できます。

時間がかかるが、精度は高い

システム2

学習でインプットされた知識を使う

論理的に判断する

内省的、意識的に思考を制御する

情報をひとつずつ吟味。処理容量は少ない

言語に強く依存する

文脈でなんとなく考えず、論理的にものごとを判断

脳内のワーキングメモリを活用。認知的能力とも関係

進化的に新しく、人間に固有のシステム

脳内の膨大な情報にアクセスし、それらを論理的に組み立てて、ベストの意思決定、行動につなげる。精度は高いが、脳の処理容量を多く使い、時間もかかるのが難点。

ゼロからわかる行動科学大全

CONTENTS

Part 1 自分がわかる、自分を変える行動科学

「自分は意志が弱くてダメ……」。その思い込みが失敗の原因!!

Part 3

業績アップにも、コーチングにもすぐ役立つ！

働きかた&組織をよくする行動科学

組織の心理

リスク管理

業績アップ

Column

Part 4

消費と投資の行動科学

お金を有益に使いたい、利益を出せる投資をしたい！

Part 5 SNS&インターネットの行動科学

ネットの人間関係、不快コメントにイラッときたら……

Part 6

社会の「困った」に答える行動科学

人にやさしくない社会、どうすれば変えられる!? 195

Part 1

「自分は意志が弱くてダメ……」。

その思い込みが失敗の原因!!

自分がわかる、自分を変える行動科学

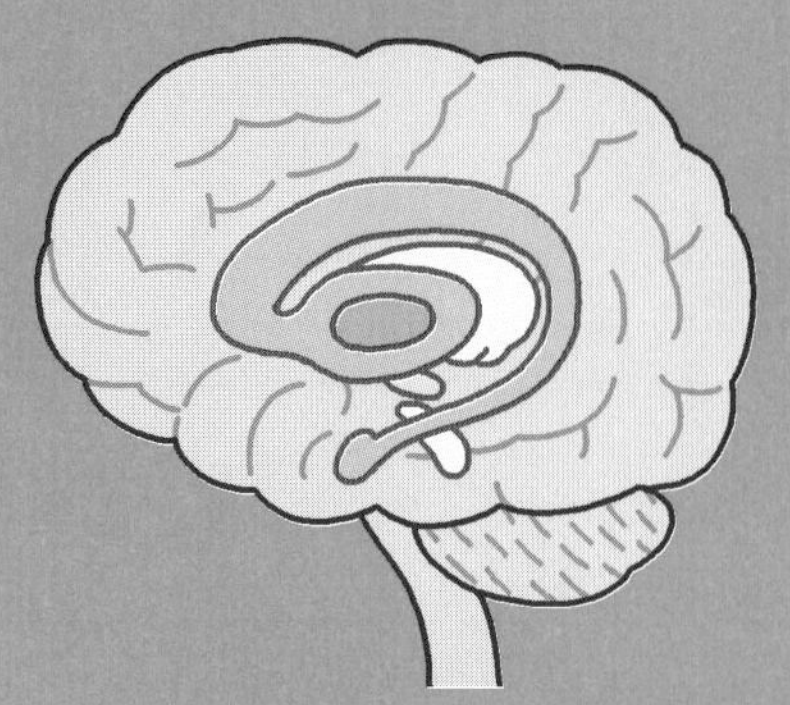

key word »

ヒューリスティックス

Heuristics

意思決定も行動も、脳の自動処理システムで決まる

人は忙しい。そんなに真面目に考えられない

伝統的な経済学では、人は合理的な存在と考えられていました。確率的に得をする行動を選ぶというのが、その前提です。

しかし日常生活や企業活動で、確率があきらかな状況など、ほぼありません。**一方で、判断すべき事柄の数は、1日3万5000以上。一つひとつの情報を精査するのは無理があります。**そこで、不確実かつ時間のない状況で、心をもつ人間がどのように意思決定するかを見出したのが、「行動経済学」です。不確実下での意思決定は、脳の思考回路のショートカットである「ヒューリスティックス」でおこなわれます。

ヒューリスティックスを使うと、過去の経験則などをいかし、ものごとをスピーディに判断できます。最善解ではなくても、それなりの最適解にたどりつけるすごい機能。日常の生活、業務では、ほとんど困らないでしょう。

一方で、人の性格を思い込みで決めつけたり、大事な仕事で誤った判断を下してしまうことも。他者への偏見・差別にも、ヒューリスティックスが強く影響しています。人の印象判断や、重要な意思決定では、立ち止まって考えることが大切です。

ヒューリスティックスは便利。でも、思い込みの原因に！

日常をうまく乗り切るために人類が発達させてきた機能で、以下の４つが代表的。

利用可能性 ヒューリスティック

思い出しやすいものごとを、判断材料に

どのくらい起きやすいできごとかを、パッと頭に浮かぶ情報で判断。記憶に強く残ることが手がかりとなり、「飛行機は車より危険」などの誤った推測をすることも。

➡ P50

代表性 ヒューリスティック

わかりやすい手がかりをもとに判断する

対象がもつ手がかりからカテゴリー分けをおこない、「○○っぽい」と判断。職業から性格を推測したり、見た目で人を決めつけるなど、偏見・差別にもつながる。

➡ P164

シミュレーション ヒューリスティック

未来のことを、経験や先入観で決めつける

起きてもいないできごとを脳内でシナリオ化し、結果を推測する。楽観的に推測する人はいいが、マイナスの推測をする人は不安を強めたり、後悔に悩まされる。

係留と調整 ヒューリスティック

最初に見た数値に、つい引っぱられる

最初にふれた情報が「錨（いかり）（アンカー）」として脳内に係留され、それを手がかりに判断。値引き前の価格はもちろん、関係ない数値でも、のちの判断に影響する。

➡ P144

key word »

認知的不協和理論

Theory of Cognitive Dissonance

自己イメージと違う行動は、脳内で言い訳する

「自分は一貫性のある人間」と、信じたい

あなたの周囲の喫煙者を、ひとり思い浮かべてください。「タバコはストレス解消になる」「1日数本だし、その気になればやめられる」などと、いつも言い訳していませんか？

タバコが体に悪いのは、医学的に自明の事実。周囲の人が、がんや呼吸器疾患になるリスクも高まります。**そのため、〝タバコを吸う〟という行動と、〝タバコは自他の健康に悪い〟という認知（考え）のあいだで不協和が起き、心に不快感が生じます（認知的不協和）。**それを解消するために、喫煙行動を正当化する言い訳を考えるのです。

喫煙者の矛盾を笑う人も、似たような行動をとっているもの。やせたいのに間食したり、やるべきことがあるのにスマホで動画を見たり。誰もが認知的不協和を抱えています。そして、「今日は仕事を頑張ったから、間食していい」「ちょっと気分転換してるだけ」などと、自分の行動を正当化します。

強引な言い訳をしてでも、「自分は合理的な人間だ」「だらしない人間ではない」といった、自己イメージの一貫性を保ちたいのです。

本来は行動を変えるのが合理的だが、禁煙が大変なので、認知を変えてバランスをとる。

ストレスが多いんだから、タバコくらいいいだろう。
昔は皆吸ってたし、皆が病気になってたわけじゃない

自分を甘やかしたいときは、認知をうまく変える

認知的不協和は古くから見られる現象で、どんなときに不協和が起きやすいかもあきらかになっています。

1 行動を変えても、メリットが大きくないとき

報酬が大きくなければ、行動は簡単には変わりません。

2 罰が与えられないか、罰が小さいとき

喫煙時の罰則などがなければ、何となく喫煙を続けます。

3 自由意志による行為のとき

「やせたい」などの内発的意志があるのに、一方で自分の意思で間食してしまったときなどに、不協和が生じます。

4 ほかに魅力的な選択肢があるとき

ふたつの商品で迷った末、一方を買ったときなど。買わなかった商品の魅力を、心のなかで無意識に低減させます。

5 行動に多くの労力が費やされたとき

長時間運動した後などは、その後のビールや間食に抱く罪悪感も大きく、「頑張ったごほうび」などと合理化しがちです。

このような心理を利用して行動を変えるソーシャルマーケティング（→P215）や、健康支援モデルの開発も進んでいます。

いつもの行動あるある!

認知的不協和が生じないよう、見たいものだけ見るのも、人の本能。たとえば保守的な政治的意見をもつ人は、保守的な新聞やサイトばかり見て、信念を合理化する。似た考えをもつ人とだけつきあうのも、同じ心理だ。

key word »

双曲割引

Hyperbolic Discounting

10年後の〝いいこと〟より、目先の〝いいこと〟が欲しい！

将来の価値より、目先の価値が大きく見える

ダイエット中にスウィーツを食べたり、健康に悪いタバコを吸ったりするのには、わけがあります。**人は将来の価値を過小評価し、目先の価値を過大評価してしまうのです。これを「双曲割引」といい、左上のようなカーブを描きます。**

甘いものを食べれば太るとわかっていても、食べた瞬間に体重は増えません。一方で目の前のスウィーツは、いまそこにある価値。天秤にかければ、目先のスウィーツの圧勝です。喫煙も同じで、吸った瞬間にがんにはなりません。重大な病気でも、将来のリスクはとても小さく感じられてしまうのです。貯金がむずかしいのも、このバイアスのせい。目先の洋服や旅行、美味しいものにお金を使うほうが、ずっと価値が高く見えます。

現金払いに代わって普及したクレジットカードの使用時にも、この原理が働きます。実際には、たった1、2か月、支払いが延びるだけ。なのに現金払いに比べ、約1・3倍も多く浪費してしまうことがわかっています（Hafalir EI& Loewenstein G, 2009）。**目先の誘惑に負けそうになったら、「これはバイアス！」と自分に言い聞かせ、7割程度の価値で見積もりましょう。**

時間が先になるほど、価値が割引かれてしまう

双曲割引も、行動経済学であきらかになった法則。人の価値判断は不合理だらけだ。

（「Neural systems implicated in delayed and probabilistic reinforcement.」Cardinal RN, Neural Networks vol.19(8):1277-1301, 2006より引用）

同じスウィーツやお金でも、遠い将来では価値が激減。労力やコストも同様に見積もられる。

目先の報酬をがまんすると、後で3倍もらえる遅延報酬の実験。チンパンジーの成功率は72%、人では19%だった（Rosati AG et al., 2007）。

key word »

プラセボ効果

Placebo Effect

思い込みも悪くない!? 信じる力が脳を動かす

薬も健康食品も、思い込みで効果がアップ

私たちの行動は、自分で思う以上に、無意識的な思考に動かされています。それを逆用するのもひとつの手です。

よく知られるように、薬にはプラセボ効果があります。「痛みに効く薬ですよ」などと渡されると、ただの小麦粉カプセルであっても、痛みが軽減してしまうのです。これはすべての薬で見られる現象。そのため薬の治験では、プラセボ投与群と比べ、統計的に有意な効果があるかを確かめます。

プラセボ効果は、高い期待感に加え、過去の行動で得られた効果による条件づけで起こります。脳の神経伝達物質などの受容体が活性化し、セロトニンやドパミンその他の分泌量が変わるのです。プラセボ効果と同じ原理で、実薬ではないのに副作用が出る「ノセボ効果」もあるとわかっています。

思い込みの力は、これほど強力なもの。仕事や勉強でより高いパフォーマンスを上げたいなら、「自分ならぜったいできる!」と心から信じましょう。過去に失敗したときのことを思い出し、「また失敗するかも」と考えていると、ノセボ効果で本当にパフォーマンスが下がってしまいます。

プラスの効果だけでなく、マイナスの作用も生じる

「痛みによく効く」「副作用が出る」などの思い込みが、脳の反応を変えてしまう。

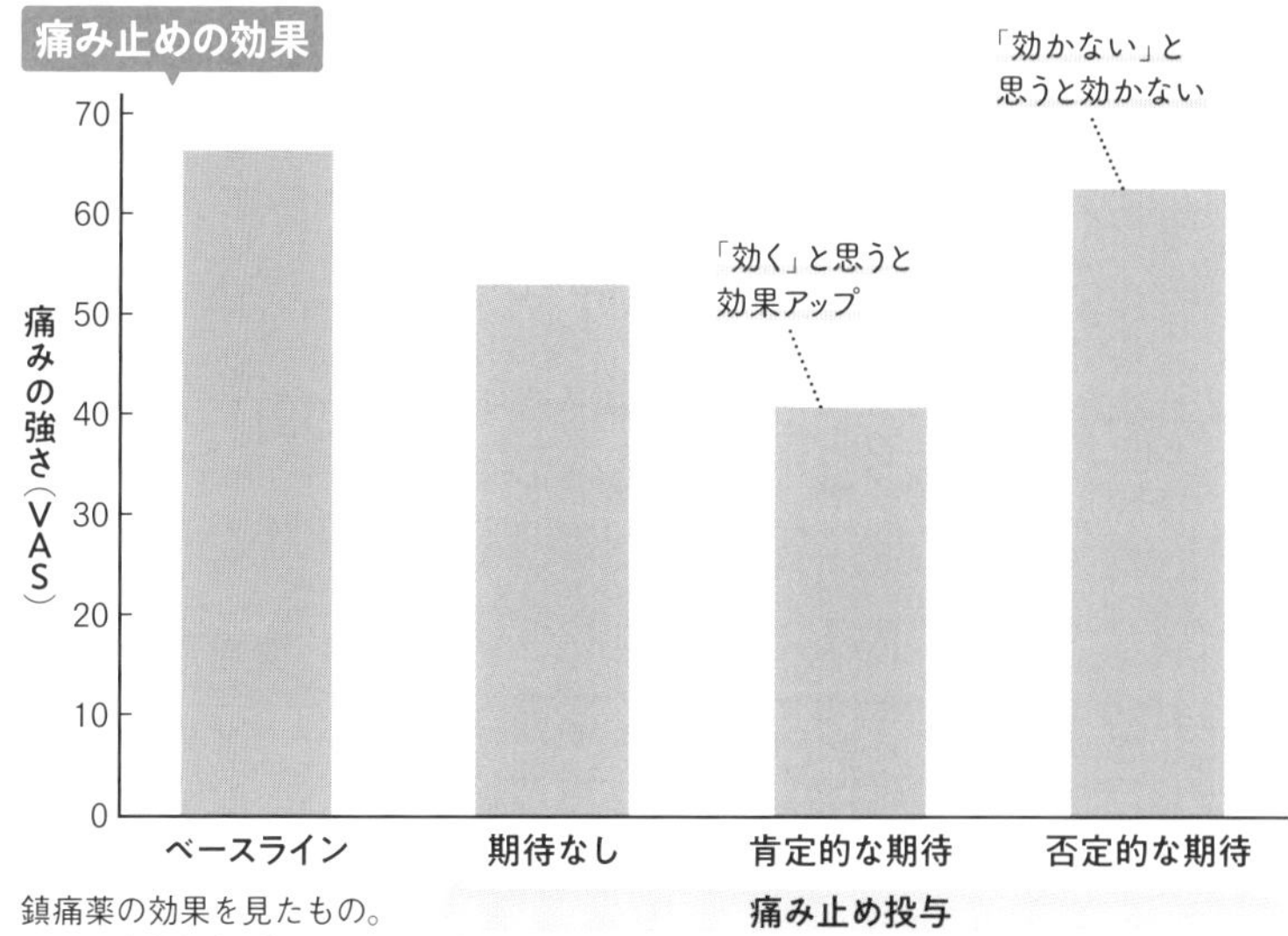

鎮痛薬の効果を見たもの。同量の実薬投与群でも、期待値の高さによって効果が大きく変わった。

（「FACT SHEET Placebo and nocebo effects：The importance of treatment expectations and patient-physician interaction for treatment outcomes.」Hartmann H& and Bingel U, IASP, 2022より引用）

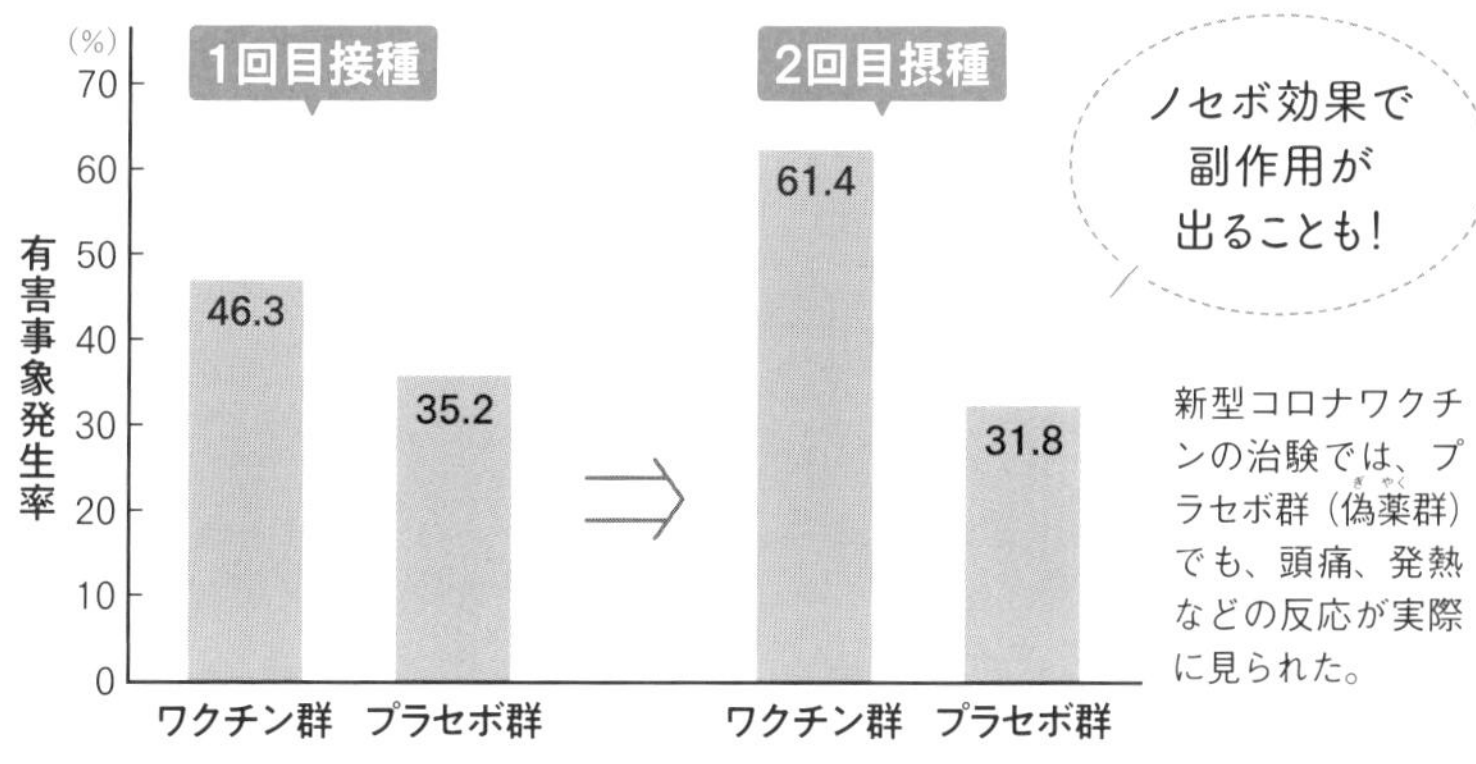

新型コロナワクチンの治験では、プラセボ群（偽薬群）でも、頭痛、発熱などの反応が実際に見られた。

（「Frequency of adverse events in the placebo arms of COVID-19 vaccine trials：A systematic review and meta-analysis.」Haas JW et al., JAMA Network Open vol.5（2）：e2212777, 2022より引用）

値段も、効果の期待値を高める一要因。栄養ドリンクを使った実験でも、定価で購入した人は、半額で購入した人に比べて疲れを感じにくく、飲用後の課題成績も高かった（Shiv B, Carmon Z&Ariely D, 2005）。

key word »

思考抑制のリバウンド効果

Paradoxical Effects of Thought Suppression

ラーメンが頭から離れない……思考抑圧のワナ

「考えちゃダメ」と意識するのは逆効果

プラセボ効果からわかるとおり、暗示の力は強力です。ただし、意思の力で思考を抑え込むのは容易ではありません。**「考えちゃいけない」と思うと、考えずにいられなくなる「思考抑制のリバウンド効果」が起こります。**

この現象を証明したのが、アメリカの社会心理学者ウェグナーがおこなったシロクマ実験（Wegner DM et al., 1987）。実験参加者は教室で5分間過ごし、考えたことすべてを目の前のレコーダーに吹き込むよう指示されます。5分たつと担当者が戻ってきて、今度はこう言います。「次の5分間も、考えたことを同様に吹き込んでください。ただしシロクマのことだけは考えないように。もしも思い浮かべてしまったら、目の前のベルを鳴らしてください」。そして最後の5分間は、同様の実験で、シロクマについて考えるよう指示されます。

実験の結果、シロクマのことを〝考えるな〟と言われたグループは、ベルを頻繁に鳴らすことに。「シロクマの代わりに、赤いフォルクスワーゲンのことを考えて」という実験でも、実験参加者の頭のなかはシロクマでいっぱいになってしまいました。

シロクマに関心があってもなくても、頭から離れなくなるのが、この実験結果のポイント。

面接やプレゼンも、力みすぎると失敗する

特定の思考を抑制するには、脳内の思考をモニタリングし、その単語・概念を検出する必要があります。その結果、その単語・概念に敏感になってしまい、リバウンド効果が生じます。

多くの人にとって、シロクマはニュートラルな刺激です。それでも頭から離れないのですから、好物の食べものなどは当然のこと。**ダイエット中に、「ラーメンだけは食べないようにしよう」などと考えると、頭のなかはラーメンでいっぱいです。**禁煙開始後の人も、無意識に、タバコのことばかり考えます。

ほかには、スポーツのパフォーマンスを対象とした実験もあります。「特定のミスをしてはいけない」と思うと、そのミスが増えてしまうのです（Beilock SL et al., 2001）。**プレッシャーのかかる場面では、「失敗してはいけない」「無能と思われてはいけない」という思考にとらわれないよう注意。**「きっとうまくいく」という前向きな自己教示が、成功の秘訣です。

この法則は、他者に対する偏見にもかかわっています。「○○人だから」「女性だから」という目で人を見てはいけないと考えると、脳内の固定観念に注意が向きやすくなります。

いつもの行動 あるある！

うつ病や不安症などの心の病気の人も、思考抑制に失敗していることが多い。「どうせ自分はダメだ」などの自己批判、「きっと大変なことになる」という破局的思考が脳内で反すうし、落ち込みや不安が強まってしまう。

key word »

モラル・ライセンシング効果

Moral Licensing Effect

意識の高い行動の後は、ダメな行動に走りがち

非差別発言や慈善行動が、免罪符になる

募金や人助けをした後は、自分はいい人間であると感じ、誇らしくなりますね。しかしこんなときこそ、その後の行動には注意。**社会的に望ましい行動が免罪符となり、よくないことをしやすいのです。これが「モラル・ライセンシング効果」です。**

たとえば、ボランティア活動の影響を見た実験（Khan U & Dhar R, 2006）。実験参加者には、外国人学生のために教材をつくるボランティア活動をしてもらいました。その報酬を地元の慈善団体に寄付するか尋ねたところ、ボランティア活動をしなかったグループより、寄付の額があきらかに低くなりました。

偏見・差別にまつわる道徳的判断でも、この効果は顕著です。学生を対象とした実験では、「多くの女性は、正直なところ賢くない。家で子どもの世話をするほうが向いている」などの女性蔑視意見をまず読ませ、評価させました。次に採用面接場面で、大手コンサルの上級職に、誰を選ぶか考えさせます。**すると最初の女性蔑視意見に強く反対した学生ほど、上級職には白人男性が最適と判断。自分の高い道徳観に気をよくし、偏見・差別をあらわにしてしまったのです**（左上の図参照）。

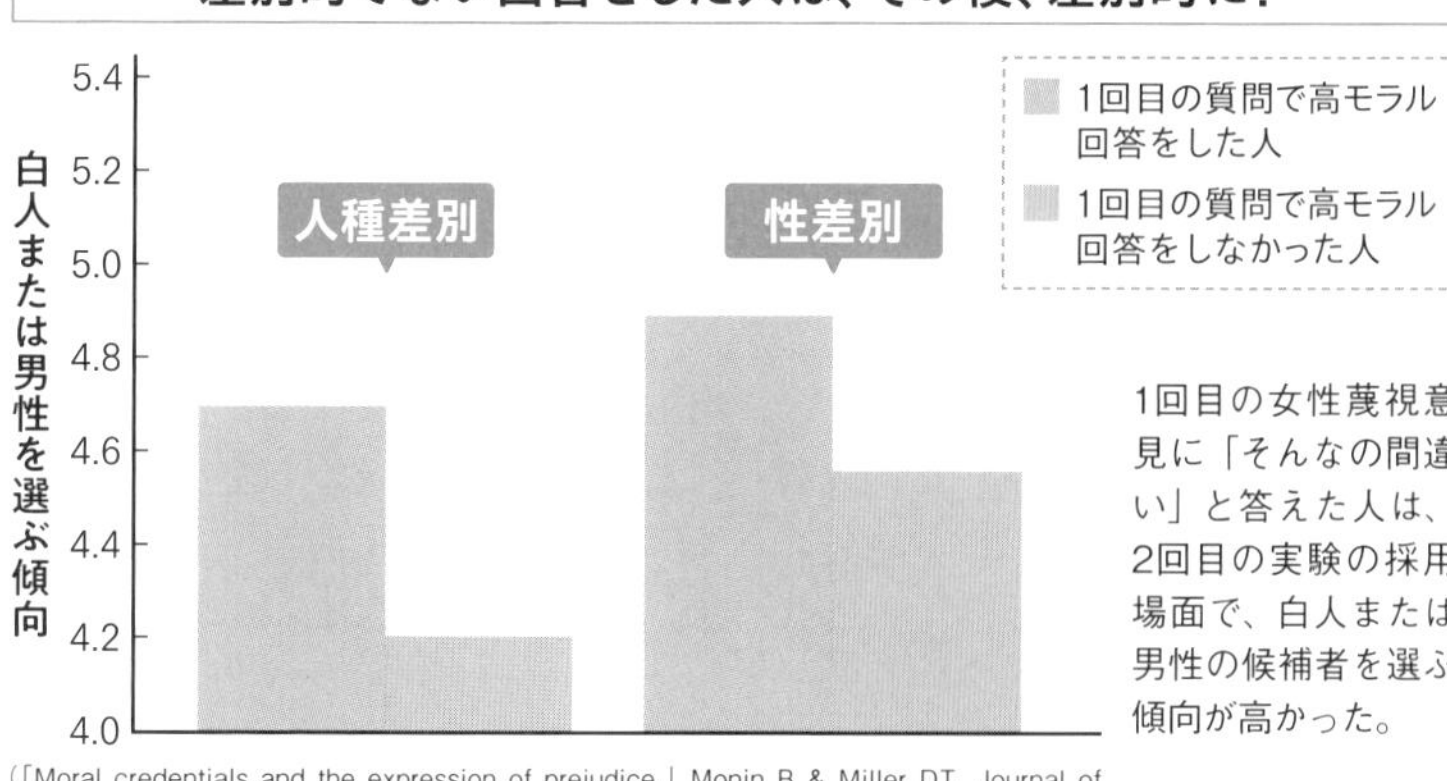

（「Moral credentials and the expression of prejudice.」Monin B & Miller DT, Journal of Personality and Social Psychology vol. 81（1）: 33-43, 2001より引用）

ジムの後でビールを飲むのも、同じ原理

モラル・ライセンシング効果は、消費行動にも波及します。実験で渡された架空のシナリオで、〝ホームレスシェルターで、子どもたちに勉強を教える〟などのボランティア活動を選んだ人は、その後の買いもの場面で、高級品とされるデザイナーズジーンズを欲しがりました（Khan U & Dhar R, 2015）。

「いいことをしたんだから、ちょっと悪いことをしてもいい」「楽しみだって必要」という感覚は、日常でもよく見られます。ジムで長時間トレーニングをした後で飲むビールが、どれほど美味しいことか。「こんなに頑張ったんだから、ちょっとくらい」と思えば、認知的不協和（→P24）だって気になりません。このように、社会ではなく自分に対する罪悪感の軽減を図るものを「セルフライセンシング効果」とよび分けることもあります。

人の認知と行動は、これほどまでにご都合主義。ただし希望もあります。過去の非道徳的行動を思い出すと、その罪悪感からよいことをしたくなるのです。**誘惑に負けそうになったときは、過去の望ましくない行動や、自分のためにならない快楽行動を思い出すと、よりよい選択ができるでしょう。**

いつもの行動 あるある！

モラル・ライセンシング効果の例として、オーガニック食品の摂取もあげられる。体にいいことをしたという誇らしい気分から、チョコやスナックを反動で食べ、プラスが打ち消されてマイナスになることもある。

key word »

セルフコントロール

Self-Control

意志の弱さは性格じゃない。習慣で変えられる！

目先の楽しさと今後の目標、どっちが大事？

「明日も仕事だし、早く寝ないと」と思いつつ、深夜までユーチューブやSNSを見てしまう――こんな経験、ありませんか？　動画視聴で高い幸福感や充実感が得られているなら、何も問題はありません。でも実際には、手近な娯楽として動画を視聴し、「肝心なことは何もできなかった」「自分はなんて意志が弱いんだろう」と感じている人もいるでしょう。

人はこのように、短期的な欲求・衝動と長期的な目標のあいだで葛藤を抱えています。**脳科学的には、目先の報酬を求める「腹側線条体（ふくそくせんじょうたい）」と、理性を司る「前頭前野（ぜんとうぜんや）」がせめぎあった状態です。**欲求を制御できれば、セルフコントロールの成功。得意な人は目標を達成しやすく、健康や人間関係も良好に保てますが、苦手な人は不健康な生活習慣や依存症に陥りがちです。

じつはこの違い、性格のせいではありません。**セルフコントロール上手な人は、長期的な目標を思い出し、欲求を抑えることに慣れているだけなのです。**コツコツと習慣化すれば、心理的葛藤自体も生じにくくなるとわかっています。衝動を無理に抑えなくても、望ましい行動を無意識に選べるのです。

自制できるかどうかは、脳機能のバランスしだい

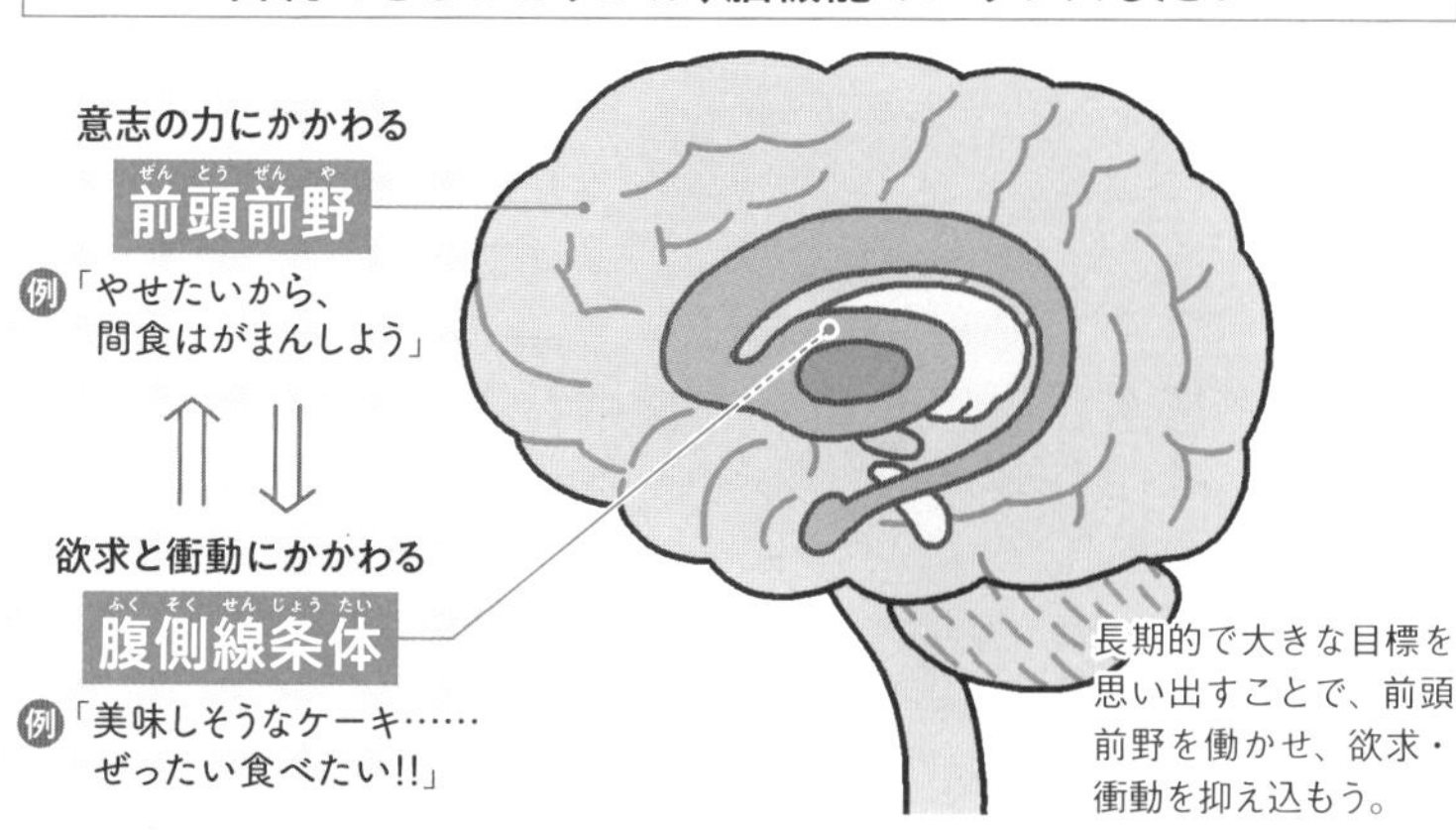

自分で決めた目標に向かって、コントロールを

もうひとつ、セルフコントロール上手になる秘訣があります。それは「自己決定」です。自分が望んで決めた目標をもたず、義務感が強い状態では、目先の欲求に負けてしまうもの(Milyavskaya M et al., 2015)。**「本当にしたいことは何か」「どんな人生を送りたいか」を明確に描き、自分なりのやりかたで行動を調整するのが、セルフコントロール上手な人の特徴です。**

目標を達成する具体的な方法として、「制御焦点理論」の研究も進んでいます。目標への向き合いかたには、成功をめざして頑張る「促進焦点」と、失敗・損失を避けようとする「予防焦点」があるとする理論です(Higgins ET, 1997)。

これは性格によって異なり、どちらがよいとはいえません。**促進焦点が強い人は、仕事が速く創造性の高い人。**最終的な成功イメージを思い描いてぐんぐん進むと、セルフコントロールがうまくいきます。自分へのごほうびを用意しておくのも有効です。**これに対し、予防焦点が強い人は、仕事が正確で分析的思考が得意な人。**失敗しないことが重要なので、小さな目標をたて、確実にコツコツ達成する方法が適しています。

ダイエットのためのセルフコントロールも同じ。「自分は意志が弱いから」とあきらめず、長期的目標を思い出そう。お菓子を常備しておかないなど、欲求に流されないための環境づくりも役に立つ。

key word »

行動分析

Behavior Analysis

行動随伴性を利用して、いい行動を習慣に

行動の直後に、何が起きたか見てみよう

セルフコントロール上手になるには、人の行動パターンへの理解も欠かせません。**人の行動は、「A　刺激（きっかけ）」→「B　行動」→「C　結果」の3つの流れで成り立っています。行動分析学の知見では、「C　結果」を変えることで、望ましい行動が定着するとわかっています。**

あなたが犬を飼っていて、オスワリを教える状況を考えてみてください。「オスワリ！」といくら言っても、犬には意味がわかりません。しかし、おしりが床に着いた瞬間に「オスワリ」と声をかけ、ほめてあげるとどうでしょう？　「オスワリと言われたときに、おしりを床に着けたらいいことがあった！」と犬が学習し、進んでオスワリをするようになります。このように、行動の直後に望ましい結果（報酬）が得られると、その行動は自然と増えます。続けるうちに、「オスワリ」の言葉だけで、喜んで座るようになるでしょう。

これが行動随伴性による学習原理で、行動直後に望ましい結果が得られることが、行動変容の秘訣。子どもの教育にも広く使われている、応用行動分析の考えかたです。

結果がよければ、行動は自然と習慣化する

応用行動分析はビジネスでも役立つ。若手の報告・相談を徹底させたいなら、相談された側の反応を見直してみよう。

行動を変えたいときは、自分へのごほうびを用意

大人の行動変容にも、応用行動分析の原理は役立ちます。たとえば、あなたが運動不足に悩んでいるとします。目標は1日1万歩なのに、いまは7000歩。最寄り駅のひと駅前で下りれば1万歩になりますが、つい億劫に感じてしまいます。

こんなときこそ、自分へのごほうび（報酬）の出番。「ひと駅歩くたびに貯金箱に500円入れ、貯まったら好きな服を買う」「ひと駅前のエリアでお気に入りのカフェを見つけ、そこでお茶を飲む」などのごほうびを考えましょう。

このルールをずっと続ける必要はありません。**行動は習慣ですから、習慣化する前のハードルがいちばん高いのです。**1週間、10日間と続け、一度習慣化してしまえば、心理的抵抗もなく実行できます。

ベストのタイミングは、環境が変わったとき。すでに習慣化された行動を、いったんリセットできるからです。アメリカの学生を対象とした実験でも、「新聞を購読する」「エクササイズをする」などの行動変容は、引越し後のタイミングでもっとも成功しました（Wood W, Tam L & Witt MG, 2005）。

いつもの行動
あるある!

転職や部署異動、勤務形態の変化も、行動変容にはベストのタイミング。「新たな環境での新たな自分」をめざす気になる。とくに環境変化がない人は、部屋の模様替えなどで新しい環境をつくるのもいい。

key word »

ナッジ

Nudge

目の前に水があれば、コーラではなく水を飲む

行動しやすいしくみをつくれば、行動は変わる

「行為は環境のなかにある」と言ったのは、認知心理学者ギブソンJ J。環境が人に特定の知覚を起こさせ、行動を誘発するという「アフォーダンス理論」を提唱しました。行動を構造的に変える「行動デザイン」で重要となる理論です。

そして、行動を具体的にデザインする方法として注目されるのが、行動経済学の「ナッジ」。〝ひじで軽くつつく〟の意味で、意識せずとも、よりよい行動を選べるよう促す方法です。代表的なのが臓器提供の例。日本の臓器提供制度では、希望者が自ら動き、申請しなくてはなりません。これに対し、臓器提供がデフォルトの国では、非希望者だけが申請をします。その結果、後者の国々では、日本の50倍前後の臓器提供率を実現しています。人の行動はしくみひとつで大きく変わるのです。

現在では、一人ひとりの行動原理をもとにナッジを応用する「パーソナライズドナッジ」「セルフナッジ」も提唱されています。「小さめの食器を使う」「ミネラルウォーターを冷蔵庫の手前に並べ、コーラは奥のほうに収納」なども、いますぐできるセルフナッジです。ダイエットや健康づくりに、ぜひ活用を。

ナッジの応用で、いまよりもっと健康になれる!

国や自治体によるナッジだけでなく、企業や個人による応用バージョンも注目されている。

パーソナライズドナッジ

一人ひとりの行動特性を考慮したナッジ。イギリスの大学での実践例では、ランチ4種のうち2種をベジタリアン食にした結果、健康な食事を選ぶ学生が増えた（Garnett EE et al., 2019）。

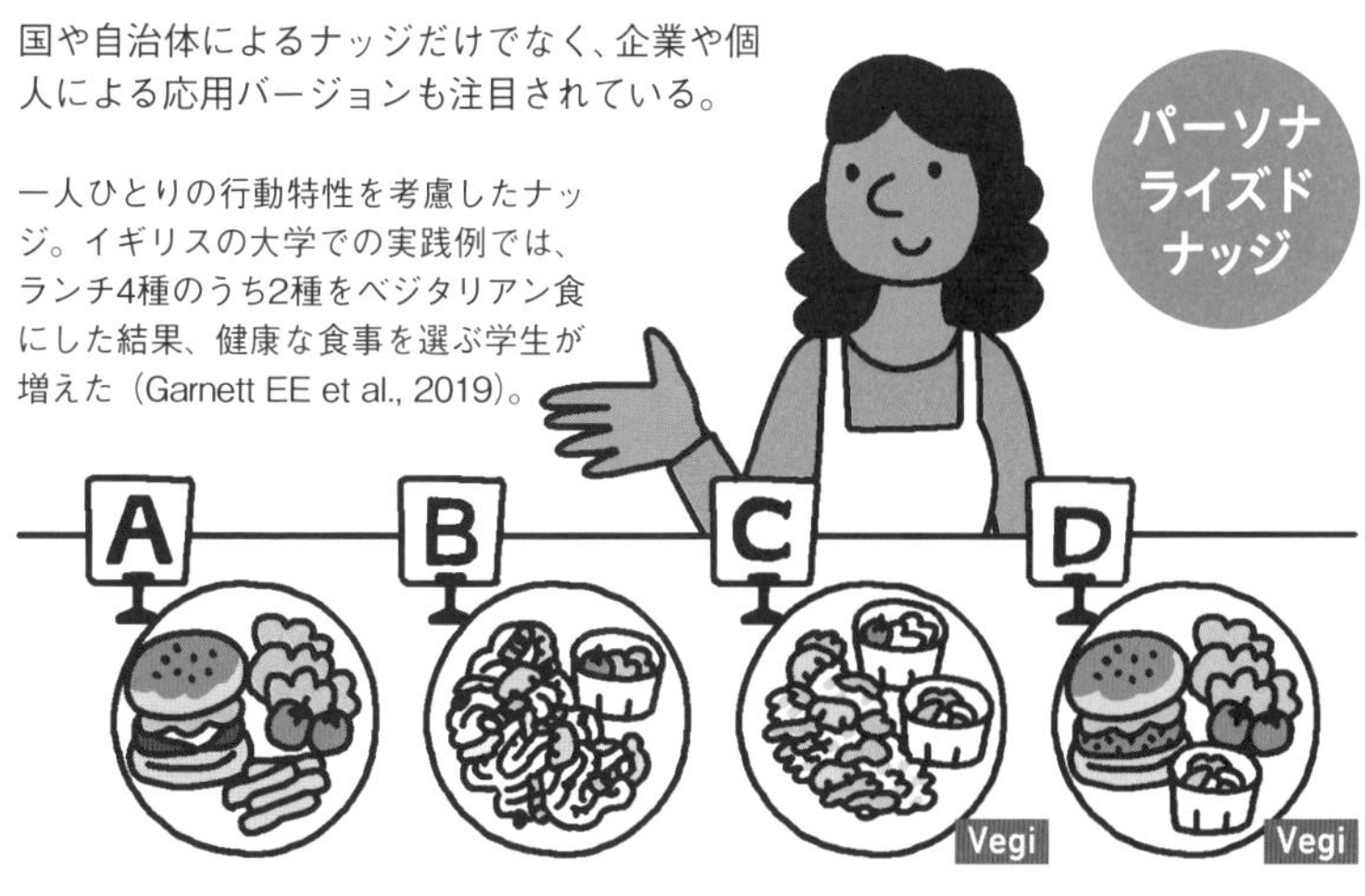

カフェテリアのメニューのうち、2つをベジタリアン食にすると、選択率がアップ

セルフナッジ

しくみづくりで、自分自身の行動を無理なく変えることもできる。

1 リマインダーを使う

ランニングなど、新しくとり組みたい行動をスケジュールに入力しておき、アラーム設定するなど。パーソナライズドされた健康アプリも有効。

2 見かたを変える

「脂肪分50%カット」の食品は、「脂肪分50%含有」ということ。ものごとの見かた（フレーム）を変えると、よりよい食品・商品選択ができる。

3 環境を変える

たとえば、冷蔵庫や棚の配置を工夫。手にとりやすい位置にはミネラルウォーターを置き、お菓子やジュースは手の届きにくい位置に置くなど。

4 社会的比較&圧力を活用

「みんなやってる」とわかれば、自分もやろうという気になる。周囲の人に行動変容の決意を話す、同じ目標をもつ人とSNSでつながるなど。

いつもの行動あるある!

ナッジによる食行動変容研究の大規模解析によると、1人あたり1日124kcal分を減らす効果があった（Cadario R&Chandon P, 2020）。そのうちもっとも効果が高かったのは、食器やポーションのサイズ変更だ。

key word »

目標伝染

Goal Contagion

セルフコントロール上手な人と一緒に過ごす

プラスの行動もマイナスの行動も、人からうつる

目の前に、迷子で泣いている子がいたら、あなたはどう感じますか？　親を探すと同時に、不安でたまらないその子の気持ちになり、胸を痛めるのではないでしょうか。

人の脳には、他者の行動から心を推測する神経細胞「ミラーニューロン」が備わっています。人の行動をまねしたり、気持ちに共感できるのも、ミラーニューロンのおかげ。社会的生きものである人間が、生存率を高めるために発達させた機能です。友人や家族が美味しそうなものを食べているときに、「私も！」と思うのも、相手の感覚に共鳴するため。脳に快楽と興奮をもたらす神経伝達物質「ドパミン」も放出されます。

自分の行動をよりよくしたいなら、誰とつきあうかが肝心。周囲の人が不摂生だと、あなたの行動もそうなります。

とくに食行動は、身近な人の影響を大きく受けています。心血管疾患のリスクを調べた大規模疫学調査「フラミンガムスタディ」でも、この事実があきらかに。親しい友人が太ると自分も太るという〝肥満の伝染〟がはっきり認められたのです（左図参照）。この影響は、家族間の遺伝よりはるかに強力です。

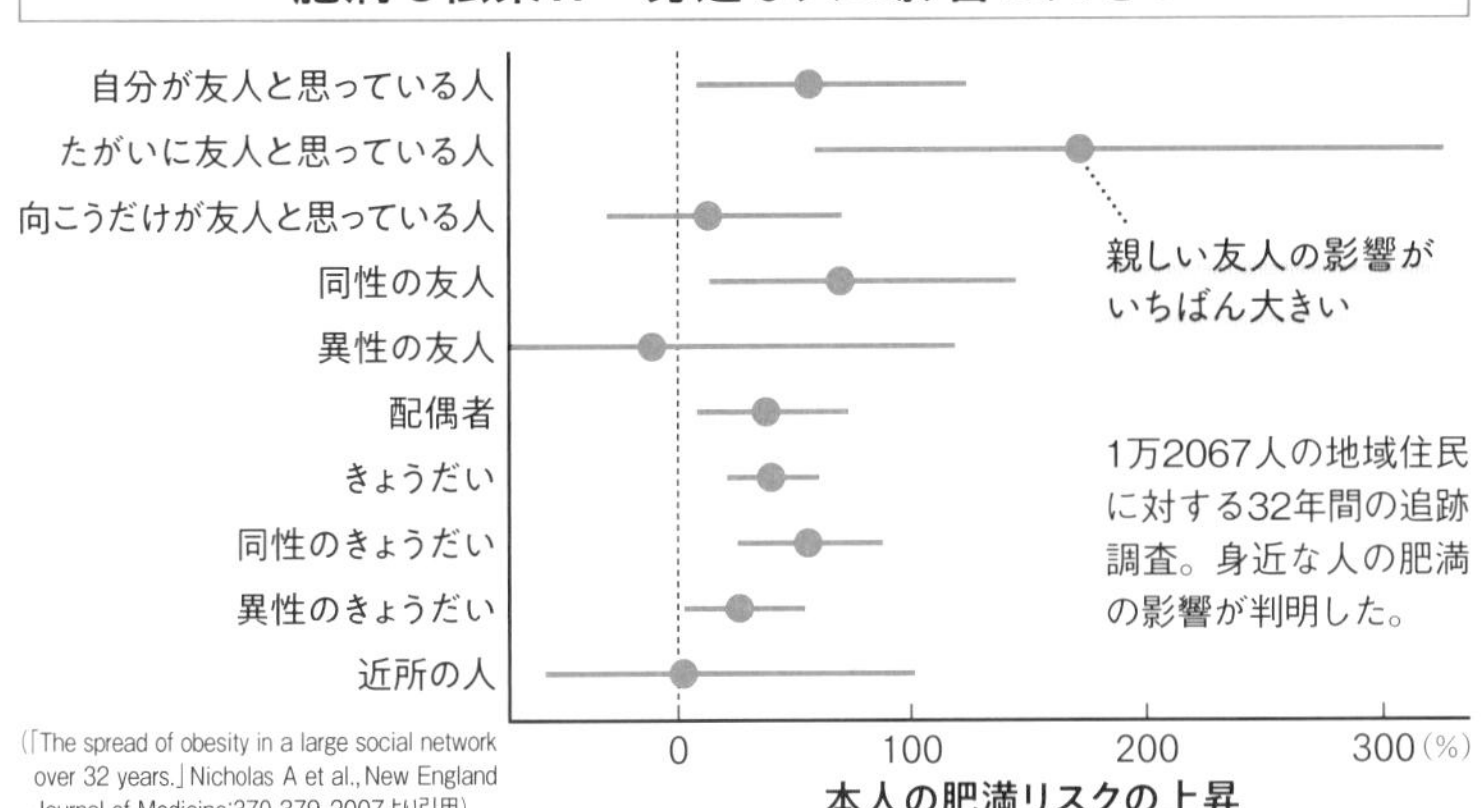

（「The spread of obesity in a large social network over 32 years.」Nicholas A et al., New England Journal of Medicine:370-379, 2007より引用）

「自分もああなりたい」という、ロールモデルも大事

行動だけでなく、目標も人からうつります。心理学ではこれを「目標伝染」といいます。同じ職場でも、高い目標をもって専門性を高めている人が身近にいれば、自然と影響を受けるでしょう。その姿は、あなたにとって最高のロールモデル。このような人が周囲に多いほど、目標に向かってセルフコントロールできるようになります。

では、身のまわりの人の意識が高くない場合は、どうすればいいでしょうか。「成功や目標のために、これまでの人間関係をリセットだ！」とはいきませんね。**これからの新たな人間関係で、高い目標をもつ人と積極的にかかわっていきましょう。**

高い目標をもつ人の記事や書籍を、積極的に読むのもおすすめです。実験でも、目標に向かって努力する人のシナリオを読むだけで、実験参加者の動機づけがアップ。休暇中にアルバイトに励んでいた学生のシナリオを読んだ学生では、「頑張ってお金を稼ごう」という目標指向性が顕著に高まりました（Aarts H, Gollwitzer PM & Hassin RR, 2004）。行動も変化し、実験課題により熱心にとり組み、報酬を勝ちとろうとしました。

いつもの行動 あるある！

感情やストレスも伝染する。経営者や上長がイライラしている職場では、不快感が皆に伝染し、生産性が下がる。「なんでこんなに成果が上がらないんだ」と不満を述べる経営者は、自分が原因と疑ったほうがいい。

key word »

プライミング効果

Priming Effect

意識下の感情が、意思決定に大きく影響

通勤中のできごとで、仕事の意思決定が変わる

行動には感情も影響します。近年はｆＭＲＩ（機能的磁気共鳴機能画像法）が認知科学の研究に使われ、脳内の変化を詳細に捉えられるようになりました。その結果、人の脳内では、意識に上らないレベルの多様な反応が起きているとわかっています。

先行する刺激が、それとは無関係な情報処理や行動に影響することを「プライミング効果」といいます。感情によって意思決定や判断、記憶などが変わるのが、「感情プライミング」。「通勤電車で隣の乗客がイライラしていた」という程度のできごとも、その後の業務判断に影響しています。

プライミング効果には、ほかにもいくつかの種類があります。たとえば特性プライミング。「男らしさ」「やわらかさ」など、人やモノの特性を表す言葉を見ると、その後に見る対象の「男らしさ」「やわらかさ」に注意が向き、そのような評価をしがちです。目標プライミングでは、「達成」などの言葉を見るだけで、目標達成意欲が無意識に高まります。**自分では意識できなくても、人はこれほど環境に影響される生き物。ネガティブな人や言葉、情報からは、なるべく離れて過ごすのが賢明です。**

日常のあらゆる場面で、プライミング効果が起きている

自分では気づかないが、何の関係もないプライミング刺激が意思決定に影響している。

ポジティブな感情プライム

打ち合わせの帰り、緑の多い道を歩いた

カフェのスタッフが笑顔だった

かわいい子犬の写真が目に入った

ポジティブな判断

この企画書、よくできてるね！

関係ない状況でふれた刺激、そこで生じた感情が、仕事の判断に影響。

その他のプライミング効果

マインドセット・プライミング

ものごと全体の捉えかた、対処法に影響する

ものごとを捉える心的構え（マインドセット）への影響。「失敗は許されない」などの言葉にふれると、積極的な挑戦がしにくくなるなど。

目標プライミング

「達成」などの単語がモチベーションに影響する

目標関連語を見ると、動機づけが高まる。名言・格言カレンダーを壁に貼る昔ながらの習慣も、目標プライミングの観点では有効といえる。

特性プライミング

単語や概念にふれると特定の知識が活性化

たまたま注意が向いた特性が、ほかの対象に適用される。ふかふかのソファでココアを飲む人が温かく、やさしく見えるのも、この原理が関係。

いつもの行動 あるある！

「上司からいい返事を引き出したいなら、機嫌のいいときに」というのも、古くからいわれる感情プライミングの法則。ただし昭和の企業ならまだしも、現代では、感情で判断がブレすぎる上司のほうが問題だろう。

key word »

投影バイアス

Projection Bias

楽しみだった予定が、急に面倒くさくなる

未来の感情は、正確に予測できない

空腹時にスーパーに行った経験がある人なら、投影バイアスが感覚的にわかるはず。空腹は〝いま、ここ〟の現象ですから、食事すればすぐ解消されます。なのに「足りないかもしれない」「あれも食べたいかも」などと、のちの空腹を予測し、食品やお菓子を大量に買ってしまいます。**このように、現在の感情、感覚をもとに将来を過剰に予測するのが「投影バイアス」です。**

1週間後、10日後の感情予測では、この傾向がより強まります。誘われたときにポジティブな気分なら、大勢での飲み会も「楽しそう」と思えるでしょう。しかし前日、当日に同じ気分でいるとはかぎりません。人に会うのが億劫（おっくう）になることも、よくあります。すると家でゴロゴロしているほうが、ずっと魅力的に感じられ、「どうしてあんな約束しちゃったんだろ」と後悔することになります。

重要な意思決定でも、投影バイアスが働きます。晴れの日に大学を訪れた学生は、その大学の入学希望率が高く、曇りの日では希望率が下がるという報告も（Simonsohn U, 2010）。**天気による〝いま〟の感情が、将来まで左右していたのです。**

当日の気分までは事前に予測できない。ただし、出かけてしまえば楽しめることが多い。
ゲームしてたい
飲み会なんて気分じゃないし……
あのときは楽しそうって思ったけど、

ダイエット中の「どうにでもなれ効果」にも注意

感情は、危険だらけの世界で生き延びるために発達した機能。大きな肉食動物を見れば、恐怖を感じると同時にアドレナリンが出て、「闘争か逃走か」モードに入ります。主要感情は「喜び」「驚き」「悲しみ」「恐怖」「嫌悪」「怒り」の6つとされ、どれも状況判断や人とのコミュニケーションに欠かせません。

しかし感情の役割を過大視すると、適切な行動をとれないことも。「いまは気がのらない」などと言っていると、有意義な行動は永遠にできません。行動を変えれば、感情はおのずと変わるもの。うつ病や不安症などに用いる「認知行動療法」でも、よく知られた原理です。気分がのらないときは、簡単な行動でも、まずやってみることが大切です。

気分に引っぱられすぎる例として、「どうにでもなれ効果」にも注意が必要です。ダイエットや禁酒中に、食べすぎたり、飲みすぎたりしたとき、「もうすべてムダだ。どうにでもなれ！」と、自暴自棄な行動をとることです。こうした破局的思考に陥ると、感情と行動の悪循環にはまるだけ。感情の過大視にはくれぐれも気をつけましょう。

空腹は買いものの量だけでなく、重要な意思決定にも影響する。裁判官の仮釈放決定は、昼食前はほぼゼロなのに、昼食直後は約65％だったという研究結果もある（Danzigera S, Levavb J＆Avnaim-Pessoa L, 2010）。

key word »

身体化認知

Embodied Cognition

ゆううつなときも、口角を上げれば楽しくなる

表情、姿勢、ポジショニングで気分を変える！

「感情」「認知」「行動」の3つは密接に影響しあっています。このことから、体で体験される感覚が、認知や感情にどう影響するかの「身体化認知」の研究も、古くから進められています。

代表的なのが、表情フィードバック仮説の研究。口角を上げた表情でマンガを読んだ人は、しかめ面で読んだ人たちに対し、「おもしろいマンガだった」と評価する傾向に（Strack F, Martin LL & Stepper S, 1988）。**笑顔の表情筋を再現するだけで、自然とポジティブな気分になったのです。**

空間における体の使いかたを大きくする「パワーポーズ」も、有名な方法（Cuddy AJC, 2012）。足を開いて立ち、腰に両手をあてるなどのポーズを実験参加者にとってもらうと、その後のギャンブル実験で強気な賭けに出る傾向が認められました。反対に、体を小さく縮こませた人たちは、弱気な選択に。**自信や決断力を高める方法として、ビジネスマンにも注目されています。**

個々の実験については、再現性が低い（追試をしても同じ効果が出ない）という指摘もありますが、身体感覚が心に与える影響は確実にありそうです。

自分の気分だけでなく、相手の気分も動かせる

表情のほか、空間における身体の使いかたも、認知に影響。

パワーポーズ

代表的なのは上のスーパーマン、ワンダーウーマンのポーズ。大事なプレゼンの前などに。

表情フィードバック仮説

ペンを前歯でくわえて口角を上げたグループと、唇でくわえてしかめ面にしたグループを比較。

不機嫌顔をした人はマンガをつまらないと評価

口角を上げた人はマンガをおもしろいと評価

利き手側効果

利き手側の空間は快情動と結びつきやすい。相手の利き手側に座ると、好印象を与えられる可能性大。

いつもの行動あるある！

空間と認知、感情の関係では、縦方向の空間も大きく影響。上側は快情動、下側は不快情動と結びつく。バンザイやガッツポーズなど、ポジティブ感情を表す姿勢が上に向くのも、この理論から説明できる。

key word »

感動の適応的機能

Adaptive Function of Being Moved

感動する話、泣ける話を求めるのはなぜ?

ポジティブとネガティブが混ざった、複雑な感情

あまりに使い古された感のある、「全米が泣いた」。字句どおりに使われることはさすがにありませんが、似たようなキャッチコピーは、映画でも本でも数知れず。そもそも、私たちはなぜ泣けるコンテンツを見たがるのでしょうか?

それは感動が、心の健康を保つから。感動すると、いくつもの感情が強烈に押し寄せます。喜びや驚き、悲しみ、尊敬などを一度に味わう経験は、日常的にはそうありません。そして、各感情にはそれぞれの機能があります。喜びや悲しみの感情は、「人とつながりたい」「人の役に立ちたい」という思いを引き起こし、対人関係を調整する役割を担っています。映画やドラマを見たり、本を読んだりしている2時間ほどのあいだだけでなく、視聴後・読後にもこの効果がしばらく続きます。

ほとんどの人がスマホを離さず、人間関係が希薄化したといわれる現代。**その合間に泣けるコンテンツを求めるのは、心を動かす人間関係を求める欲求の表れかもしれません。**分類のむずかしい感情状態のため、心理学でも歴史の浅い領域ですが、2010年代以降は感動研究が徐々に増えてきています。

感動するとやる気アップ。人にもやさしくなれる

動機づけ向上

- やる気 20.9%
- 肯定的思考 9.9%
- 自立性・自主性 8.8%
- 自己効力感 4.4%

認知的枠組みの更新

- 思考転換 11.0%
- 視野拡大 11.0%
- 興味拡大 5.5%

他者志向・対人受容

- 人間愛 7.7%
- 関係改善 6.6%
- 寛容 5.5%
- 信頼 5.5%
- 利他意識 2.2%

大学生を対象とした研究では、感動にはおもに３つの適応的機能があると判明。いずれも、前向きな行動変容につながる効果だ。

（「『感動』体験の効果について：人が変化するメカニズム」戸梶亜紀彦，広島大学マネジメント研究 No.4：27-37，2004／「心理学から見た社会――実証研究の可能性と課題」安藤清志・大島 尚，誠信書房，2020より引用）

間接的にでも、愛や思いやりを感じたい

日本でも、感動の適応的機能を詳細に調べた研究が増えています。「自分の何かを変えた感動的なできごと」について大学生にリサーチした研究では、おもに3つの適応的機能があるとわかりました（上図）。**1つめが、動機づけの向上。**自身の苦労が報われる体験のほか、他者の努力を見てモチベーションが上がるなどの効果です。**2つめは、認知的枠組みの更新。**新たな視点を得たり、世界が広がる体験をさします。**そして3つめが、他者志向・対人受容で、愛情や思いやりを感じ、強いポジティブ感情がわき上がる体験です。**15歳以上の幅広い年代を対象とした調査もあり、具体的な感動体験としては、出産や育児があげられました（Tokaji A & Tanaka T, 2004）。

現実の出産や育児をしなくても、こうした感動を手軽に味わえるのが、映画などのコンテンツ。登場人物の考えから新たな視点を獲得したり、行ったことのない世界にふれられます。登場人物の愛や思いやりを感じることは、現実の人間関係向上にもつながります。**孤独を感じるとき、行動意欲がわかないときは、感動的な映画やドラマ、本に積極的にふれましょう。**

いつもの行動あるある！

感動コンテンツの決め手は、クライマックスシーンとラストシーン。「ピーク・エンド効果」といって、ものごとの評価はピーク時と最後の印象で決まる。途中が退屈な映画でも、最後がよければ問題ないといえる。

key word »

利用可能性ヒューリスティック

Availability Heuristic

リスクの高い車より、飛行機を怖がるわけ

飛行機事故の死者数は年44人、車は135万人

飛行機事故による世界の死者数は、2017年の1年間で計44人。交通事故による死者数は約135万人です（ASN, 2018/WHO, 2018）。飛行機事故が少ない年だったとはいえ、交通事故で命を落とす確率は、飛行機の3万倍以上。2020年に発表されたアメリカのデータでは、死因別のオッズ比を見ていますが、自動車事故のオッズ比（できごとの起こりやすさ）は101倍なのに対し、飛行機事故は〝少なすぎて計算不可〟と記載されています（Injury Facts, 2020）。

しかし私たちは、車より飛行機に、はるかに高い危険を感じます。**これはメディアなどで見る飛行機事故報道が、鮮明に記憶に残るから。**さらに人の脳には、ありふれたことより、例外的なことが強く記憶される特性があります。**そのため頻度の低い事象を、頻度の高い事象のように錯覚してしまうのです。これが「利用可能性ヒューリスティック」です。**

事件報道も同様で、「最近は若者の凶悪犯罪が多い」などと言われがち。しかし日本の犯罪率、少年犯罪率は年々減少傾向にあります。「最近は〇〇が多い」という感覚はあてになりません。

自動車事故はそのつど報道されないが、飛行機事故やテロは、衝撃的な映像で報道され、鮮明な記憶を残す。

リスクを避けようと、かえってリスキーな行動に

アメリカでは2001年のテロ事件後、飛行機をやめて車で長距離移動する人が増え、自動車事故による死者数が1600人も増えたとされます。**不適切なリスク判断で、より高リスクな行動をとり、命を落とすこともあるのです。とくに災害などの当事者では、直近の災害が印象に残り、リスクを過大評価します。**

新型コロナウイルス流行下でのリスク判断にも、バイアスが多く見られました。2020年のアメリカの新型コロナウイルス死者数は約38万人で、オッズ比では12倍。全死因のトップ3に位置しています。しかし当時のトランプ大統領が科学者の意見を無視し、「アメリカの感染状況は完全な管理下にある」と言ったのは、有名な話。支持者へのアピールを差し引いても、リスク判断の大きなゆがみが見られます。

日本においても、「友人がコロナになったけど、風邪と同じと言っていた」などの伝聞情報が、大きな影響力をもちました。**統計的には「N（サンプル数）＝1」ですから、何の意味もありませんが、親しい人の体験談は強く記憶に残ります。これも利用可能性ヒューリスティックの身近な例といえます。**

いつもの行動 あるある！

仕事のリスク判断でも、以前の事例とは状況も要因も異なるのに、思い出しやすい事例をあてはめて判断する人がいる。何でも即座に断言したがる年配の経営者、管理職などに、とくに見られる傾向だ。

key word »

正常化バイアス

Normalcy Bias

警報や避難指示が出ても、「まだ大丈夫」と思ってしまう

緊急時の意思決定は、バイアスが強く出る

2011年から2020年のあいだに、世界で発生したマグニチュード6以上の地震は計1443回。このうち17・9%が日本で起きた地震です。噴火のおそれがある活火山も、7・9%が日本に位置し、日本は世界有数の災害大国といえます。

そのため私たちの多くは、何らかの災害を体験したり、見聞きしたりしています。それでも災害時の適切な避難行動は、いまだ不十分。**それは認知バイアス（認知のゆがみ）により、「まだ大丈夫」「きっと何とかなる」と考えてしまうためです。**

代表的なのが、正常化バイアス。避難の適切なタイミングは、巨大な津波が来たり、建物が倒壊する前です。しかし目の前に何も来ていないと、「まだ正常の範囲」と、事態を甘く見積もってしまうのです。よくないことは、自分より他人に多く起こると考える「比較楽観主義バイアス」も危険です。**「自分だけは大丈夫」には、何の根拠もありません。**

被災時の判断は時間もかぎられます。いつも以上にバイアスが働くと考え、警報や避難指示を見聞きしたらすぐ逃げましょう。結局何ごともなくても、命を守るには最善の選択です。

楽観的、同調的バイアスも働き、避難が遅れる

日本でも悲惨な災害は多いが、バイアスはなお強く、避難率は上昇していない。

正常化バイアス

異常事態なのに、正常の範囲内と判断してしまう。「まだ近くに影響はない」「以前も平気だった」などと考え、逃げ遅れる原因に。

コントロール幻想

「自分なら何とかなる」と、状況のコントロール能力を過大視し、手遅れになってしまう。

比較楽観主義バイアス

「自分は大丈夫」「このエリアは平気」などと、他者のリスクに比べ、自分のリスクを小さく見積もる。

集団同調性バイアス

「ほかの人たちも家にいるようだから」と、ほかの人の行動を基準にしてしまう。

避難の遅れ

	十勝沖地震（2003）	千島列島東方地震（2006）	千島列島東方地震（2007）	チリ沖沿岸地震（2010）
避難率	55.8%	46.7%	31.8%	37.5%
津波警報を見聞きした割合	86.8%	82.2%	81.2%	98.4%
避難指示を見聞きした割合	81.0%	78.3%	65.3%	84.9%

警報や避難指示に気づいている人が大多数だが、避難率は半数にも及ばない場合が多い。

（『心理学の神話をめぐって―信じる心と見抜く心』邑本俊亮・池田まさみ編，誠信書房，2017より引用）

「緊急事態と確信できない」というのが、逃げ遅れる大きな理由。東日本大震災でも、津波が来ると確信できなかった人ほど、避難開始時間が遅かった（Takahashi M, 2016）。警報時には、確信がなくとも避難を。

key word »

ゼロリスク幻想

Zero-Risk Bias

コロナ禍のような未知の事態は、とにかく怖い

リスク認知は「恐ろしさ」と「未知性」で決まる

世界的に見ても、日本の治安のよさはトップクラス。災害時であっても、強奪・強盗が蔓延（まんえん）したりしません。電車は毎日、定時に来ます。社会が非常に規則正しくまわっています。

それだけに、「リスクの受容」「リスクとの共生」という感覚にはなじめません。万全の対策でリスクをゼロにしてほしいと望む傾向も強まります。しかし現代のように、高度な科学技術に頼って暮らす社会は、そもそもハイリスク・ハイリターン社会。一定のリスクを受容せざるをえません。にもかかわらず、ゼロリスクを当然と思うのが「ゼロリスク幻想」です。

このような幻想があると、非常事態になったときに、「まさかこんなことが」とショックを受けます。

リスク認知は、「コントロール可能か」「致死的か」などの恐ろしさ要因と、「新しいものか」「科学的に既知の現象か」などの未知数要因で決まるもの。新型コロナウイルス感染症のように未知数要因が多く、コントロール法がすぐにわからない事態では、恐怖感が強まるのも当然です。日本では政策もなかなか定まらず、共生路線を受け入れるのにも時間がかかりました。

新型コロナの混乱は、リスコミの失敗?

「市民は無知で、ゼロリスク幻想が強い」という幻想が、リスコミ失敗の一因といえる。

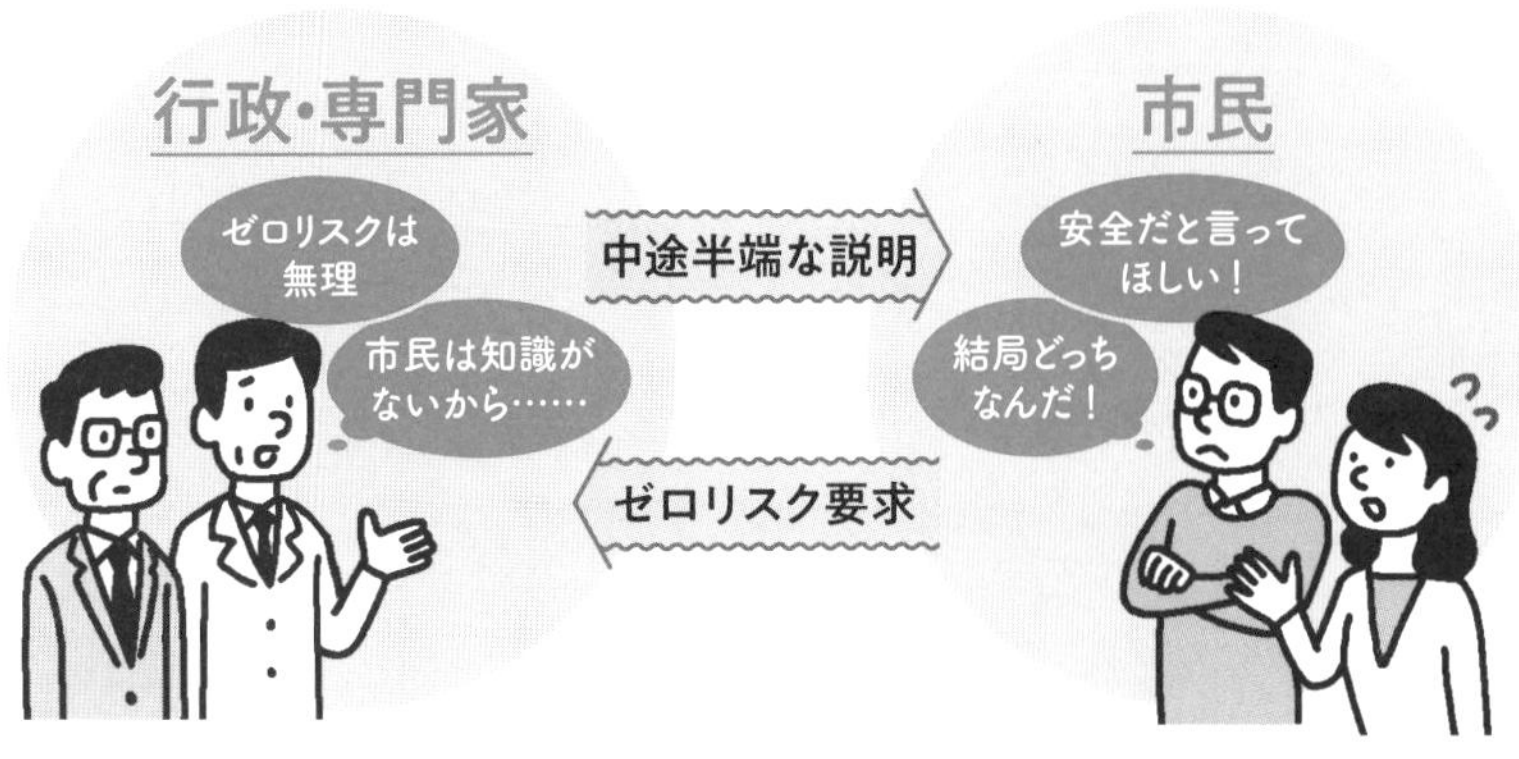

リスクはつねにある。その前提で対話しよう

リスクとの共生には、「どんなリスクがどの程度存在するか」「どんな軽減策があるか」などを理解しないといけません。**行政や専門家、企業と市民が話し合い、このような情報・認識を共有するのが「リスク・コミュニケーション(リスコミ)」です。**

行政や専門家、企業は十分な情報公開をすべきですし、市民には、自分ごととして参加する主体的姿勢が求められます。

しかし、行政や専門家の多くは、「市民にはむずかしいことはわからない」「市民にはゼロリスク幻想がある」というステレオタイプ(↓P62)をもっています。その結果、「よけいなことは言わないほうがいい」という政策判断になることもあります。

新型コロナウイルス感染症流行時にも、首相官邸の対策本部、厚生労働省、専門家会議などが情報発信を続けましたが、市民からの十分な信頼は得られませんでした(Fukuda M, 2020)。感染経路やワクチンのリスクなども、正しく説明すれば、大多数の理解が得られたはず。しかし「新たにわかった感染経路をすぐ公表しない」「ワクチンの安全性ばかり強調する」などの姿勢で、日を追うごとに信頼を失っていきました。

いつもの行動 あるある!

日本人は原発などのリスクにきびしい一方、飲酒のリスクには寛容。限度を超えた飲みかたも多く、潜在的なアルコール依存症者数は約57万人も(厚生労働省、2019)。カフェインのリスクにも多くの人は無頓着だ。

key word »

ベイズの定理

Bayes' Theorem

命にかかわる感染リスクですら、確率を見誤る

問題

命にかかわる感染症があり、感染の確率は0・1％です。感染の有無を調べる検査法は、感度（感染者の陽性判定率）98％、特異度（非感染者の陰性判定率）80％です。あなたは無症状ですが、念のため検査を受けたところ、陽性判定が出ました。あなたが感染している確率は何％でしょうか？

陽性判定だけで、病気かどうかはわからない

「陽性判定率が98％だから、感染確率も98％」と考えた人はいませんか？　これは多くの人が陥る誤答です。

この問題の肝（きも）は、事前確率（そもそもの感染確率）が0・1％という点です。10万人のうち100人しかかからない病気なので、これが確率的な陽性者数。ここから、検査エラーで陽性と出た人（100人×2％＝2人）を引いた98人が、真の陽性者数です。

そして感染していない9万9900人のうち、20％の人（1万9980人）は誤って陽性と判定されます。つまり陽性判定者の総数は、98＋1万9980人で、計2万78人。真の感染

真の陽性者、偽陰性者の数を、まず計算する

	感染あり（＋）	感染なし（－）	
検査で陽性（＋）	真の陽性 98人	偽陽性 19980人	20078人
検査で陰性（－）	偽陰性 2人	真の陰性 79920人	79922人
	100人	99900人	計100,000人

感染確率0.1％、感度98％の情報から、まず左列を埋める。次に特異度80％の情報をもとに偽陽性の欄を埋め、表を完成させていく。

者数である98人を1万9980人で割り、百分率に直した0・49％が、あなたの感染確率です。

このように基準率を考慮して、実際の確率を算定するのが「ベイズの定理」です。これは医師のような専門家でも、ときに誤りを犯す問題。ハーバード大学医学部大学院の学生ですら、同様の問題で、およそ半数が誤答しました（Casscells W, Schoenberger A & Graboys TB, 1978）。正答を出すには、上図のようなマトリックスを作成し、空欄を埋めていくと確実です。

普段なら、こうした問題が解けなくても、生活に支障はありません。**しかしコロナ禍のような非常事態となると、話は別。検査で陽性判定でも、本当に陽性かはわかりません。**政府や専門家会議の対策の適否も、正しく考えられないでしょう。直近の陽性者数トレンドから基準率を割出し、検査の感度、特異度分も割引かないと、実際の陽性率は出せないのです。

新型コロナウイルスの感染拡大初期に「発熱時はまず受診」とされていたのも、非発熱者では基準率が著しく下がるためです。新型コロナウイルス感染症であれ、そのほかの病気であれ、臨床的な診断は、症状とセットで見るのが原則と覚えておきましょう。

いつもの行動あるある！

スパムメールを判別する「フィルタリング機能」が年々向上しているのも、ベイズの定理のおかげ。スパムと判別しているメールに含まれる単語などの情報から、精度を上げているのだ。これを「ベイズ更新」という。

Column

私たちは、なぜいつも食べすぎるのか？

「甘いものは別腹！」は脳科学的に正しい

美味しい食事を堪能した後で、「甘いものは別腹」とスウィーツを頼む光景、よく見かけますね。セルフコントロール上手な人には不思議な光景ですが、脳科学的には一理あります。

人の味覚システムは、「甘味」「塩味」「苦味」「酸味」「うま味」の五味で味を識別します。最初にこれを感じるのが、大脳の一次味覚野（いちじみかくや）。一次味覚野に届いた情報は、その前方の二次味覚野に送られ、欲求や情動にかかわる脳深部に届きます。一定量に達すると満足感が得られ、同じものをそれ以上求めません。「感覚特異性満腹感（ＳＳＳ）」が高まった状態です。しかし別の香りや風味をもつ食品があると、「美味しそう！」と反応してしまうのです。

「甘い」「しょっぱい」の無限ループにも注意して

甘味は快楽との結びつきも強く、「甘いものならまだ食べたい」という偽の食欲を引き起こします。甘味感受性には個人差があり、ＢＭＩが高い人では、より甘みの強いものでないと快楽を感じにくいとわかっています。

偽の食欲防止には、食後にデザートを近づけないこと。同行者が頼んだデザートも刺激となります。料理を食べ終わったときの満腹感を基準にし、デザートメニューも見ないのが賢明です。

「甘い－しょっぱい」の無限ループにも気をつけたいところ。甘味の感覚特異性満腹感が生じても、一度塩辛いものをはさむと、また低下してしまいます。甘いおやつと塩辛いおやつ、両方を一度に買わないようにしましょう。

Part 2

「どうしてこんなことするの!?」

――そのストレスを一気に解決

人間関係をよくする行動科学

key word »

初頭効果

Primacy Effect

第一印象がよければ、人間関係はうまくいく

肝心なのは「温かみ」。それだけで印象アップ

人の印象は、相手に会ってすぐの印象で決まります。「初頭効果」といい、最初にふれた情報が強く記憶されるためです（Asch SE, 1946）。外見がよければ中身もよく見える「ハロー効果」も、第一印象の55％は見た目という「メラビアンの法則」も、ビジネス書でよく知られる話。でも、顔は変えられませんし、〝だったらどうすれば？〟という気もしますね。

第一印象の形成は、顔や服装、話しかたなどをもとに、相手のパーソナリティや能力を類推するプロセスです。

ここで重要となるのが、「温かい人か」「冷たい人か」の印象。中心特性といって、その他のパーソナリティ特性や能力以上に、印象の要となる要因なのです。ビジネスでもプライベートでも、相手に好印象を抱かせ、長期的関係を築きたいなら、「温かみがあっていい人そう」と思わせることが肝心。よどみないトークを展開するエリートビジネスマンより、ずっといい印象を与えられます。**声の調子や姿勢、アイコンタクトで、温かさをアピールしましょう。**さらに服装にも気を配ると、有能な人物と評価してもらえます（左図参照）。

ビジネスマンの第一印象は、「顔」より「服」!

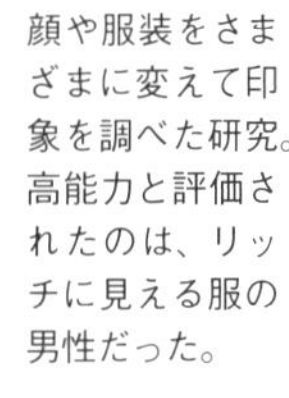

顔や服装をさまざまに変えて印象を調べた研究。高能力と評価されたのは、リッチに見える服の男性だった。

「服は無視して、人物を見て」と言われても、実験参加者たちは、高そうな服の人を有能と評価

(「Economic status cues from clothes affect perceived competence from faces.」Oh DW, Shafir E & Todorov A, Nature Human Behaviour vol. 4(3):287-293,2020より作成)

第一印象が正確なほど、その後に親しくなる

第一印象は脳内で自動的に形成されます。脳内に蓄積された人物カテゴリーを参照し、「このタイプか」とパッとあてはめるのです。重要な相手でなければ、印象形成はこれで終わりです。

一方、仕事などで長くつきあう相手、第一印象で興味をひかれた異性などでは、システム2(→P13)で情報を吟味します。重要なのは、最初にあてはめたカテゴリーと一致しているか。一致していれば、「この人はこういう人」と結論づけることができます。

不一致の場合は、相手をまた別のカテゴリーにあてはめる「再カテゴリー化」を試みます。似たタイプの誰かを思い起こすなどして、「こういうタイプかな」と判断。相手の言動などをもとに、判断があっているかどうかを見ていきます。

第一印象と実際の人物像が一致するほど、親しい友人や恋人になる可能性も高まります。新学期からの大学生の人間関係を調べた研究でも、その一致度が高いほど、関係は親密に。数か月のうちに交流頻度がどんどん増え、その相手を好きになっていることがわかりました(Human LJ, 2012)。

人間関係
あるある!

人の顔認知は超高速。知り合いか否かは0.17秒で、同じ人種か否かは0.25秒で判別でき、その後すぐ別の評価を始める(Ito TA, Thompson E& Cacioppo JT, 2002)。いい表情を印象づけるなら、出だしが肝心!

key word »

ステレオタイプ

Stereotype

性別、人種、職業、出身で人を決めつける

楽な方法だが、偏見・差別につながりやすい

人はものごとをシンプルに理解したがります。情報量が多く複雑なほど、脳に認知的負荷がかかるからです。初対面の人と話すときも、記憶に蓄積されたカテゴリー（ステレオタイプ）に相手をあてはめます。性別、人種、職業、年齢、出身地などにまつわる単純化された知識です。「中国人だから」「公務員だから」などと相手を判断するのは、すべてステレオタイプです。

ステレオタイプによる評価は、左図のように、人柄と能力の二次元で成り立ちます（ステレオタイプ内容モデル）。

相手がこの表のどこに属するかは、関係性にも大きく影響されます。敵対・競争関係にある相手では、「冷たい（人柄が悪い）」と判断しがち。同じ立場だったり、協調を前提とした関係なら、「温かい（人柄がよい）」と判断するのが一般的です。ただし人柄がよくても能力が低そうと感じられる場合は、哀れみの対象に。高齢者や障害者、主婦などは、属性をもとに、たびたびこの分類にあてはめられます。いわば温情的な偏見です。

このように、ステレオタイプは偏見・差別に直結します。便利ですが、**人を傷つける可能性の高い対人判断なのです。**

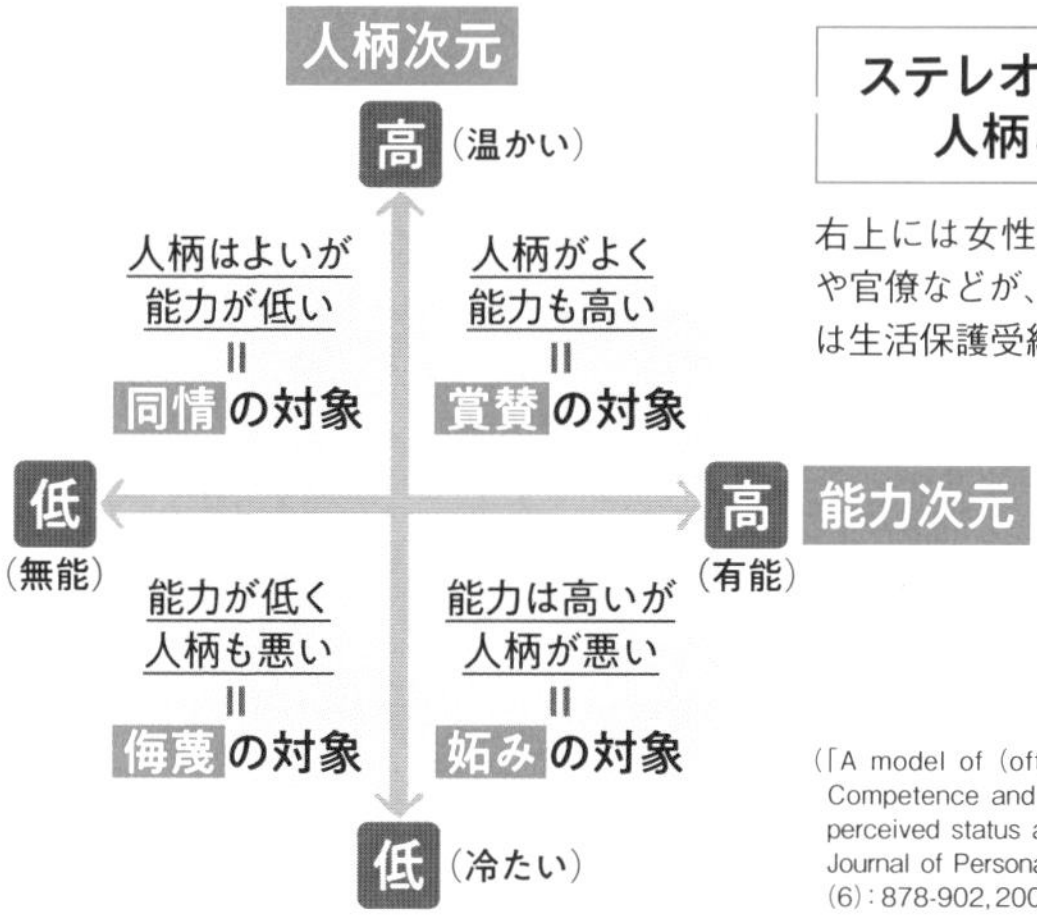

人柄次元
高（温かい）
低（冷たい）
能力次元
高（有能）
低（無能）

人柄はよいが能力が低い＝同情の対象
人柄がよく能力も高い＝賞賛の対象
能力が低く人柄も悪い＝侮蔑の対象
能力は高いが人柄が悪い＝妬みの対象

ステレオタイプの内容は、人柄と能力が基準

右上には女性実業家、右下には富裕層や官僚などが、左上には高齢者、左下には生活保護受給者などが分類されやすい。

（「A model of (often mixed) stereotype content: Competence and warmth respectively follow from perceived status and competition.」Fiske ST et al., Journal of Personality and Social Psychology vol.82 (6): 878-902, 2002より作成）

ステレオタイプに頼りすぎると、自分が損をする

「自分がどんな人間か、ひと言で表してください」と言われたら、思わず困惑しますね。人には多様なバックグラウンドがあり、人生経験もそれぞれに異なります。性格もひと言では言い表せませんし、状況に応じて変わるもの。職業や性別、出身地だけで表せる人間性など、どこにもありません。

人をステレオタイプにあてはめてばかりいると、他者を正しく理解できなくなります。せっかく知り合った相手と関係を深める機会を失うのは、大きな損失です。

ステレオタイプを多用する人は、「見下していない。むしろ賞賛している」と信じていることも。しかし、「メガバンクの行員なんですね。すごい！」などの発言も、職業による格づけにすぎません。相手がメガバンク行員でなければ、そこまで価値を感じないと言っているようなものです。

ステレオタイプは脳内で勝手に活性化するため、なくすことはできません。**でも、第一印象と異なる面を探すことで、ステレオタイプ頼みの対人判断を避けられるはず。**「こういう考えや一面をもっているんだ」という気づきを大切にしましょう。

人間関係あるある！

ステレオタイプによる偏見・差別の対象となる高齢者自身が、ステレオタイプにとらわれるという傾向も。偏見・差別に満ちた時代の影響を大きく受けているうえ、過去の人生経験で得た知識を過信してしまうのだ。

key word »

確証バイアス

Confirmation Bias

ステレオタイプに沿う情報で「やっぱりね!」と確信

特定の場面や行動に、無意識に注目してしまう

ステレオタイプの活性化には、確証バイアスが強くかかわっています。自分がもつ考えや仮説に合致する情報ばかりに目がいき、「やっぱり!」と、もとの考えを強めるバイアスです。

たとえば血液型性格判断を信じる人は、A型の人と話すときは几帳面な特徴を、O型の人にはルーズな面を探します。その結果、血液型判断はあたると確信を深めます(Kudo E, 2003)。科学的根拠のない血液型判断がすたれないのはこのためです。

本人に会うより前に、ステレオタイプが活性化する場合もあります。学生に対し、臨時講師の人物評価をさせた実験では、事前の紹介文で評価が大きく変わりました(Kelly HH, 1950)。「知的で勤勉で温かく……」という紹介文を読んでいた学生は、「知的で勤勉で冷たく……」という文を読んでいた学生に比べ、いい先生だったと評価する傾向に。「いい先生に違いない」という期待値から、講師のいい部分に注目したためです。

誰かの紹介で会う人や、新たに入社してくる人に対しても、同様の確証バイアスが働きます。人から聞いた事前の人物評価は、話半分に理解しておきましょう。

小学生の学力すら、人は公平に見られない

小学生の女の子の学力を推測させた実験でも、確証バイアスによるステレオタイプの活性化が認められた（Darley JM＆Gross PH, 1983）。

ビデオA（中流家庭）

ビデオB（貧困家庭）

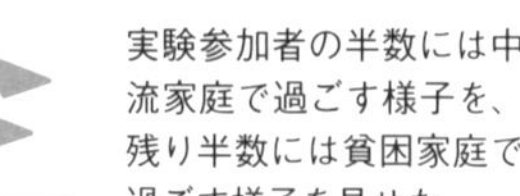

実験参加者の半数には中流家庭で過ごす様子を、残り半数には貧困家庭で過ごす様子を見せた。

問題が正しく解ける場面も、

ビデオC（算数の問題を解く）

思いきり間違える場面もある

次は学校で問題を解く映像。難問に正答する場面も、簡単な問題に誤答する場面もある。

この女の子の学力はどのくらい？

この映像だけで学力は判断できないが、Bの映像を見た人は、「貧困家庭＝子どもの学力も低い」というステレオタイプで学力を低く評価した。

人間関係あるある！

メディアなどの影響による、文化的ステレオタイプも根強い。実験では、偏見の弱い実験参加者であっても、アフリカ系人種に対し「犯罪率が高い」「貧しい」「怠慢」などのイメージをあげた（Devine PG, 1989）。

key word »

自己開示

Self-Disclosure

自己開示をしあうと、人は45分でなかよくなれる

親しくなりたいなら、プライベートな事柄を話す

自分がどんな人間で、どんな考えや気持ちをもっているかについて、よい面も悪い面も隠さず相手に伝えるのが「自己開示」です。自己開示には、「感情表出で気持ちが楽になる」「自己理解が深まる」など、多くの働きがあります。「自己開示をしたくなるほど特別な相手」と、相手に伝える働きもあります。

そして人と人との関係には、返報性があります。**「特別な相手」というメッセージを受けとった相手は、自分も自己開示して、気持ちに応えたいと感じます。**その結果、自己開示の応酬が続き、自然と親密になるのです（自己開示の返報性）。

この効果は実験でも証明されています。**実験参加者を2人1組のペアにし、左のような質問項目に沿って順に自己開示してもらったところ、わずか45分で親密に。実験後、結婚に至ったペアもいたほど、効果は強力でした。**２０１５年には、ニューヨーク・タイムズ紙で「恋に落ちる36の質問」として紹介され、世界的にバズることに。あたりさわりのない関係から一歩先に進みたいときに、ぜひ試してみてください。同じ質問でなくてもいいので、段階的に自己開示を深めるのがコツです。

自己開示を促す「36の質問」で、相手と恋に落ちる!

親密さ研究の第一人者 アーロン夫妻が考案。のちに恋愛テクニックとしてブレイクした。

1. 世界中の誰でもディナーに呼べるとしたら、誰を招待しますか?
2. 有名人になりたいですか? どんな方法で?
3. 電話をかける前に、話すことをリハーサルしますか? その理由は?
4. あなたにとって「完璧な」1日とは?
5. 最後にひとりで歌ったのはいつですか? また、誰かに対して歌ったのはいつですか?
6. 90歳まで生きて、最後の60年間を「30歳の体」か「30歳の心」で過ごせるとします。どちらを選びますか?
7. どんな死にかたをするか、ひそかな予感はありますか?
8. あなたと私の共通点を、3つあげてください。
9. 人生でもっとも感謝していることは?
10. 自分の育ちのどこかを変えられるなら、どこを変えたいですか?
11. あなたがどんな人生を歩んできたか、4分間で、できるだけくわしく話してください。
12. 明日の朝目覚めたときに、何らかの資質や能力がひとつ備わっているとしたら、何がいいですか?
13. あなた自身やあなたの人生、未来などについて、真実を教えてくれる水晶玉があったら、何を知りたいですか?
14. 長年、やってみたいと思っていたことはありますか? ある場合、まだ実現していないのはなぜですか?
15. あなたの人生で、もっとも大きな成果は何ですか?
16. 友人関係で、いちばん価値あることは何ですか?
17. あなたにとっていちばん大事な思い出は何ですか?
18. 最悪な思い出は何ですか?
19. あと1年のうちに急死するとしたら、いまの生きかたをどこか変えたいですか? その理由は?
20. あなたにとって、友情とは?
21. あなたの人生で、愛や愛情が果たしている役割は?
22. 相手の長所を5つあげてください。おたがいひとつずつあげていきましょう。
23. 家族とはどれぐらい親密ですか? 子ども時代は、人より幸せだったと思いますか?
24. 母親との関係をどう感じていますか?
25. いまの状況をもとに、「私たちは」から始まる文を3つつくってください。たとえば、「私たちはともにこの部屋にいて、……と感じている」など。
26. 「○○を分かちあえる人がいればいいのに」という文章の、○○を埋めてください。
27. 私が親しい友人になるとして、私について、いちばん知っておきたいことは何ですか?
28. 私のいいところはどこですか? 初対面の人には言わないようなことを、正直に話してみてください。
29. 人生でいちばん恥ずかしかったことを、たがいに話しましょう。
30. 最後に人前で泣いたのはいつですか? ひとりで泣いたのはいつですか?
31. ここまでの会話で、相手を好ましく感じたところを、おたがいにあげましょう。
32. あなたにとって、冗談にできないほど深刻なことがあれば教えてください。
33. 今夜、ひとり孤独に死ぬとして、「あの人にこれを伝えておきたかった」という最大の心残りは何ですか? なぜ、それを相手に伝えていないのでしょうか?
34. 全財産がある自宅が、火事で燃えています。愛する人やペットを助け出した後、ダッシュで何かひとつとりに行く時間があるとしたら、何をとりに行きますか?
35. 家族のなかで、いちばん死んでほしくない人は? 理由も教えてください。
36. 個人的な問題をたがいに打ち明け、相手にアドバイスをもらいましょう。アドバイスをする人は、その問題を抱える相手がどんな気持ちでいるかも想像し、相手に伝えましょう。

(「The experimental generation of interpersonal closeness : A Procedure and some preliminary findings.」Aron A et al., Personality and Social Psychology Bulletin vol.23(4) : 363-377, 1997より引用)

人間関係 あるある!

率直な自己開示とは別に、状況と相手に応じて見せたい自分を見せる「自己呈示」もある。うまくいけば、呈示した自分に近づけることもあるが、本来の自分とは異なる以上、どこかで綻びが生じるリスクも高い。

key word »

単純接触効果

Mere Exposure Effect

よく見かける人には、自然と好意が高まる

知覚的な慣れを、「好き」と誤解する？

誰かと親しくなるには、距離の近さも重要です。学生時代の友人とも、最初は「席が近い」程度の理由で会話が始まったはず。それでも毎日顔をあわせて話すうちに、相手を好きになります。最初は相手を理解するための認知的処理に労力がかかりますが、くり返し会って話していると、認知的処理がスムーズに。この知覚的流暢性が「好き」に脳内変換されてしまうのです。**いわば脳の勘違いですが、何度も目にしたり、ふれることの効果は絶大で、「単純接触効果」として知られています**（Zajonc RB, 1968）。「毎日電車で見る女性を好きになる」といった、クラシックな恋愛ストーリーも、単純接触効果のなせる業です。

単純接触効果が起こる条件は単純で、〝すごく苦手〟なタイプでないこと。**どちらでもいいタイプ、さほど興味がわかない人でも、会っていれば好意は増していきます。**ただ、嫌悪感にも距離の近さが大きく影響するため、すごく苦手な人、見るだけで不快な人に好意が生じることはありません（Ebbesen EB, Kjos GL & Konecni VJ, 1976）。

写真をくり返し見るだけでも、好意を感じる

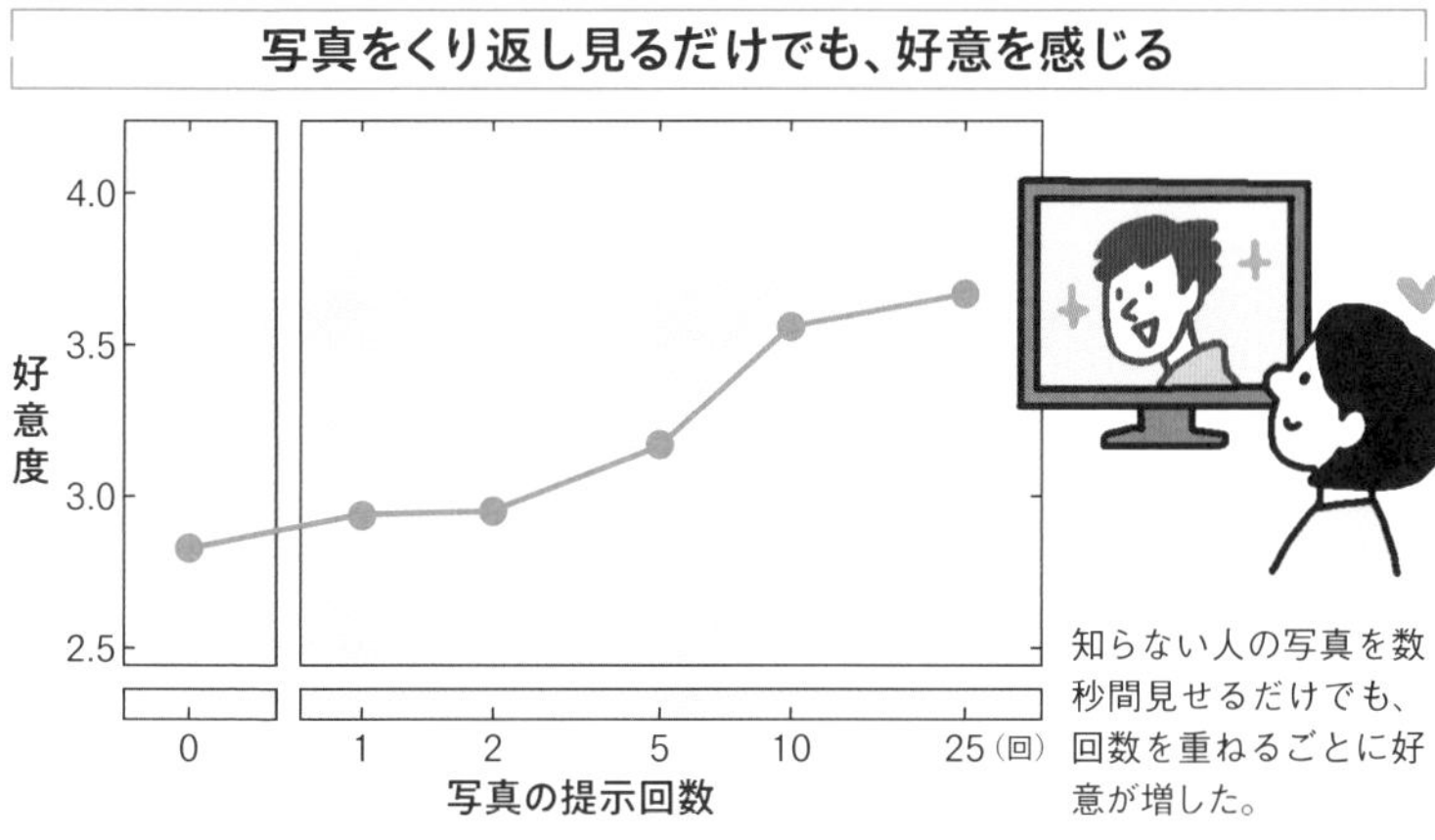

知らない人の写真を数秒間見せるだけでも、回数を重ねるごとに好意が増した。

（「Attitudinal effects of mere exposure.」Zajonc RB, Journal of Personality and Social Psychology vol.9(2)：1-27, 1968より引用）

日用品、食品のマーケティングにも使える

ＣＭで目にする商品、企業に好感を抱くのも、単純接触効果によるもの。１９６８年にこの効果が発見されて以来、さまざまな領域で研究が進み、マーケティングにも応用されています。**柔軟剤や香水の香りにも、単純接触効果が見られます。**とくにトロピカルフルーツやフローラル系、オリエンタル調の濃厚な香りは、くり返しかぐことで好意がアップ（Shoji K, Taguchi S & Terajima Y, 2006）。電車などでも香りの強すぎる人がいますが、単純接触効果と慣れで、使用量が増えるのでしょう。

食の好みは、もう少し複雑。**基本的には、経験で好みがつくられます。**２歳児の実験では、特定の食品の組み合わせを毎日食べさせることで、好んで選ぶようになりました（Birch LL & Marlin DW, 1982）。大人への実験でも、１回目より３回目で味の評価が上昇しています（Kawano R, Ayabe-Kanamura S & Ohta N, 2003）。ここだけ見れば、単純接触効果の成立です。**しかし味覚には、同じものが続くと飽きる「感性満腹感」もあるのです。**その分かれ目は香りや塩分、糖分に関係するとされ、〝毎日でも食べたくなる〟食品研究が進められています。

人間関係 あるある！

ファッショントレンドが大きく変わるときも同じ。最初は違和感があるが、雑誌の写真、街ゆく人の服装を見るうち、いい感じに思えてくる。やがて「自分もこの格好ではダメ」という気になり、流行に乗る人が増える。

key word »

顔認知の文化差

Cultural Differences in Evaluating on Faces

日本人のマスク好きは、〝目で理解する〟文化だから

日本は感情を抑える文化。だから目もとを見る

「欧米ではもう、誰もマスクなんかしていない。日本人は異様」。コロナ禍以降、こんな論調を一度は聞いたことがあるでしょう。「顔パンツ」と揶揄(やゆ)する人もいるほどです。

でも、日本人のマスク好きを同調圧力と決めつけるのは早計です。人の顔を見て、感情を読みとる方法には、文化差があるのです。欧米では、感情を積極的に表すのが一般的。口を大きく動かし、笑ったり怒ったりして、気持ちを伝えます。一方、日本では感情表出はひかえめがいいとされ、口も大きく動かしません。昭和の女性は〝大口を開けて笑うのははしたない〟とたしなめられたほど。そのぶん目もとの微細な変化に注目し、相手の気持ちを読みとります。**コロナ禍を受けた表情認知の研究でも、日本人はアメリカ人より、マスクに影響されずに感情を読みとれると判明しました**（Saito T, Motoki K & Takano Y, 2021）。この傾向は、わずか1歳未満の乳児にも認められます。

サングラスを愛好する欧米人と、マスクが好きな日本人。文化的な差異であり、「日本人は同調圧力が強いうえ、過剰反応する国民性だから」というのは決めつけです。

とくに意識しなくても、乳児期からの周囲の大人の影響で、顔認知の方法に差が生じる。

モノや景色の見かたも、日本と欧米では違う

認知科学の領域でも、顔認知は注目の分野です。眼球運動を追跡・分析するツールの発達も、大きく影響しています。

顔だけでなく、モノや景色の認知にも差があります。**欧米人は中心にあるもの、めだつものに焦点をあて、対象を捉えます。一方、東アジア文化圏の人は、全体の構造・文脈重視。中心より周辺に視線を向けます**(Masuda T & Nisbett RE, 2001/Miyamoto Y, Nisbett RE & Masuda T, 2006/Kitayama S et al., 2003)。

どんなときに感情が強く動くかも、文化圏ごとの違いがあります。ヨーロッパ系アメリカ人とアジア系アメリカ人を比べた研究では、前者が「自分自身」のことで感情的になるのに対し、後者は「人との関係」について感情的になるとわかっています(Chentsova-Dutton YE & Tsai JL, 2010)。

関係性を最重視するのは、やはり集団主義傾向が強いということ。高いマスク着用率には、その影響も当然あります。グローバリゼーションの影響で、日本でも個人主義化が進んではいますが、あくまで表層的なものです。個の人権意識も真には理解しにくく、集団内でどう思われるかに意識が向いてしまうのです。

人間関係 あるある!

乳幼児や学童でも文化差があるのは、人種でなく環境による。日米の小学校の教科書の内容を比較しても「集団主義 - 個人主義」の差が大きく、社会規範や大人のふるまいが強く影響している(Imada T, 2012)。

key word »

対人判断の二次元

Perspective of Self versus Others

自分の価値は能力重視、他者の価値は人柄重視

自分は自分のために、他者はみんなのために

体に免疫機能があるように、心にも免疫機能があります。「心理的免疫システム」といって、自分の価値を脅かすものから心を守る働きです。そのため、優秀な競合相手などには敏感。自分よりはるかに能力が高く、性格もよかったりすると、「自分は何なんだろう」と落ち込んでしまうためです。

そこで私たちは、自分と他者とで評価基準を変えるという方法を無意識的にとっています。**人物評価は「人柄（社会的望ましさ）」「能力（知的望ましさ）」の二次元でおこなわれますが（****↓P63）****、自分の価値は能力優先で、他者の価値は人柄優先で測っているのです。**

この方法をとっているかぎり、組織に優秀な人がいても、自分の自尊心を守れます。しかも人柄のよい他者が多いと、集団の利益になることをしてくれて、自分も得します。冷たいエリートばかりの職場より、他人思いの人に囲まれているほうが、ずっといいですよね。それに、自分の人間性に多少問題があっても、迷惑するのは周囲の人たちです。あまりにご都合主義ですが、人が生き延びるために発達させてきた機能といえます。

個人主義の文化でも、他者には協調性を求める

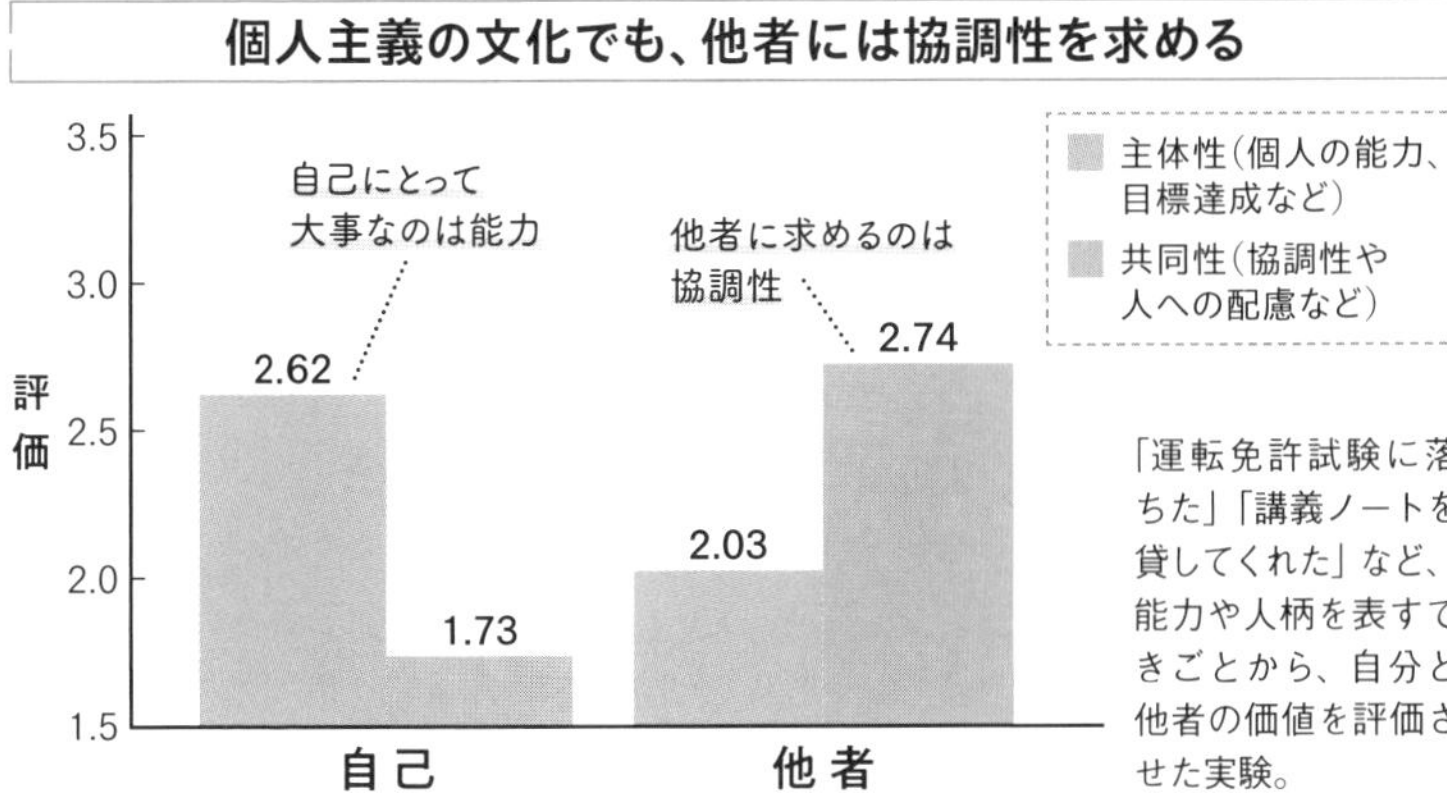

「運転免許試験に落ちた」「講義ノートを貸してくれた」など、能力や人柄を表すできごとから、自分と他者の価値を評価させた実験。

(「Agency and communion from the perspective of self versus others.」Abele AE＆Wojciszke B, Journal of Personality and Social Psychology vol.93(5):751-763, 2007より引用)

自分の能力が低いときは、人柄に価値を置く

この基準は、状況によって少し変わります。相手がさほど親しくない人なら、完全に人柄重視。しかし親しい人の能力の高さは、自分の価値にもかかわります。そのため関係が近い人には、人柄だけでなく能力も求める傾向に。また、自分の利益に直接かかわる人、相互扶助関係にある人にも能力を求めます。

では、自分自身の能力が低い場合は、どうすればいいのでしょうか？　**そんなときは、「補償的自己高揚」という戦略を使います。「能力より人柄が大事」「自分は有能ではないけれど、思いやりがあるし人に好かれている」と評価基準をうまく切り替えて、自分を守るのです。**

ただし自身の人柄評価が低すぎる場合は、この戦略でも乗りきれない可能性があります（Tabata T＆Ikegami T, 2011）。「人柄より能力が大事」「自分は人柄がよくないけど、有能だからOK」と考えてみても、それを心から信じられないのです。その結果自尊心を守れず、自分には価値がないと感じることに。**人柄がよくないと、集団や社会で拒絶されやすく、ダメージがあまりに大きいためと考えられます。**

人間関係 あるある！

「自分は能力も人柄もダメ」と感じている場合は、うつ傾向が高い人のように、認知のゆがみがある可能性も。どんな小さなことでもいいので、できていること、人に喜ばれたことを思い出して、自分を評価しよう。

key word »

帰属のゆがみ

Misattribution

人の行動の原因を、すぐ性格のせいにする

性格と行動の関係を、人は過信している！

人は多くのできごとについて原因を求め、何かのせいにしたがります。これを「帰属（原因帰属）」といいます。ただし現実のできごとは、いくつもの要因が重なり合って起こるもの。「AだからB」というシンプルな因果関係はほとんどありません。

人の行動については、「自己中心的だから先に帰った」などと、性格に原因を求めがち。これが「根本的な帰属の誤り」で、代表的な帰属のゆがみです。会社の皆が大変なときに先に帰ったとしても、自己中心的とはいえません。家族の病気や世話など、人にはいろんな事情があります。見えやすい部分だけ見て人を責めるのは、フェアではありません。

そのほかの帰属のゆがみとして、「行為者－観察者バイアス」もあります。自分の失敗は外的要因（状況）のせいにし、他人の失敗は内的要因（性格、能力、努力）のせいにする傾向です。自分の遅刻は「電車がいつも遅れるせいだ」と言い訳し、人の遅刻は「ルーズだから」と決めつけるなどが典型的です。

誰しもこのようなバイアスがあると理解し、人が失敗したときには、状況要因に目を向けるようにしましょう。

目につく要因だけ見て、適当にものを言ってない？

人の行動の真の原因など、まずわからない。適当な憶測はなるべく避けよう。

あのふたり、離婚したらしいよ!!

パッと思いつく離婚原因は、ふたりの性格。しかし本当の原因は、当事者にしかわからない。

根本的な帰属の誤り

見えやすい要因

例
- 片方または双方の性格
- 子どもの有無や育児の状況

見えにくい要因

例
- 男女の性役割規範にもとづくモラハラ、DV
- 性的不一致、セックスレス

たしかに～

彼女、性格きついしなー

行為者－観察者バイアス

自分の仕事のミス

⇩

外的帰属

他者の仕事のミス

⇩

同じ失敗でも、他人の失敗は性格や努力不足に見え、背景にある状況要因を無視してしまう。

遅い時間に突然振られた仕事なんだから、しょうがないよ
誰がやっても無理だろ

あの人、いつもそうでしょ。そもそもやる気ないし

ミスしても謝りもしないんだよ

人間関係あるある！

会社でプライベートを語らない人が増えている。つまらないうわさ話や偏見の対象になるくらいなら、それも賢明な選択。決めつけの強い上司の場合は、帰属のゆがみで、仕事のミスまで私生活のせいにされてしまう。

key word »

ナイーブ・リアリズム

Naive Realism

私は誰より客観的……
そんなわけない!!

自分の推論を、自分で疑うのはむずかしい

認知バイアスの情報にふれると、つい人のバイアスに目がいきます。「上司がまたあんなこと言ってる。自己中心性バイアスだ」という具合です。**それに対し、自分のバイアスは過小評価しがち。このように、自分の認知には信憑性があり、自分こそリアリストだと誤解するのが「ナイーブ・リアリズム」です。**自分が他者より優れていると感じる「平均以上効果」（→P100）の、バイアス版といえるでしょう。

スタンフォード大学の学生を対象とした調査では、8つのバイアスについて、「自分はどうか」「平均的なアメリカ人はどうか」を評価してもらいました。**すると全項目で「自分は平均的アメリカ人より、バイアスに影響されにくい」という評価に**（左図参照）。自分と同じ大学の学生との比較でも、同様の結果でした。

ただこの調査だけでは、エリート学生ゆえの自信ともとれます。そこで別の調査では、空港を訪れた旅行者を対象に検証。ほかの旅行者のバイアスと、自分のバイアスを評価させたところ、ほかの人のほうがバイアスが大きいという評価に。**学力その他にかかわらず、誰にでも見られる傾向といえます。**

「オレのバイアスは、おまえのより小さい」の法則

誰もがこのような傾向をもつ前提で、自身のバイアスを謙虚に認めることが大事。

凡例：平均的なアメリカ人／自分

- **自己奉仕的バイアス**（成功は自分の能力、失敗は状況のせい）
- **利己主義**（人より自分の利益優先）
- **反射的逆評価**（相手の意見を、反射的に低く評価する）
- **根本的な帰属の誤り**（人の行動の原因を内面のせいにする ➡P74）
- **敵対的メディア認知**（メディアの報道を、反対陣営の価値観寄りとみなす）
- **ハロー効果**（めだつ特徴に引っぱられ、ものごとを判断 ➡P148）
- **偏りのある情報選択**
- **認知的不協和**（認知や行動のあいだに生じる不一致とそのストレス ➡P24）

横軸：予測値（3、4、5、6、7、8）

代表的なバイアスのほか、「メディアで偏った情報にばかりふれている」など、政治・思想にかかわる内容も。

（「The bias blind spot : Perceptions of bias in self versus others.」Pronin E, Lin DY & Ross L, Personality and Social Psychology Bulletin vol28(3) : 369-381, 2016より作成）

相手のバイアスにばかり注目していると、生産性のない会話になってしまう。

いやいや、
そっちこそ！

おまえの話は
バイアスだらけ！

key word ≫

透明性の錯覚

Illusion of Transparency

自分の考えていることが、相手にバレてると思い込む

人の心のなかは、心理学者でもわからない

「もしかして、私がいま考えてること、バレてます!?」

これは多くの心理学者が、一度は聞かれたことのある質問です。心理学者は心理の専門家ですが、透視能力者ではありません。相手の考えていることを見透かすなど、まず不可能です。

しかし人は、「自分の考えてることがバレてるかも」という感覚をもつもの。この感覚を被透視感といいます。自分のもつ被透視感と、実際にバレている程度のギャップが「透明性の錯覚」で、その程度を高く見積もる傾向があるのです。

このバイアスを調べたユニークな実験があります（左図参照）。実験参加者をペアにし、ひとりにはまずい飲みものを飲ませ、平静を装わせます。もうひとりはその様子をチェック。それぞれに「見破られたと思うか」「まずい飲みものを飲んでいたと思うか」と尋ねると、**本人予測の高さに対し、パートナーの推測率は低い結果に。本人が思うほど内心はバレていませんでした。**

同じ心理学者による実験では、嘘がバレる確率も調べています。嘘をついた本人は、48・8％が「バレた」と感じていましたが、実際に見破れた人は25・6％しかいませんでした。

不快な感覚、感情も、意外とバレてない!?

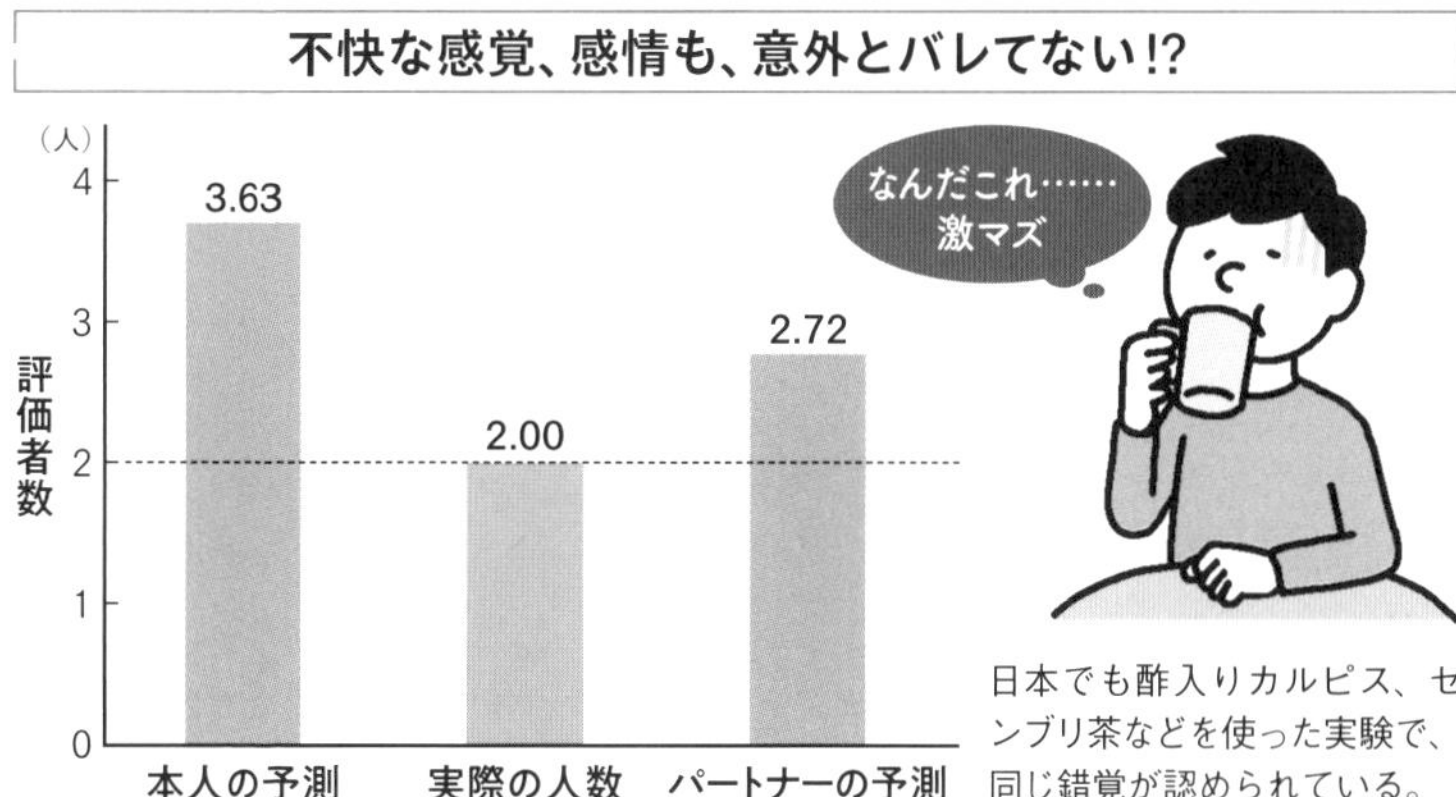

日本でも酢入りカルピス、センブリ茶などを使った実験で、同じ錯覚が認められている。

（「The illusion of transparency：Biased assessments of others' ability to read one's emotional states.」Gilovich T, Savitsky K & Medvec VH, Journal of Personality and Social Psychology vol.75（2）：332-346, 1998より引用）

錯覚の強い人は、コミュニケーションで失敗しがち

ただ、あらゆる嘘がバレないわけではありません。「バレていたらどうしよう」**という懸念的被透視感が強いと、挙動不審になりやすいのです。**実験でも、自分の欠点を隠そうとした人は「相手の質問に答えるまでの時間」「答えるのにかかった時間」「沈黙の時間」があきらかに長く、眉間にしわを寄せる表情変化も見られました（Tabata N, 2008）。この不自然さが、「落ち着きがない人だ」という印象を相手に与えることに。嘘をつくときも、言動の不自然さでバレる可能性は十分あります。

なお、透明性の錯覚の個人差は、自分や他者の認知を捉える「メタ認知」に関係します。自分や他者の脳内で生じる考え、情報処理のしかたを、一段階上から俯瞰するイメージです。

メタ認知が苦手な人は、人が自分に何を思っているか、うまく理解できない傾向があります。そのため仕事上のコミュニケーションで、齟齬が起きることも。**相手が何を理解していて、何を理解していないかがわからずに、話を進めてしまうためです。**自分がもつ専門知識が相手にもある前提で、むずかしい話を進めるなどが典型です。

人間関係
あるある！

バレると困ることといえば、性的欲求や興奮。男子学生に性的画像を見せた実験でも、透明性の錯覚が認められている（Yonemitsu F & Yamada Y, 2019）。しかも脳の興奮度が強いほど、錯覚も大きかった。

key word »

心の理論

Theory of Mind

共感するときは、脳の「Like-Meシステム」が作動

共感は時代のキーワード。鍛えることも可能！

1％の富める人が、資産と資源を独占している現代。残る99％は、働いても働いても生活が豊かにならず、疲れきっています。そんな状況だからこそ、「共感」のキーワードに、世界的に注目が集まっています。つらいとき、身近な誰かが温かい言葉をかけてくれれば、それだけで生きる希望がわきます。人が力をあわせて生き延びていくうえで、共感は欠かせない機能です。

他者の心を推し量り、ふさわしい行動をとる心の過程を、心理学では「心の理論」といいます。そのなかで共感の源となるのが、ミラーニューロン（→P40）**に支えられた「Like-Meシステム」。**人の身に起きたこと、人が考えていることを我がことのように理解する役割を担っています。

個人差はありますが、最近の研究で、共感力は鍛えられることもわかってきました。大学1年生を対象に、「共感力は伸ばせる」とレクチャーしたところ、他者の感情を正確に理解できるように。その結果、友だちも増えたのです（Weisz E & Cikara M, 2021）。**コミュニケーションに苦手意識がある人、自分は共感性に欠けると感じる人も、あきらめることはありません。**

共感する部位、自他を区別する部位が、それぞれ働く

脳には自他を重ね合わせるシステムと、自他を区別するシステムの両方がある。

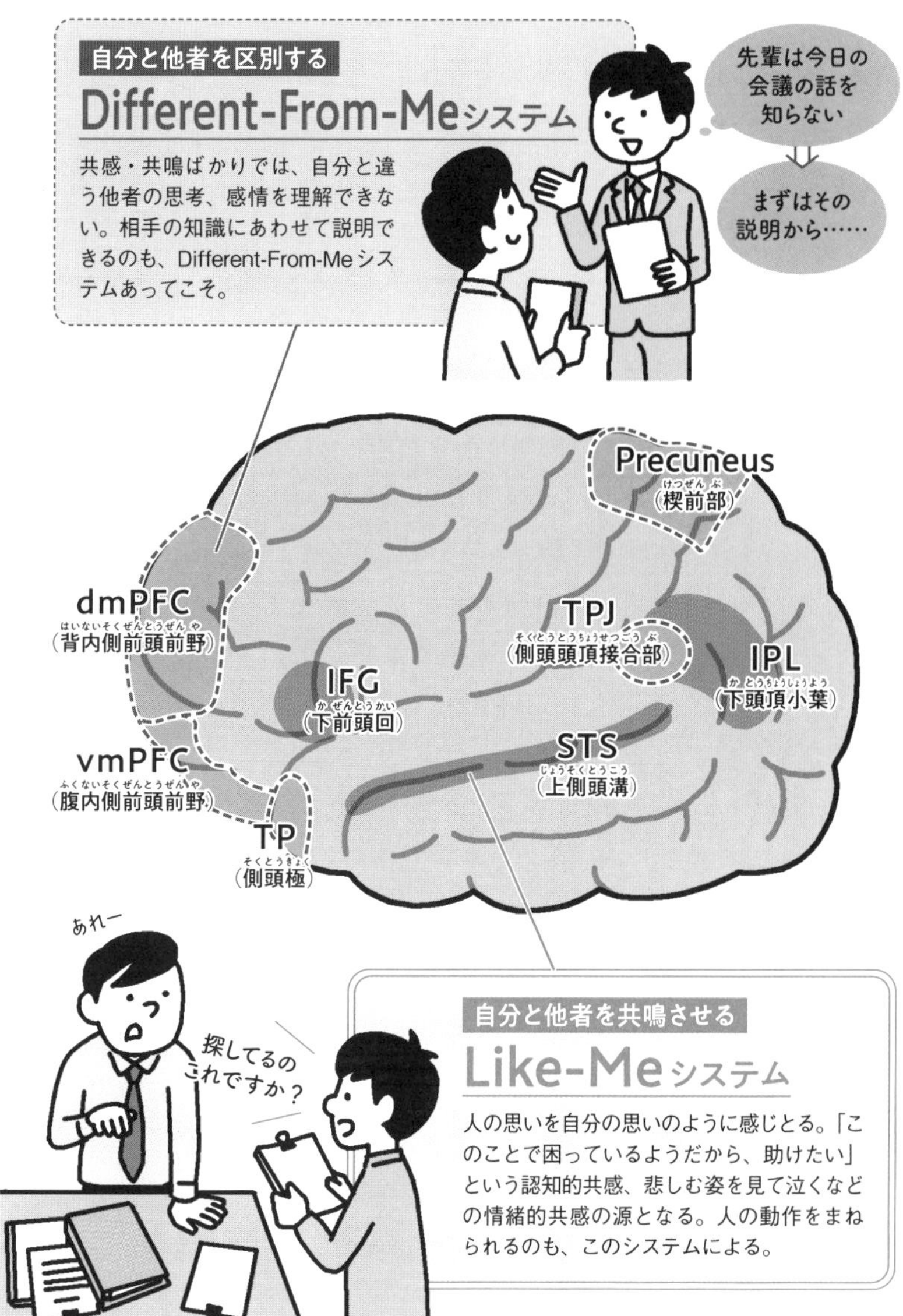

key word »

社会的交換理論

Social Exchange Theory

日本の夫婦の満足度は、夫婦間のズレが大きい

片方のコストが大きすぎると、うまくいかない

人間関係のストレスといえば、やっぱり職場。しかし家に帰れば安泰かというと、そうもいきません。原因の2位はパートナーとの関係です（日本ストレスオフ・アライアンス、2020）。

満足度が低いのは、どの年代でも女性側（左図参照）。旧来の性役割観から、女性は家事、育児、仕事、介護など多くの役割を引き受けざるをえず、負担が大きいためです。世界的な傾向ですが、日本では男女のズレが非常に大きいとされます。

このような男女の満足度のズレは、「社会的交換理論」から説明できます。パートナーどうしは、お金にかぎらず、有形・無形の交換をしています。**その均衡がとれているほど満足度が高く、不均衡で自分の利得が小さければ、満足度は下がります。**そのため「男が稼ぎ、女性が家を守る」という伝統的性役割観をもつ女性は、現代でも満足度が高め。一方で、男女平等を当然と考える女性は、満足度が低くなります。

恋人の段階では、心理的・物理的コストをかけて愛や思いやりを交換し、相手が喜ぶことをしようとします。**しかし結婚すると旧来の性役割が登場し、均衡が崩れてしまうのです。**

「コスト」「報酬」が公平なら、いい関係が続く

恋愛関係ではバランスがとれていたカップルも、結婚・出産を機に変わっていく。

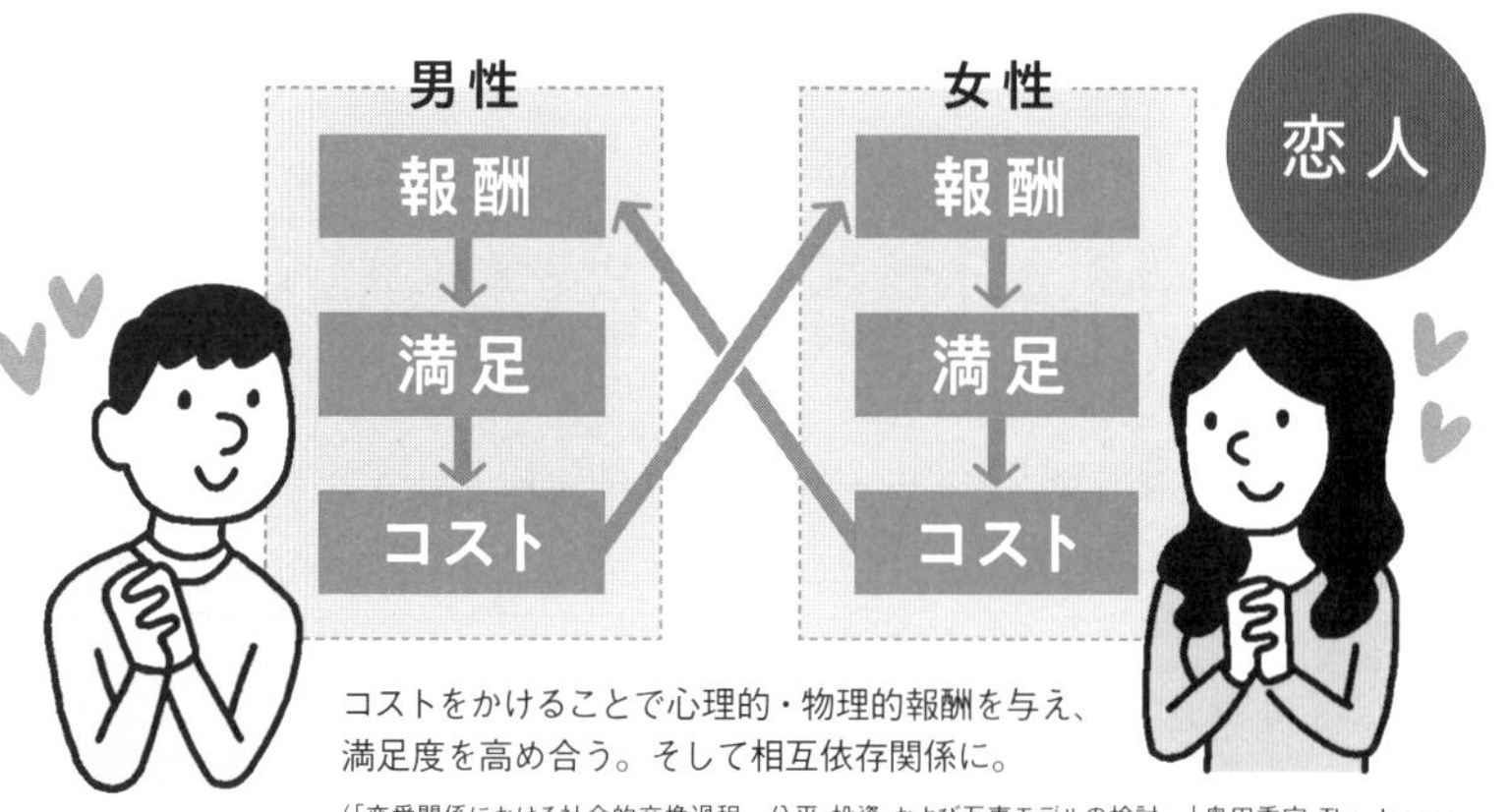

（「恋愛関係における社会的交換過程—公平, 投資, および互恵モデルの検討—」奥田秀宇, The Japanese Journal of Experimental Social Psychology vol.34(1)：82-91, 1994より一部引用）

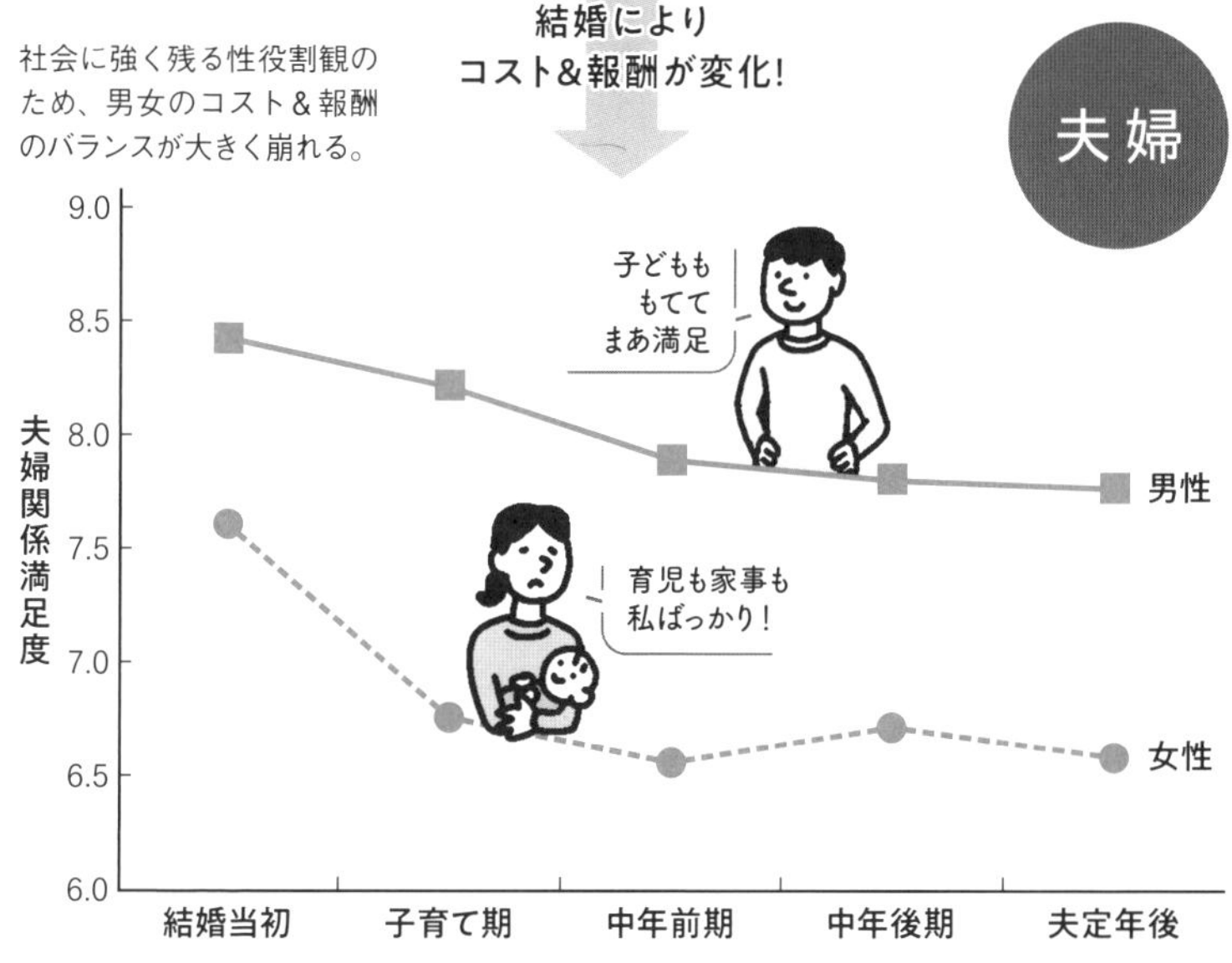

（「夫婦関係における親密性の様相」伊藤裕子, 発達心理学研究 vol.26(4)：279-287, 2015より引用）

人間関係あるある!

恋人のいないZ世代女性の60.1%、男性の52.6%が「恋愛が面倒」と答えている（内閣府, 2013)。コストをかけあう関係のため、これは正論だ。その先の喜びに価値を感じなければ、コストをかける気にもなりにくい。

key word »

関係葛藤

Relationship Conflict

パートナーに直してほしい点を言う？　言わない？

最善は話し合い。ただし相手の思いも大切に

パートナーへの不満を口にするかは、個人差が大きいところ。**相手に不満を抱える「関係葛藤」時の対処法は左図の４つで、「話し合い」「忠誠」「別れ」「無視」です。**話し合いと忠誠は、建設的な対処法。そもそもの関係満足度が高い人や、関係の構築・維持に高いコストをかけてきた人がとりやすい行動です。いずれも、関係の質の改善に役立つとわかっています。

反対に、関係満足度が低い人、かけたコストが低い人は、別れや無視行動をとる傾向に。終わっても失うものが少ないためです。実際にこの方法をとると、関係の質は著しく悪化。一時的な別居なども、一見建設的ですが、よくある無視行動です。

結論として、最善は話し合い行動。**ただし話し合いにもコツがあり、失敗すると関係改善につながりません。とくにセルフ・コンパッション（自分への思いやり）が低い人は要注意です。**自分を大切にできない人は、他者の思いも大切にできず、話し合いで頑なになるのです。いかにも不満げな表情で、「いいよそれで」と相手にあわせることも。思いをうまく伝え合い、ちょうどよい妥協点を見出すことが大切です。

積極的

別れ行動
例 ●関係を解消
●相手をののしる
●相手に報復する

話し合い行動
例 ●問題について話し合う
●解決策を提案する
●自分や相手を変えようとする

破壊的 ⟷ **建設的**

無視行動
例 ●相手を無視する
●一緒の時間を減らす
●ささいなことで相手をとがめる

忠誠行動
例 ●状況がよくなるのを願う
●不満をもちつつも相手を支える

消極的

(「On the peculiarities of loyalty: A diary study of responses to dissatisfaction in everyday life.」Drigotas SM, Whitney GA & Rusbult CE, Personality and Social Psychology Bulletin vol.21 (6): 596-609, 1995より引用)

話し合いか忠誠か……続けるなら二択!

関係葛藤時の4つの対処。関係を続けたいのなら、右のふたつの方法を選ぶ。

言いたいことがあるときは、アサーティブな表現で

思いをうまく伝え、前向きな話し合いをするには、アサーティブな表現が役立ちます。適切な自己主張を「アサーション」といい、最近ではカウンセリングのほか、企業研修でもアサーション・トレーニングがとり入れられています。

相手を攻撃することも、黙って相手にあわせることもなく、「自分はどうしたいか」「相手にどうしてほしいか」を伝えるのがポイントです。たとえば家事・育児をしない夫に、「私だって仕事してるのに、いいかげんにして」と攻撃的な自己表現をしても、反撃されるか無視されるのがオチです。かといって、「言うだけムダ。私があわせればいいんでしょう」という非主張的自己表現を続けていると、やがては爆発し、関係が崩壊します。**「私も仕事で忙しいから、一緒に食事の支度してくれたらうれしい」というアサーティブな表現なら、自分も相手も傷つけず、相手の行動を変えられます。**

親密な関係ほど、「言わなくてもわかってくれて当然」と思いがちですが、そもそもは他人。自分の思い、背景にある事情を具体的に伝えないと、わかりあうことはできません。

人間関係あるある!
パートナー間の話し合いも、仕事と同じで、徐々に上手になっていくもの。ささいなことでも、「思いを伝えて、わかってもらえた」という成功体験が積み重なれば、今後も話し合いで解決しようという気になる。

key word »

フォルス・メモリ

False Memory

「あのときこう言ったのに!」は、あてにならない

体験していないできごとを、事実と思い込む

パートナー間のケンカでよく聞かれるのが、「あのときこう言ったのに!」というセリフ。**言った側は、自分の記憶を確かなものとして相手の矛盾をついていますが、記憶違いのことも多々あります。人の記憶はバイアスだらけなのです。**

バイアスの原因のひとつが、感情です。記憶にはそのときの気分が影響します。相手に大切にされていると感じているときは、それに合致する情報を記憶します。「なんでこんな人と結婚したんだろう」という気分のときは、相手の不快な言動を優先的に記憶します。脳内での保存段階でも、記憶を都合よく改変しますし、重要度の低いことはそもそも思い出しません。

記憶の不確かさを証明した実験は多く、なかったことをあったと思い込む「フォルス・メモリ」も実証されています。保護者に聞いた話として、小学生の時代の偽のエピソードを伝えると、実験参加者たちがそのできごとをありありと語り出したのです(Hyman IE, Husband TH & Billings FJ, 1995)。事件の目撃者証言の誤りも、実験で数多く証明されています。自分の記憶が正しいと信じ、相手を責めたりするのは、かなり危険です。

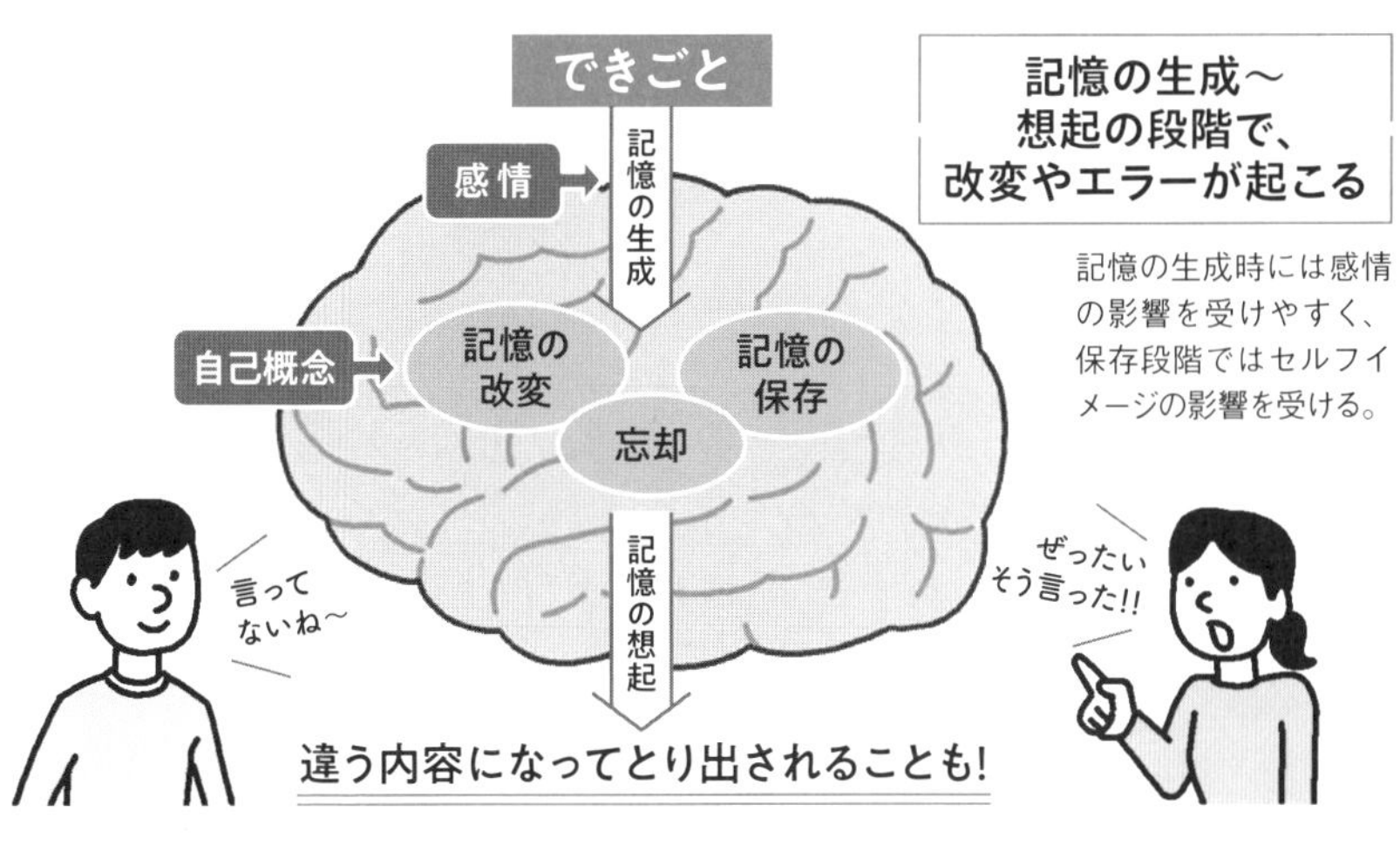

自分にとって大事なことほど、記憶を改変する

人は一貫性のある自己像（セルフイメージ）を保とうとします。状況ごとに行動を変えるのは普通のことですが、「いい人だったり、いやな人だったりする」というセルフイメージには耐えられません。これが記憶を改変する理由のひとつ。とくに自分にとって大事な部分は、何としても守るものです。

たとえば「自分は思いやりのある人間だ」というイメージを強くもつ人は、パートナーが困っているときに冷たい態度をしたという記憶に耐えられません。そのため、「思いやりをもって接していた」「困っていることに気づかなかった」などと記憶を改変したり、その記憶自体を再構成してしまいます。そのような記憶自体を消してしまうこともあります。

記憶はこれほど不確かなので、パートナー間での話し合いも、過去にさかのぼるのはやめたほうが賢明。とくに、不満があるのに黙って相手にあわせるタイプは、「あのときだって……！」と過去を蒸し返しがちです。**思いはそのつど伝えることが大事。いまとこれからに焦点をあて、「いまの自分が困っていること」「相手との関係に望むこと」を話しましょう。**

記憶の改変は、高齢になるほど顕著になる。残された時間を気分よく過ごすため、ポジティブなことだけ記憶したり、都合よく思い出したりする。若さにあふれていた10〜30代のできごとを思い出す人も多い。

key word »

アンガー・マネジメント

Anger Management

怒りを2、3日寝かせると、相手を攻撃せずにすむ

怒りの発散はダメ。かえって火がついてしまう

建設的な話し合いが有効といっても、頭にくることを言われれば、ついカッとしますね。「○○してくれたらうれしい」などという物言いは、とてもできそうにありません。

ただ、相手が100％悪いと思う場合も、相手に非を認めさせてスッキリすることが目的ではないはず。いい関係を保つのが最大の目的ですから、おだやかに話し合うほかありません。

怒りは発散させたほうがいいというカタルシス説もありますが、これは科学的に誤りとわかっています。**怒りを感じている人への実験では、怒りを発散させた人ほど、その後も強い敵意をむき出しにする傾向がありました**（Ebbesen EB, Duncan B & Konecni VJ, 1975）。**表出するとかえって火がつくのです。**

ついカッとなったときは、アンガー・マネジメントのテクニックを活用しましょう。**怒りを感じた直後に10数える「テンカウント法」が有名で、怒りを感じる対象から注意をそらし、感情的な攻撃行動を防ぐことができます。**ゆっくり深呼吸する方法も役立ちます。その場からいったん離れるだけでも効果があり、キッチンに行って冷たい水を飲むのもいいでしょう。

交感神経をしずめ、まず気持ちを落ち着かせよう

10数える

ちょっと待って
10数えるから

突然黙って数えるのも変なので、ひと言断りを。それだけでも怒りが少ししずまる。

呼吸法でリラックス

鼻から3秒吸って、口から3秒吐くと、自律神経が整う。

冷たい水を飲む

冷たい水でクールダウン。一気飲みせずゆっくり飲もう。

うまくコントロールできれば、関係はむしろよくなる

怒りの感情自体は、悪いものではありません。自分を守る大切な感情です。**怒りを適切にコントロールできれば、相手との関係はむしろよくなるという報告もあります**（Averill JR, 1978）。時間がたってみると、怒りを感じたことが有益だった、関係強化につながったと感じる人も多いのです。２、３日寝かせて、気持ちが落ち着いてから話せば、「相手が１００％悪かったとはいえない。自分の言いかたもよくなかった」などと、広い視点で捉えられます。

では、相手が怒っているときはどうすればいいのでしょうか。怒っている理由がまるでわからないときもあり、怒られた側は困惑しますね。**このときもっともよくないのが、「とりあえず謝る」対処法です**。面倒を避けたい一心での行動ですが、相手が望んでいるのは謝罪でなく、問題解決です。適当に謝ると、相手と向き合う気持ちすらないと捉えられてしまいます。

こんなときは、「どうして怒っているのか、教えてほしい」と尋ねましょう。相手が落ち着いて話せないようなら、一度お茶をいれて飲むなど、少し間をあけるようにします。

人間関係 あるある!

怒りにまかせて相手を傷つけたとき、人は自分側の事情にのみ注目し、正当化する。認知的整合性をとり、自分を守るためだ。しかし一度発した言葉を消すことはできず、相手には傷や恨みが強く残ってしまう。

Column

体の動きをマネすると、自然と親しくなれる

声の大きなおじさんは、なぜ好かれないのか

大きな声で、話したいことを好きに話すおじさん、あなたの職場にもいませんか？　このような人が好かれないのは、おじさんだからではありません。話す内容だけでなく、声の大きさ、調子も含めた「対人コミュニケーションチャネル」の調節が下手だからです。チャネルとは表現方法のことで、非言語的チャネルは、言語的チャネル以上に他者への影響が大きいのです。

中高年男性で下手な人がめだつのは、社会的勢力の問題と考えられます。男性であり、年齢や役職的に立場が強ければ、相手が自分にあわせる場面がおのずと増えます。そのため相手の気持ちを汲んだり、よい印象を与えるための調整力が落ちやすいのでしょう。

シンクロニー上手な人は誰からも好かれやすい

非言語的コミュニケーションでは、たがいに同期する「シンクロニー」も重要です。相手が笑顔を見せたら、こちらも笑顔を見せる。相手が顔をさわっていたら、自分も顔にふれる。このような身体的シンクロニーはとくに有名で、親密さが高いほどシンクロニーも高まります。長年連れ添った夫婦が、似たしぐさを見せるのもこのためです。認知的なシンクロニーも重要で、同じものに注意を向けると同じ神経細胞が同期し、一体感を感じます。

親しくなりたい相手がいるときは、シンクロニーを意識的に試してみましょう。好意をもってもらいやすく、ラポール（心を通い合わせた状態）も形成しやすくなります。

Part

3

業績アップにも、
コーチングにもすぐ役立つ!

働きかた&組織をよくする行動科学

key word »

ワークモチベーション

Work Motivation

内側からのやる気と報酬、どっちも大事！

お金は必要。でも、それだけじゃ頑張れない

年収は高いけれど苦痛な仕事と、年収は低くてもやりがいに満ちた仕事。あなたならどっちを選びますか？「こんな二択はいやだ！」というのが、多くの会社員の本音でしょう。

産業心理学では、年収や環境などの外的報酬を「衛生要因」、やりがいなどの内的報酬を「動機づけ要因」といいます。衛生要因は職務上の不満に、動機づけ要因はワークモチベーション上昇に関係。どちらも大事な要素ですが、衛生要因がどんなに改善されても、真の満足は得られません。「成長したい」「能力をいかしたい」という欲求は本来、誰もがもつものだからです。

そこで注目されているのが、一人ひとりのワークモチベーションを高める組織のしくみ。**とくにグーグル社が以前から採用している「OKR（Objectives and Key Results）」が注目され、日本企業でも導入が始まっています。**従来の業務管理との違いは、**大きなビジョンに向けて、自分たちで目標設定・管理をすること。**上から降ってきた目標に従う方式に比べ、やらされ感がありません。透明性が高いのも特徴です。皆でゴールや価値観、思いを共有して進むことで、業績も実際に上がるとわかっています。

上司による業績管理から、モチベーション重視のシステムへ

従来型の管理制度「MBO（Management By Objectives）」から、
OKRへの移行が進みつつある。

	MBO ＼業務管理を明確に！／	⟹ OKR ＼モチベーション&生産性up！／
目的	一人ひとりの達成目標に応じて業績考課し、報酬も決める	社員のモチベーションを高め、組織として大きな目標を達成
目標設定	やるべき業務すべてに達成目標を設ける	3〜4つの大事な業務を選び、目標を決める。最大5つまで
目標の決めかた	上層部の意向をもとに上司との面談で決める	会社目標につながるものをチーム全員で決める
共有範囲	上司と部下のみ。よそのチームのことはわからない	全社で共有。誰がどの目標に向かっているかが明確
進捗モニタリング	半年〜1年に1回の面談で成果を評価。目標の100%達成が理想	日・週単位で達成度を確認。理想の達成水準は60〜70%
フィードバック&見直し	半年〜1年に1回の面談時に、次の目標を決定する	1〜3か月単位で、同じチームのメンバーなどにフィードバックを受け、目標を調整

すべては上の方針しだいで、自律性・主体性が低下しがち。
進捗90%……あと一歩だったね
ハイ……
基本はボトムアップ。チームの垣根もなく、皆でゴールへ進む。

key word »

モチベーション伝播（でんぱ）

Social Contagion of Motivation

仕事の楽しさ、目的意識の高さは、周囲にうつる

「いいな、楽しそう！」という気持ちに、自然となれる

モチベーションの高さは、組織のしくみとともに、〝人〟の影響も大きく受けます。**同僚や上司のモチベーションが高く、楽しそうに意欲的に働いていれば、自分も自然とそうなります。これがモチベーション伝播（でんぱ）です。**

人はそもそも、「よりよい自分になりたい」「目標を達成したい」という自己向上動機をもっています。多くの人が「努力してもムダ」「働いても働かなくても同じ」と感じている職場も、最初からそうだったわけではありません。努力しても結果が出にくいしくみや、成果への心理的・金銭的報酬が適切に得られないシステムで、皆のやる気が徐々になくなるのです。

とくに日本人をはじめとする東アジア人は、自己向上を望む傾向が強いといわれます（Heine SJ et al., 2001）。組織や上司が適切に働きかければ、皆がモチベーション高く働けるはずです。しかし現状での国際比較では、日本人のモチベーションは圧倒的な低さ。**「会社に思い入れがあり、会社のためにいい仕事をしたい」というワークエンゲージメントがある人は、わずか6％にすぎません**（Gallup, 2017）。

同僚のモチベーションに気づくだけで、やる気がアップ

同僚の達成動機の推測

参照勢力（ああなりたい）

協働欲求

劣等感、焦り

自身の達成動機の変化

今度社内公募するあのプロジェクト、

思いきってチャレンジしようかと……

ほかの人たちの達成動機を無意識に推測し、自身の達成動機を調整する。

目標や感情もうつる。誰とつきあうかは大事！

目標設定も、職場のほかの人からたえず影響を受けています。営業成績や新製品の開発等々、高い目標を掲げて働く人がいれば、それを参照点として自分の目標を調整します（→P40）。ただ、「上の決めた目標、やりかたで黙って働けばいい」というシステムでは、目標伝染は起きにくいでしょう。だからこそ、目標管理制度の見直しが必須なのです（→P92）。

ほかの人たちからの感情伝染も見逃せません。とくにチーム単位での影響は大きく、メンバーの感情状態の平均が、一人ひとりの感情状態を左右します（Ilies R, Wagner DT & Morgeson FP, 2007）。家庭生活の不調で、月曜の朝に不機嫌なリーダーなどがいれば、もうお察しです。皆がポジティブな気持ちで働くことは、まず困難です。

最近では、「この人と接するとバイタリティが高まる」というリレーショナルエナジーの研究も進められ、職場のエンゲージメントと成果にプラスの影響を及ぼすとわかっています（Owens BP et al., 2016）。ポジティブな気分で仕事に臨み、周囲からそう思われたら理想的ですね。

職場の行動あるある！

日本ではとくに、「この人のようになりたい」「この人と働きたい」という思いが、社員のやる気を左右。しかし現実には、生活と居場所づくりのために管理職にしがみつく中高年も多く、ここに大きなギャップがある。

key word »

職業性ストレスモデル

Model of Job Stress

要求が多く、裁量は小さい。そんなの苦痛であたりまえ

日本の職場は、なぜこんなに疲弊しているのか

日本人の職場ストレスは、世界トップクラス（ISSP, 2015）。「仕事にストレスを感じることがあるか」という質問にイエスと答えた割合は、男性が31か国中2位、女性が4位です。

一方で、仕事がおもしろいと答えた人の割合は、男性は下から2位、女性では下から3位という結果。日本人労働者のモチベーションが上がらないのも当然です。

職場ストレスは、左図のようなモデルで説明されます。**なかでも日本の職場ストレスの原因として指摘されるのが、仕事量の多さと、裁量の小ささです**（左図〔左下〕参照）。しかも経営者との関係は国際的に見ても悪く、上司からの適切なサポートが得られていません。その環境では、ストレスはますます強まります（左図〔右下〕参照）。**ミスをすれば強く叱責され、皆で責任をとらされる「連帯責任」文化が根強いため、相互に監視しあう風土があるとも指摘されています。**

重要なのは中途半端な連帯より、個々の責任を明確にしたうえでの連携です。そのためにも、組織全体での目標管理設定の改革が求められます（→P92）。

仕事量だけでなく、裁量やサポート度合いも重要

労働時間は若干改善してきたが、裁量やサポートが
低いままでは、ストレスは減らない。

ストレスモデル

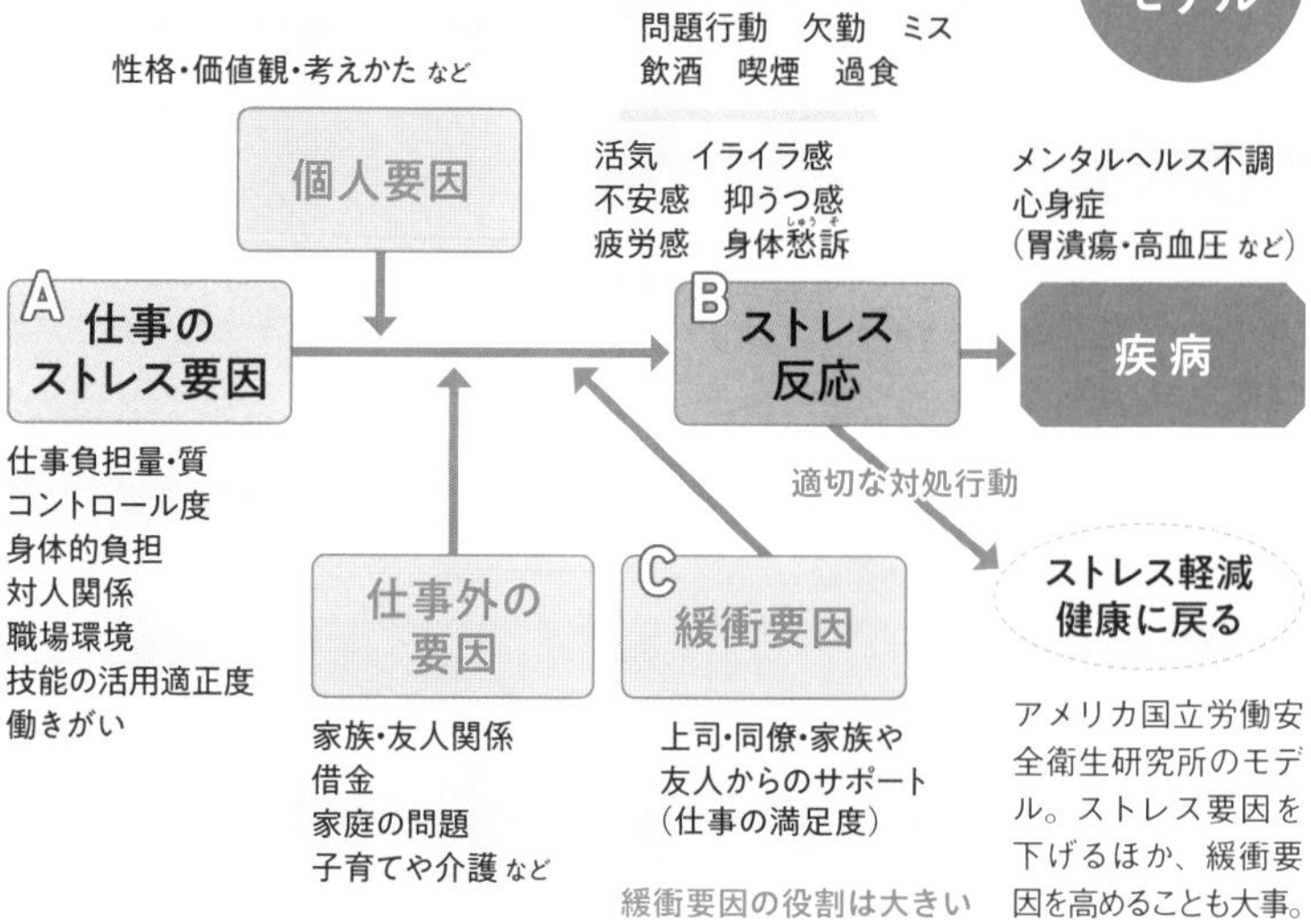

性格・価値観・考えかた など

個人要因

A 仕事のストレス要因

仕事負担量・質
コントロール度
身体的負担
対人関係
職場環境
技能の活用適正度
働きがい

問題行動　欠勤　ミス
飲酒　喫煙　過食

活気　イライラ感
不安感　抑うつ感
疲労感　身体愁訴（しゅうそ）

B ストレス反応

メンタルヘルス不調
心身症
（胃潰瘍・高血圧 など）

疾病

適切な対処行動

ストレス軽減
健康に戻る

仕事外の要因

家族・友人関係
借金
家庭の問題
子育てや介護 など

C 緩衝要因

上司・同僚・家族や
友人からのサポート
（仕事の満足度）

緩衝要因の役割は大きい

アメリカ国立労働安全衛生研究所のモデル。ストレス要因を下げるほか、緩衝要因を高めることも大事。

（「Exposure to job stress--a new psychometric instrument.」Hurrell JJ Jr&McLaney MA, Scandinavian Journal of Work, Environment&Health vol.14(1)：27-28, 1988／「こころの健康気づきのヒント集」厚生労働省, 2019より引用）

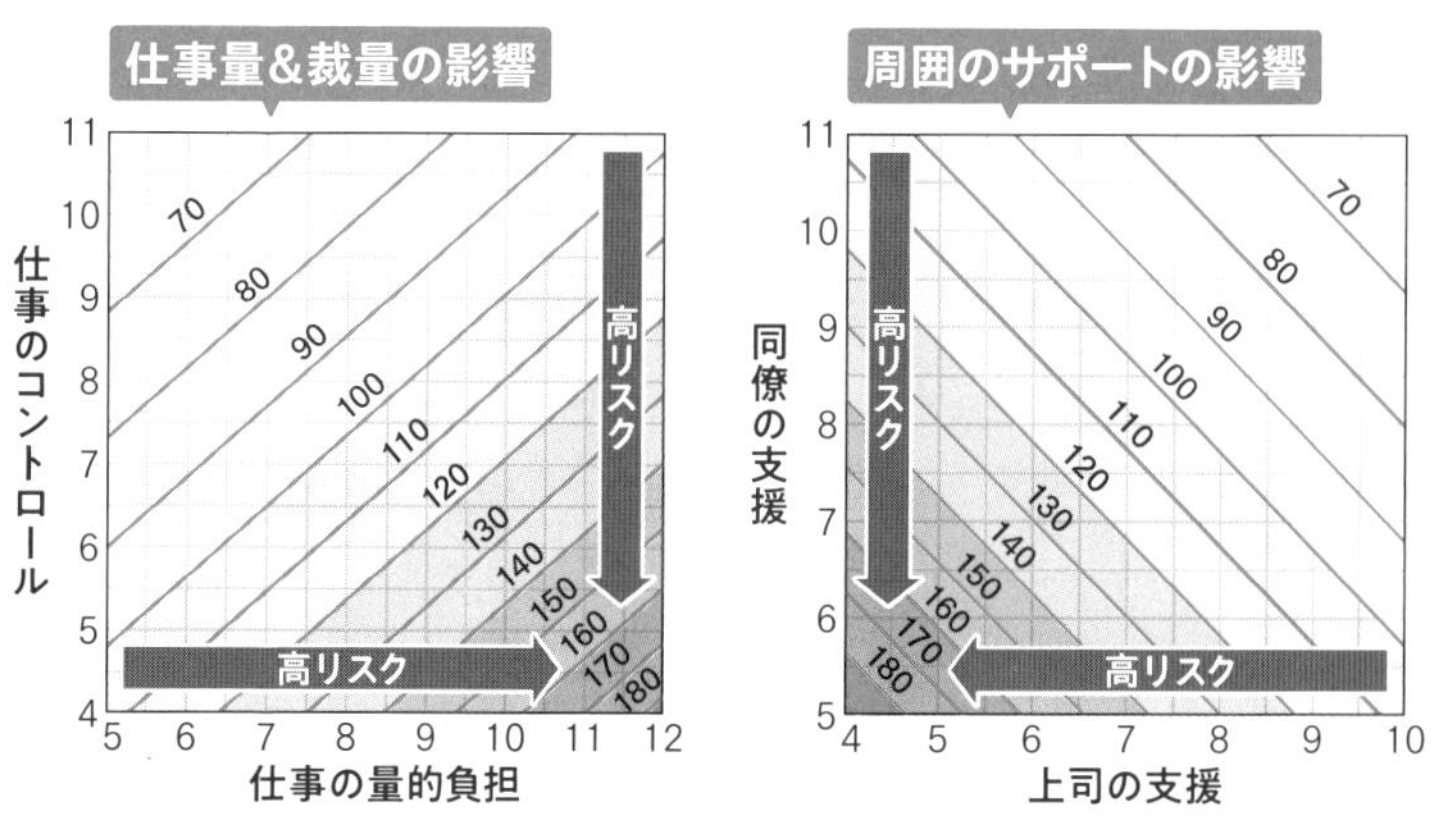

仕事量が多く裁量が小さい場合、サポートが低い場合は、うつなどのリスクが高まる。

（「職業性ストレス簡易調査票を用いたストレスの現状把握のためのマニュアル」下光輝一ほか, 厚生労働省, 2005より引用）

key word »

プロセス・ロス

Process Loss

皆がよく働くなら、自分は働かなくていい

集団が大きくなるほど、全力では頑張らない

皆さんの職場の〝ムダ〟は何ですか？　これだけで3時間は盛り上がれそうなくらい、日本の職場にはムダがいっぱい。デジタル印鑑に変えるだけで上層部は動揺し、コロナ禍の行政は、FAX対応でパンクしたほど。笑えない話ばかりです。

職場には、このような手続き的なもの以外に、〝人〟のムダもあります。そのため集団生産性が落ちるのです。**これを定式化したのが左図。個々の働きだけでなく、チームワークの悪さなども含めた「プロセス・ロス」が、人のムダの部分です。**

原因のひとつは社会的手抜き。集団が大きいと、「ひとりくらい手を抜いても平気」という心理が働きます。よくある大企業病ですが、70年代にはすでに、社会心理学者によって実証されていました（Latané B, Williams K & Harkins S, 1979）。

そしてもうひとつの要因が、相互協調の失敗です。全員が一生懸命働いていても、情報共有がうまくいっていなかったり、異なる価値基準で動いていると、集団としての成果は出ません。可視化されにくい要因ですが、働いても働いても成果の出ない職場で、よく見られる落とし穴です。

見えないロスが、職場の生産性を下げている

実際の集団生産性 ＝ **潜在的な集団生産性**
- 集団がもつ資源（メンバーの能力・技術など）
- 課題の要請

－ **プロセス・ロス**
- 相互協調の失敗（個々の努力が全体の成果に反映されない）
- 動機づけの低下（社会的手抜き）

個々の能力は高いのに、社会的手抜きや相互協調の失敗で、潜在的な生産性を発揮できていない職場も多い。

フリーライダー効果や、サッカー効果にも注意！

こうした背景から、最近の産業・組織心理学では、チームワークの研究に注目が集まっています。

チームワークを高めるには、「行動」「態度」「認知」の3つに着目。 行動的要因は、目標を明確にし、進捗を共有すること。メンバー間の軋轢（あつれき）解消なども含まれます。態度的要因では、コミュニケーションを良好にし、結束力や目標達成動機を高めるのがカギです。「このチームならうまくいく」というチーム効力感や、心理的安全性（→P112）も大きく影響します。そして3つめの認知的要因は、確実な情報伝達・共有と、同じ価値基準で仕事に臨む「共有メンタルモデル」（→P110）です。チームワーク改善には、この3要因を見直しましょう。

ただ、ときにはチームワークを乱す人もいます。典型的なのが「フリーライダー」。自分はろくに働かず、皆の成果の恩恵にあずかろうとする人です。**このような人がひとりでもいると、「サッカー効果」が発生。サック（suck）は人をだますの意で、「悪いリンゴ効果」とよばれることも。** このような人がいるときは早めの対処で、ほかの社員への影響を防ぐことが肝心です。

職場の行動あるある！

悪いリンゴ効果の由来は、〝Bad apples spoils the barrel.（悪いリンゴがあると、樽のなかすべてのリンゴがダメになる）〟という英語のことわざ。日本では、金八先生の「腐ったミカン」でおなじみの現象だ。

key word »

平均以上効果

Above-Average Effect

「能力も性格も平均以上」と、誰もが信じてる

自分の能力も人の能力も、客観的には見られない

「そもそもチームメンバーの能力があまり高くない」という企業や部署もあるでしょう。多くの企業が採用難に苦しむいまの日本では、優秀な人材を集めるのは容易ではありません。

しかし、優秀な人もそうでない人も、「自分は価値があると思いたい」という自己高揚動機をもっています。**そのためほとんどの人が、自分は平均以上と信じているのです。これが平均以上効果です。**年代問わず認められる傾向で、たとえばアメリカのエンジニア714人を対象とした効果では、「自分は平均以下」と答えたのはたった1人。「自分は上位5%以内」と答えた人が30～45%に上りました（Nickerson JA & Zenger TR, 2002)。平均とは何かと問いたくなりますね。高校生100万人への調査でも、自分のリーダーシップは平均以上と答える人が7割に上り、上位1%以内と答えた人が4人に1人もいました（Dunning D, Meyerowitz JA & Holzberg AD, 1989)。能力以外の要素も、平均以上と勘違いしてしまうのです。

「自分も含め、言うほど優秀じゃないかも」という前提で、たがいを受け入れ、協調する関係をつくるのが現実的でしょう。

自分の価値を守りたいときに、ズレが大きくなる

アメリカの大学生への研究。客観的に見て分が悪いときも、自分を高く評価した。

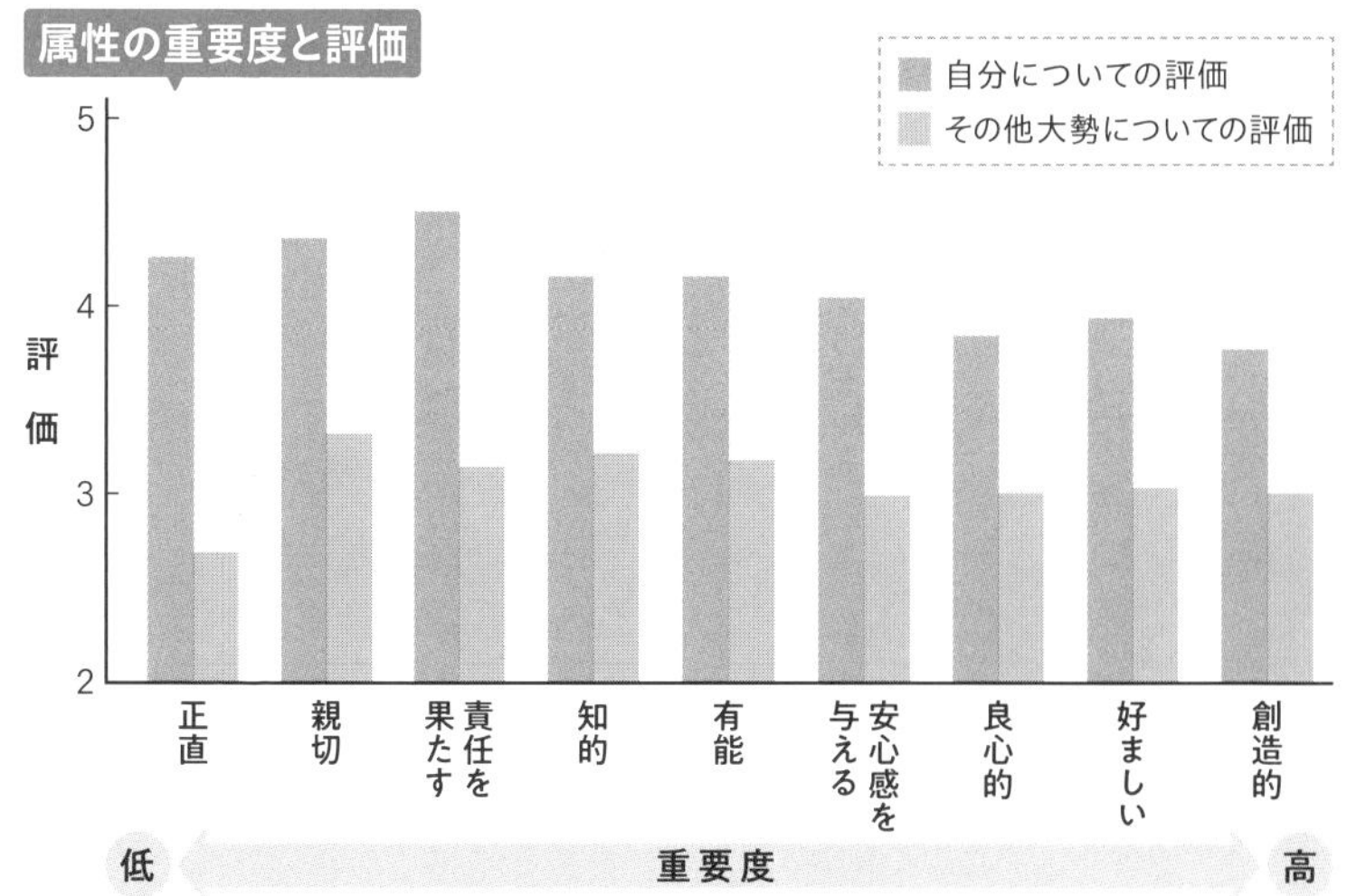

知性、能力以外も広く見ているが、いずれも自分への評価が圧倒的に高い。優秀で人徳のある人ばかりのようだ。

知的能力テストの結果が悪かった人も、何らかの理由づけをして、自己評価を守っていた。

（「Understanding the better than average effect : Motives(still)matter.」Jonathon DB, Personality and Social Psychology Bulletin vol.38(2) : 209-219 : 2012より作成）

職場の行動あるある！

「日本人は謙虚だから、こんな結果にはならない」と過去には考えられていた。しかし日本人も「自分は人より優秀」と考えており、自己評価は高い。人前で謙遜するだけで、内心では欧米人同様、自信過剰なのだ。

key word »

社会的促進

Social Facilitation

カフェで仕事が進むのは、観察者効果のおかげ

テレワークが進まないときは、近所のカフェへ

リモートワークの普及で、働く場所が多様化してきました。PC片手にカフェを訪れ、仕事する人も増えています。

自宅でも職場でもないコミュニティの場を「サードプレイス」といい、現代のカフェは、広義のサードプレイス。職場のような重圧がなく、ひとりで気分よく過ごせる、〝マイプレイス型〟に位置づけられます（Schultz H & Yang D, 1997）。

仕事効率の面からも、カフェを使うのは一理あります。**他者が存在することで、より高いパフォーマンスを発揮できることが多いのです。これを「社会的促進」といいます。**

社会的促進は、おもにふたつの効果で成り立ちます。

ひとつは観察者効果。誰も見ていない状況より、人が見ている状況のほうが、覚醒水準が高まります。心拍数などが上がり、脳も活性化するといわれています。スポーツ選手が、観客がいる大会で高いパフォーマンスを発揮するのも、この原理です。

もうひとつは、共作業効果。同じ作業をしている人がいると、「よりよいパフォーマンスを発揮したい」「負けていられない」と、仕事のスピードが速くなるのです。

周囲に人がいるだけで、覚醒水準がアップ

家だとソファなどに寝そべってくつろいでしまう人は、カフェで覚醒水準を高めよう。

集中は続かない。50分働いたら、15分休憩を

ただ、カフェでの仕事は万能ではありません。

社会的促進が生じるのは、やり慣れた仕事の場合。**経験が少なく難易度の高い仕事、まったく新たな視点で企画を考える仕事などは、かえって効率が落ちます。**また、知的能力が低い人は共作業効果でパフォーマンスが上がりますが、知的能力が高い人はその恩恵を得られません。たまった書類仕事を進めたり、プレゼンスライドをつくる程度がちょうどよさそうです。

作業効率には環境音も影響します。意味のある音（有意味音）が重ならないよう、会議や講義の聞き直しも避けましょう。

なお、人の集中力にはかぎりがあります。**VDT作業（パソコンなどを使う作業）の効率を調べた研究では、50分の作業に対し、15分の休憩がベストという結果に**（Yoshimura I & Tomoda Y, 1994）。一般的な休憩時間より長めですが、これより短いと、眼精疲労や筋疲労、精神疲労がとれないまま、次の作業にとり組むことに。その結果、パフォーマンスが下がるのです。カフェで仕事する場合も、50分働いたら一度休憩しましょう。休憩時にスマホを見ないことも重要です。

職場の行動あるある!

社会的促進は食事でも見られる。ひとりでの食事でも、他者の話し声が聞こえたほうが美味しく感じられる（Kawai N, Guo Z&Nakata R, 2021）。動画サイトの音声や、ラジオを聞くだけでも効果があるようだ。

key word »

計画の誤謬（ごびゅう）

Planning Fallacy

「締め切りまでには終わる」と、つい先延ばし

自己効力感が低い人、完璧主義の人に多い

私たちは先延ばしが大好き。「今日できることを明日にするな」という格言があるかと思えば、「明日できることを今日やるな」という反対の格言もあるほどです。今日のタスクを頑張ってやりきるか、明日にするかは、世界共通の悩みのようです。

先延ばしの原因は、計画の誤謬（ごびゅう）（誤り）です。状況を楽観的に考える「楽観バイアス」のため、実現可能性の低い計画を立ててしまうのです。先のことではとくに楽観バイアスが働きやすく、今週できなかった量のタスクを、来週は確実にできると信じてしまいます。

先延ばしが多い人には、いくつか特徴があります。**88の先延ばし研究の解析結果からは、自己効力感が低い人ほど、先延ばしをしやすいとわかっています**（van Eerde W, 2002)。「自分にはきっと無理」という考えがあり、失敗を恐れて先延ばしするのです。また、完璧主義の人も高すぎる目標を掲げすぎ、先延ばししがちです。「もっと早く始めていればやれた」という自分への言い訳（セルフ・ハンディキャッピング）で、自尊心を守れることも理由のひとつです。

得意な仕事ほど、見通しが甘くなる

(「Exploring the "planning fallacy": Why people underestimate their task completion times.」Buehler R, Griffin D & Ross M, Journal of Personality and Social Psychology vol. 67(3): 366-381, 1994より引用)

学生への実験では、得意な学術的活動のほうが見通しが甘かった。仕事でも、慣れた業務ほど、締め切りにルーズになりやすい。

「プレッシャーで能力を発揮」は、よくある誤解

先延ばしが習慣化している人は、「プレッシャーで力が出て、一気にやれる」と豪語することがあります。しかしこれは勘違い。前述の先延ばし研究の解析でも、先延ばしをした学生は、先延ばししなかった学生より成績が悪いという結果が出ています。

また、自己効力感が低く、普段から落ち込みやすい人は、先延ばしで気分が悪化します。「やっぱり自分はダメだ」という認知が強まるためです。うつ病や不安症の心理療法でも、先延ばしグセをなくす方法が推奨されています。ひとつでもいいので、目の前の小さなタスクにまず手をつけ、実行できた自分を評価することが大切です。

このように見ていくと、先延ばしは悪しき習慣に見えます。しかし、ポジティブな側面も確実にあります。**やるべきタスクを後に回し、気晴らしをすることは、人の心を守る戦略。ストレスコーピング（ストレスへの対処方略）のひとつなのです。**とくに心からの楽観派の場合は、気晴らしを心から楽しめて、ストレスを解消できます。仕事に支障が出ていないなら、ときには気晴らしを満喫し、堂々と先延ばしするのもありです。

職場の行動あるある!

企業単位で先延ばし対策にとり組む例も。新規開拓を先延ばしする銀行員に対し、タスクを週単位に分割し、そのたびにささやかなインセンティブを与えたところ、達成率が30%も上昇した（Cadena X et al., 2011）。

key word »

リーダーシップのダークサイド

Dark Side of Leadership

カリスマリーダーは、組織にとってよい？　悪い？

リーダーシップはつねに、暴力性をはらんでいる

ＩＴ業界を筆頭に、ビジネス界ではつねにカリスマリーダーがクローズアップされます。業界を変えた革新性、そのスピリットを語る姿は、多くのビジネスマンの憧れの的のようです。

しかし歴史的に見ても、カリスマは諸刃の剣。かのヒトラーも、ユダヤ人の脅威とドイツ人の団結を訴え、大衆の支持を得て選挙で当選したのです。**人を惹きつけるカリスマは、方向性を誤れば、パワーで人を苦しめる存在になります。**

リーダーシップの類型は左図のとおりで、ブライトサイド（光の側面）とダークサイド（闇の側面）があります。ブライトサイドには、組織と業界に変革をもたらす「変革型リーダーシップ」や、現場の社員たちをサポートする「サーバント・リーダーシップ」（→Ｐ１０８）などがあります。ダークサイドの典型は、破壊型リーダーシップ。気まぐれに権力をふるい、気に入らない人間を侮辱したり、降格させたりします。**そしてカリスマリーダーは、変革型リーダーシップと破壊型リーダーシップ、両方の面を備えていることが少なくありません。**優れた人物として、無条件にもてはやすのは考えものです。

リーダーのタイプは、一連のスペクトラムで考える

ダークサイド　非リーダーシップ　ブライトサイド

- 破壊型リーダーシップ
- 侮辱的な管理
- 有害なリーダーシップ

- 自由放任型リーダーシップ
- 怠慢型リーダーシップ

- 変革型リーダーシップ
- サーバント・リーダーシップ（➡P108）
- オーセンティック・リーダーシップ
- 倫理的リーダーシップ

通常、ひとつの型だけにはあてはまらない。とくにカリスマはブライトとダークの両面をもっている（Ikeda H, 2019）。

カリスマには、ブライトとダーク両方の面がある

リーダーに権力を集中させないしくみをつくる

組織心理学者のハウェルとハウスによると、カリスマリーダーはさらに2タイプに分けられます。**ひとつは、組織や集団の目標実現という大志をモチベーションとする「社会志向的カリスマ」。そしてもうひとつが、自分の利益の最大化をめざす「自己志向的カリスマ」です。**前者は組織のメンバーを仲間とみなし、社会に悪影響を及ぼすこともありません。しかし後者は社員の忠誠心を、組織ではなく自分に向けさせます。そして、株価が最大になったときに売り抜けるなど、自分の利益のために動いたり、ときには社会システムに害を及ぼしたりします。

最初からダークサイドが強ければ、業界や組織に変革をもたらすほどの仕事はできません。人がついてこず、大きな組織にもできないでしょう。しかしリーダーに盲目的に追従する社員が増えると、彼らを自分の利益のために使おうとします。疑義を呈する社員が現れた場合も、力で黙らせたり無視したりして、ますます力を誇示します。これが「権力の腐敗」です。

カリスマリーダーがよいか悪いか、一概にはいえませんが、権力集中を止めるしくみづくりは必須といえるでしょう。

職場の行動あるある！

額に「E」と書いてもらう実験では、権力があると感じている人は自分の向きで、そうでない人は相手から見てEと読めるように書いた。権力は自分本位の認知をもたらすようだ（Galinsky A et al., 2006）。

key word »

サーバント・リーダーシップ

Servant Leadership

「ビジョン」「奉仕」が、新時代のリーダーの要件

古いリーダーは、成熟した市場に太刀打ちできない

組織にとってもっとも望ましいリーダーの研究も進められています。**注目されているのは、サーバント・リーダーシップ。**サーバントとは「しもべ」「使用人」などの意。従来の強いリーダー像とは真逆ですが、優れた商品を開発・製作するのも、顧客に販売するのも社員です。**現場の社員が能力を発揮できるようにリーダーが支えることで、組織は確実に活性化します。**

ただ、明確なビジョンをもたず、感じよくするだけのリーダーでは意味がありません。これはP107の図の「非リーダーシップ」に該当し、リーダーとしての機能を果たしていない状態。ビジョンを明確に描き、全社員に伝えたうえで、メンバーを支援して導くのがサーバント・リーダーシップです。

従来の強いリーダーをめざしてきた人には受け入れがたい部分もあるでしょう。とくに日本の経営者は平均62・77歳と高齢で、これまでのやりかたを変えるのは困難。ただ、現代のように成熟したマーケットでは、いままでと同じことをしていても、売り上げは伸びません。**より若く、新たなビジネスモデルをつくっていけるリーダーが求められています。**

ビジョンの実現のために、個々の力を引き出す

先見力・予見力をもちながらも、まず部下の意見や思いを聞くのが新たなリーダー像。

サーバント・リーダーの特徴

傾聴
要望を聞き、どうすれば役に立てるか考える。

共感
メンバーの立場に立ち、気持ちを理解する。

いやし
心理的脅威を与えず、本来の力を出させる。

納得
服従を強いることなく、相手の納得を促す。

気づき
偏りのない認知で、現状に鋭敏に気づく。

概念化
明確で大きなビジョンを描き、伝えられる。

先見力・予見力
現在の状況と過去から、将来を予測できる。

奉仕役
自分より、メンバーの利益を考えて動く。

成長への関与
メンバーの成長に積極的にかかわり、促す。

コミュニティづくり
安心して働き、成長できる場をつくり出す。

顧客に近い現場・若手が主役に!

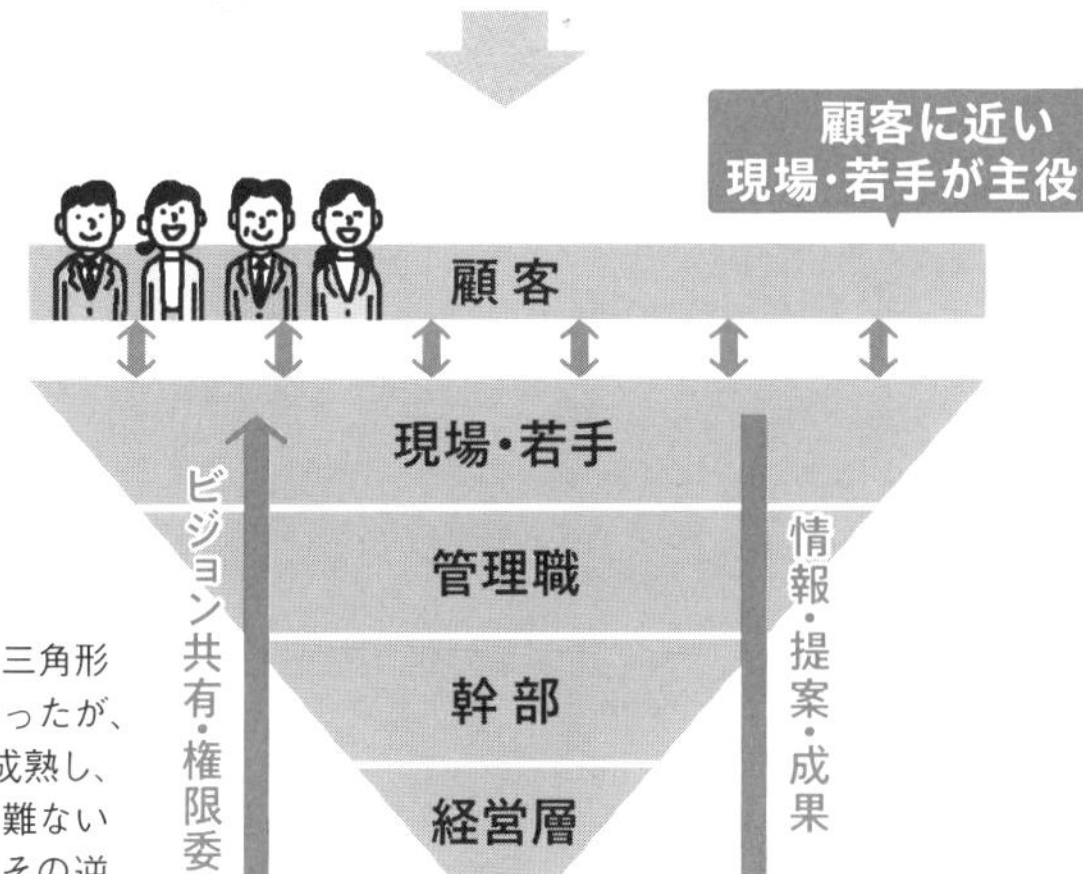

高度成長期は三角形の組織でよかったが、マーケットが成熟し、将来予測が困難ないまの時代は、その逆が理想的。

職場の行動あるある!

経営者が70代の場合、56.8%が減収企業。赤字企業でも70代以上の経営者が最多（東京商工リサーチ、2022）。昔の成功体験にとらわれるうえ、長期ビジョンを描けず、発展の芽を自ら摘んでいるという指摘もある。

key word »

共有メンタルモデル

Shared Mental Model

大事な知識や情報、ちゃんとみんなに届いてる？

社外交流で仲を深めても、意味がない

うまくいっていない会社には、共通する特徴があります。各自の知識・情報に、ばらつきがあるのです。重要情報を上層部や一部の管理職だけがもっていたり、同じチームメンバー間で「えっ、聞いてない」と伝達エラーが出ることもあります。

そこで最近は、メンバー間で認知と知識の共有を図る「共有メンタルモデル」に注目が集まっています。知識の共有度が高いほど、各自が円滑に仕事を進めながら、チームとしてうまく協調できます。

重要なのは、認知に焦点をあてている点。**「最優先事項は何か」「起こりえるトラブルは何か」など、ものごとを理解する枠組みそのものを共有するのです。**これならメンバーの専門性やスキルにばらつきがあっても、うまくサポートしあえます。

古い管理職ほど、「交流を深めれば、業務上のコミュニケーションもうまくいく」と考えがちですが、チームワークと仲のよさは別です。むしろ個人的に仲よくなることで、たがいの業務の問題を指摘しにくく、事態が悪化することも。飲み会などの交流より、知識を共有するしくみのほうが、ずっと有効です。

同じ知識と価値観で動けば、うまくいく

同じビジョンに向かって協働するには、知識・価値観の共有が不可欠。

クロス・トレーニングなどで、共有知識を増やす

新卒一括採用の慣習から、なかなか抜け出せない日本。その背景には、「うちにはうちのやりかたがある。一から育てないとダメだ」という考えが根強くあります。しかし日本企業の低迷を見れば、うまくいっていないのはあきらか。採用難で、新卒一括採用自体もむずかしくなっています。中途採用、外国人採用などでダイバーシティを実現するのは、不可避の道。**そのときにも、知識や情報、価値観を共有するしくみがあれば、多様なバックグラウンドの人どうしでうまく連携できます。**

知識・価値観の共有をめざすには、チーム・トレーニングが有効です。そのひとつがクロス・トレーニング。部門横断的な実践トレーニングです。自分以外のメンバーが担当する仕事の内容を知り、実際にやってみることで、「どう進めているのか」「必要な情報は何か」が、自分ごととして理解できます。

チーム・トレーニングの効果を見た45の研究の解析でも、実践的なチーム・トレーニングは、チームの認知共有、相互信頼、業務プロセス、パフォーマンスすべてを改善するとわかっています(Salas E et al., 2008)。

人にあわせることが望まれる日本では、「他メンバーには干渉しない」という態度になりがち。全社的にチームワークに介入し、新たなしくみやトレーニングを導入したほうが、適切なチームワークを学んで実践できる。

key word »

心理的安全性

Psychological Safety

「うちの組織はフラット」は、たいてい誤解

トップの組織評価には、正常化バイアスが働く

変革には、現状の組織体制に問題意識をもつことが大前提です。しかし、危機を正しく認識しない「正常化バイアス」などで、上の人間がそれを認められないことも。「自分は皆の意見を聞いているし、フラットな組織じゃないか」というわけです。

組織のメンバーが安心して意見を言いあえる雰囲気を「心理的安全性」といいます。ハーバード大学の組織行動学者エドモンドソンが提唱した概念で、日本でも注目が集まっています。

心理的安全性の高い組織は、チームワークがよく、高いパフォーマンスを発揮します。率直に話せることで明晰な思考が促され、イノベーションも促進されます。一方、心理的安全性の低い組織では、「下手に意見を言うと、ダメ出しされる」「上の機嫌を損ねる」というおそれから、闊達(かったつ)な意見交換がなされず、チームが停滞。ミスも個人の責任として責められるため、ミスを防ぐ体制づくりや、次にいかすための検討も進みません。

上の人間だけが「フラットな組織」と思い込んでいないか、左の指標をもとに確かめてみましょう。心理的安全性を高めることは、共有メンタルモデルの促進にもつながります。

あなたの職場は大丈夫？　点数が低いほど危険!!

現状で心理的安全性が低いなら、改善プログラムの導入などが必要だ。

心理的安全性の7指標

		非常にそう思う	そう思う	ややそう思う	どちらともいえない	あまりそう思わない	そう思わない	まったくそう思わない
1	このチームでミスをしたら、たいていの場合、責められる	1	2	3	4	5	6	7
2	このチームのメンバーは、問題のある事柄や困難な事案でも言い出せる	7	6	5	4	3	2	1
3	このチームでは、「自分とは違う」ことを理由に、メンバーが他者を拒否することがある	1	2	3	4	5	6	7
4	このチームでは、リスクをとることについて心配せずにすむ	7	6	5	4	3	2	1
5	このチームでは、他のメンバーに助けを求めることはむずかしい	1	2	3	4	5	6	7
6	このチームの誰も、私の努力を故意に妨害するようなことはしない	7	6	5	4	3	2	1
7	このチームのメンバーと一緒に働くことで、私ならではのスキルや能力が価値をもったり、役に立ったりしている	7	6	5	4	3	2	1

仲のよさや信頼感ではなく、率直に言える風土かを見る。総得点が低いほど、言うべきことが言えない環境。

（「Psychological safety and learning behavior in work teams.」Edmondson A, Administrative Science Quarterly vol.44(2)：350-383, 1999より引用）

上司と部下のズレ

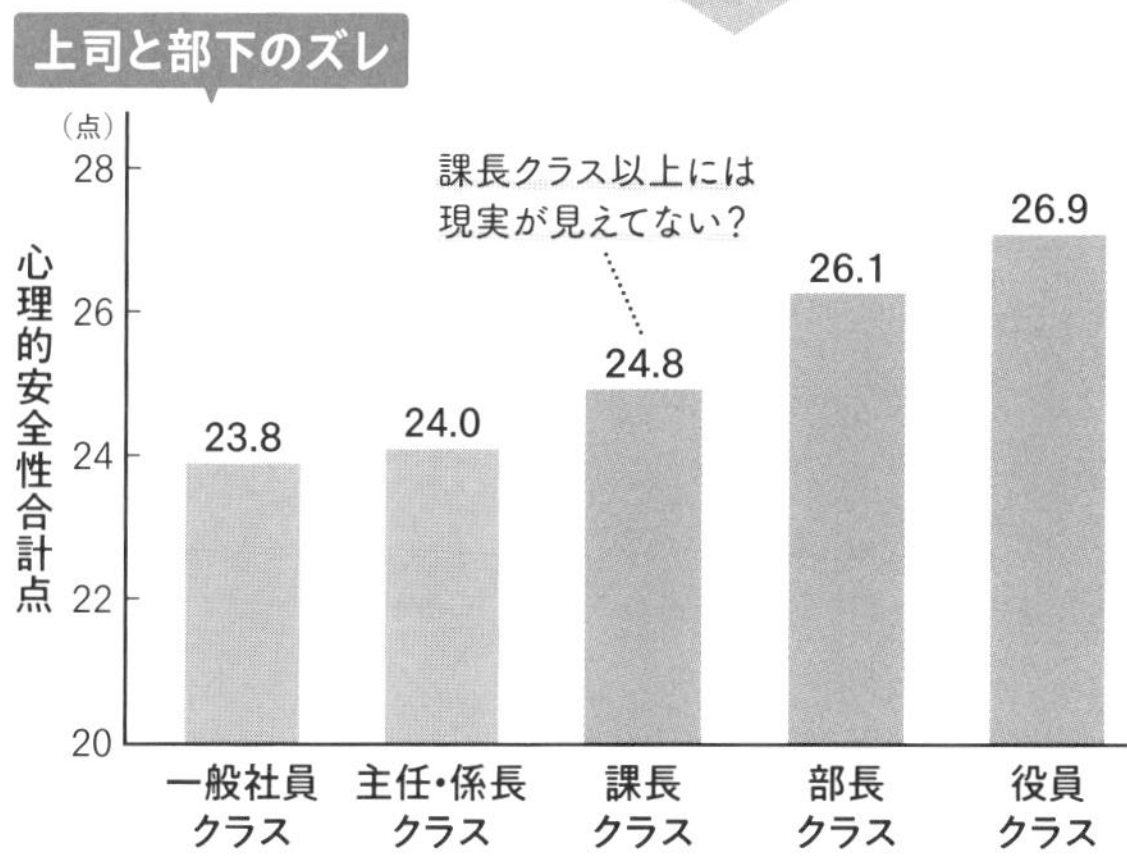

企業で働く1037人に、心理的安全性を評価する質問をした結果。立場が高くなるほど、現状が見えなくなるようだ。

（「職場における心理的安全性の要因についての考察」国分さやか, 立教ビジネスデザイン研究 no.18：65-75, 2021より作成）

職場の行動あるある！

100名以上の企業で、3人以上の部下をもつ人を対象とした調査では、心理的安全性の概念を知る人は半数強、必要性を理解する人は75％以上という結果に（Matsumoto Y, 2017）。必要性は広く認識されつつある。

key word »

リアリティ・ショック

Reality Shock

新入社員の離職をどう防ぐ？ どうやって育てる？

入社1年で辞めるのは、期待一致度が低いから

新卒入社社員のうち、1割は1年以内、3割は3年以内に離職します（厚生労働省、2022）。コストをかけて採用した企業には、大きな損失ですね。しかし「最近の若者はすぐ辞める」と、人のせいにするのはお門違い。問題は組織側にあります。

新たに入ってきたメンバーが、組織に適応し、求められる行動を身につける過程を「組織社会化」といいます。これがうまくいけば、ワークエンゲージメントも高まり、容易には離職しません。しかし組織に不適応を起こせば、離職に至ります。

その分かれ目は、入社前の採用にあります。募集時・面接時に何を伝え、何を伝えないかが、組織社会化に影響するのです。**雇用条件の詳細だけでなく、「どんな組織体制のなかでどんな仕事ができ、成長できるか」「企業としてどんな方向に進もうとしているか」などが具体的に伝えられていないと、入社後の現実にショックを受けます（リアリティ・ショック）。**31の研究を大規模解析した結果でも、予測とのズレが大きいほど、職務満足度やワークエンゲージメントが低く、組織にとどまる意思をもちにくいとわかっています（Wanous JP et al., 1992）。

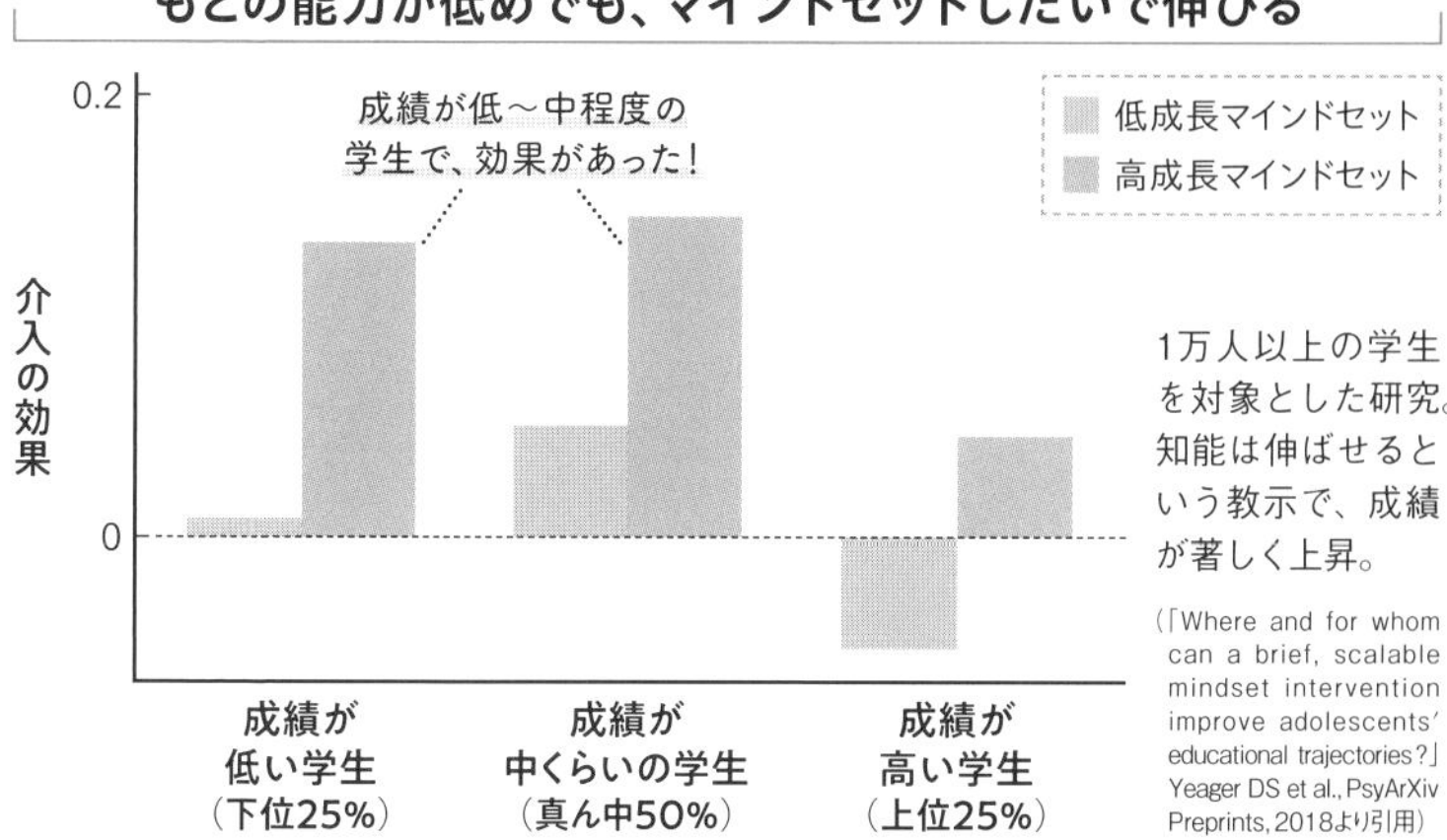

入社後のサポートでは、フィードバックが重要

入社後の「組織社会化戦術」も有効です。入社前に十分な説明がされていても、実際の業務では何を求められているのかわからず、不安と緊張感でいっぱい。仕事の進めかただけでなく、どんな役割、成果が求められているか、どんな価値観が共有されているかを具体的に伝えないといけません。そのうえで具体的な指示を出し、タスクを進めてもらいます。この間のこまやかな観察も重要です。**タスク完了後は、フィードバックを確実に。**誤解されがちですが、「よくできてるよ」「ここはこうしたほうが」はフィードバックではありません。P109のリーダーのイメージで、まず傾聴を。**本人の気づきを聞き、それを整理したうえで、理解が不足していればアドバイスをします。**

企業によっては、「うちにはそんな優秀な人は来ない。すべて命令し、管理しないとダメ」という言葉も聞かれます。しかしすべての新入社員には、高いポテンシャルがあります。**「知能も能力も固定じゃない。きっと伸びる」というマインドセットをもつと、実際に伸びるのです**（上図参照）。周囲もそれを信じてかかわることが、何より大切です。

職場の行動あるある！

社員を定着させることを「リテンション」といい、その方法の研究も進められている。重要なのは条件以上に、職務満足感。「ここにいても価値を感じられる仕事はできない」と思えば、続ける理由はどこにもない。

key word ≫

ステレオタイプ脅威

Stereotype Threat

「女性はリーダーに向かない」と言われると、成果が落ちる

女性自身も、ステレオタイプにとらわれてしまう

性別や人種などで人を決めつける「ステレオタイプ」（→P62）は、職場にも蔓延しています。**問題は、人を傷つけるだけでなく、本来の能力を封じてしまうこと。これが「ステレオタイプ脅威」です。**他者からのステレオタイプを内在化し、「自分にはできない」と信じ込んでしまうのです。

学生を対象とした実験でも、この影響が明確に認められています。「女性は数学が苦手」というステレオタイプが活性化すると、女子学生の成績が実際に低下しました。反対に、「このテストに男女差はありません」と教示された人たちは、本来の能力を発揮し、男性と同等の成績を上げています（Spencer SJ, Steele CM & Quinn DM, 1999）。

職場においても、「リーダーシップが高いのは男性」という無意識のステレオタイプが根強くあります。女性自身がそれを内在化し、リーダーへの昇格を望まないことも。**しかし、「リーダーシップに男女の能力差はない」と明言された女性は、進んでリーダーシップをとるように**（Davies PG et al., 2005）。ステレオタイプ脅威をとり払う積極的なメッセージが必要です。

「女性らしさ」を信じる人がいるかぎり、力を発揮できない

科学的には、能力にも性格特性にも男女差はない。
その前提を皆が知ることが、職場の変化の第一歩だ。

ジェンダー・ステレオタイプ

このような性役割観の押しつけは、女性だけでなく、男性も苦しめる。

男性らしさ
- タフで力強い
- 決断力がある
- 達成志向
- 社会での競争が得意

女性らしさ
- こまやかで気配りができる
- 思いやりがある
- 関係志向
- 家事・育児が得意

生まれつきの性質として、いまも信じる人は多い

ステレオタイプ脅威（きょうい）

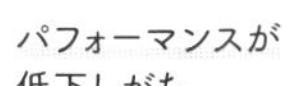

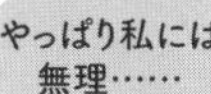

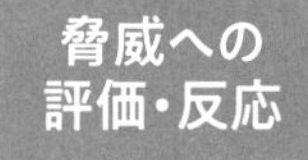

脅威喚起要因
- 女性が少数派
- 物理的環境
- 競争的組織文化
- 「成功=生得的な能力」と考える組織文化

脅威への評価・反応

脅威の結果
- 意欲低下・自信喪失

↕

- 反 発

緩和要因
- リーダーシップへの自信・自己効力感
- 習得可能信念
- 適切な役割モデル

（「Managing to clear the air: Stereotype threat, women, and leadership.」Hoyt CL & Murphy SE, The Leadership Quarterly vol. 27(3): 387-399, 2016より引用）

女性リーダーがステレオタイプ脅威にさらされるときの構造。まず女性リーダーの数を増やすことも、有効な解決策。

職場の行動あるある！

上の世代のビジネスマンほど、学校教育で強いジェンダー・ステレオタイプを受けていた。「生徒会長は男子、女子は副会長」「重いものは男子が持つ」などだ。この価値観が、大人になっても強く刷り込まれている。

key word »

ベテラン・バイアス

Bias in Veteran Hiring

ベテラン社員は、若手より危険なミスをする

経験から自信過剰に。「きっと大丈夫」と思い込む

新人の仕事を見ていると、ミスやトラブルが心配でハラハラしませんか？　しかし本当に心配すべきはベテランのミスです。鉄道会社でのヒューマンエラー（人が原因のエラー）の研究によると、ミスがもっとも少なかったのは、経験年数3～5年の運転士。そしていちばん多かったのは新人運転士で、3年間で平均2・31件。5年以上の経験者では平均2・0件という結果でした（西日本旅客鉄道株式会社 安全研究所、2009）。

新人とベテランのミスの多さには、それぞれ異なる原因があります。新人では「個人指導不十分」「あわてていた」が最多。一方のベテランでは、「確認しなかった」が断トツのトップに。「勝手に判断。都合のよい解釈をした」「条件反射で行動した」という思い込み行動が、若手よりはるかに多い結果でした。

命にかかわる業務なのは百も承知です。それでも無意識のバイアスで、エラーを起こすのです。**経験からくるこのような自信過剰が「ベテラン・バイアス」。何かあっても対処可能という自信もあり、危険なリスクテイキングをする傾向も報告されています。**

計画〜実行の3段階で、ヒューマンエラーが起きる

各業務段階とその流れにおけるエラー発生を示した「PDSサイクル」。

Plan 計画

ミステイク（思い込みエラー）が起きる

状況を正しく認識できずに誤った計画を立ててしまう。そして、計画どおり実行することでエラーが発生。

Do 実行

スリップ（うっかりミス）が起きやすい

多くはうっかりミスで、計画と異なる行動をとってしまう。長時間労働などによる疲労も原因となる。

See 確認

エラー予防の確認行為にもミスがある

計画どおり実行できているかの確認時に生じるエラー。ダブルチェック体制なのに、ひとりが怠るなど。

属人的な組織ではとくに、ミスが起きやすい

ベテランになるほど、まかされる仕事の規模は大きくなります。一方で、周囲からの日常的な業務チェックは、あまりありません。そのため、重大なインシデントやトラブルを起こす可能性が高まります。

とくに属人的風土が強い組織では、要注意。「どんな内容か」よりも、「誰が提案したか」に重きが置かれ、人を基準にものごとが決まる組織です。立場が上の人が意見を言ったときに、誰も反対意見を言えなかったり、トラブル時にも本質的原因でなく「誰が原因か」が問われるなどが、その典型です。**こうした組織では、ベテランに大きな裁量があり、業務もノーチェックになりがちです。**重大なトラブルが起きた場合も、トップは責任をとらないでしょう。すべては「個」の責任だからです。

このような環境で、ベテラン・バイアスによるミスを防ぐには、心理的安全性を高める組織づくりが不可欠。「あの人の言うこと、やることには、誰も口出しできない」という状況を、まず変えましょう。**そのうえで、全員がミスをする前提でのチェック体制をつくります。**

職場の行動あるある！

エラーをくり返さない組織にするには、ミスの報告を受けたときに、「えっ」という顔をしないことも大切。ミスした人は、報告を受ける側が考える以上に脅えている。「ちゃんと報告してくれてありがとう」と応じたい。

key word »

グループ・シンク

Group Think

優秀な人が集まって、愚かな決定をするのはなぜ?

ダイバーシティのない組織は、ただ沈むのみ

国家を代表する意思決定者たちですら、政権を揺るがすほどの誤った判断をすることが、たびたびあります。アメリカの歴史を概観しても、朝鮮戦争にベトナム戦争、キューバ侵攻、ウォーターゲート事件など、枚挙にいとまがありません。

社会心理学者のジャニスは、こうした愚かな意思決定がなぜなされたのか、アメリカ政府という集団の意思決定プロセスに着目して研究しました。**そして見出されたのが、集団での協議により、かえって誤った決断を下す「グループ・シンク(集団浅慮)」です。**集団間の相互作用で、ひとりで考えればまず下さないような、極端な意思決定に至ることが多いのです。

グループ・シンクが起きやすいのは、メンバーの結束が強く、ダイバーシティに欠ける閉鎖的集団。メンバーどうしが同じ知識・情報を共有していることで、状況の不確実性が低下したような錯覚に陥ります。**そのため不都合な情報を過小評価し、極端な意見になっていくのです(リスキー・シフト)。**「自分たちは優秀な集団だ」という過信も、危険な意思決定に拍車をかけます。集団だと責任が分散されるという背景要因もあります。

大きな失敗には、組織的な「下地」がある

ジャニスによる集団志向モデル。とくに先行要因をもつ組織は要注意。

A 先行要因

A1 凝集性の高さ

A2 組織の構造的欠陥

- 集団の孤立
- 不公正なリーダーシップ
- 方法・手続きの規範の欠如
- メンバーの等質性

A3 誘発的状況

- 外部からの強いストレスなど
- 自尊心の一時的低下
  - 最近の失敗
  - 困難な意思決定
  - モラル上のジレンマ

反対意見が出にくい状況や、決断を迫られている状況、威信を失っているときに起きやすい。

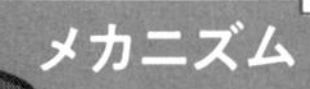

B メカニズム

Aのような要因を備えた組織では、力をもつ人に、皆が同調する。

C 症状

C1 集団の過大評価

- 無敵の幻想
- 固有の倫理観の信念

C2 せまい了見

- 集団的正当化
- 敵対者へのステレオタイプ

C3 一致への圧力

- 自己検閲
- 満場一致の幻想
- 反対者への直接的圧力
- 集団規範を強く擁護(ようご)する人

「自分たちならやれる」という無敵の幻想や、集団単位の自己正当化など、問題症状が現れる。

D 欠陥的意思決定

- 選択肢の不十分な調査
- 目的の不十分な検討
- 拒否選択肢の再検討失敗
- リスク評価の失敗
- 貧弱な情報収集
- 情報処理の選択バイアス
- 緊急時対応策の策定失敗

情報を十分に集め、吟味することもせず、失敗したときのための適切な対策も立てない。

大失敗

職場の行動あるある!

上図の先行要因「自尊心の一時的低下」は、国民感情としてもたびたび見られる。自国の価値を感じにくくなったときに、「この国の威信をとり戻せ」という人々が現れ、右傾化する動きは、世界的に見られる。

key word »

デビル審理法

Devil's Advocate

会議で反対意見を出しやすいしくみをつくる

「悪魔の代弁者」が、会議の流れを変える！

グループ・シンクによる愚かな意思決定を防ぐため、考案された方法があります。それが「デビル審理法」。**会議参加者のひとりに「悪魔の代弁者」役を割りあて、反対意見を述べさせるのです。すると集団内の同調圧力が急激にやわらぎ、ほかのメンバーも異なる意見を言い出します。**

効果を実証した研究もあります。実験参加者を9人ずつのグループに分け、各グループに悪魔の代弁者を加えます。グループが問題解決課題にとり組む際に、悪魔の代弁者は「私たちは何か見落としているのでは……？」「○○の要因も考えてみませんか？」などと問題提起。するとメンバーは特定の意見にとびつくことなく、複数の解決策を探るようになりました。悪魔の代弁者の数を増やすほど、その傾向は顕著になります（Akhmad M, Chang S & Deguchi H, 2020）。

会議やミーティングでこのシステムをとれない場合は、別のメンバーと事前に打ち合わせ、「○○の要因も考えてみては？」と意見を述べる方法も。ひとりで疑義を呈する場合に比べてめだちませんし、問題提起が通りやすくなります。

オンラインのブレストなら、多様な意見が出る

集団で話し合うことが、必ずしも無意味なわけではありません。重要なのはその方法です。**閉鎖性の高いメンバー構成、心理的安全性の低さなどを改善するのが先決です。**

そのうえで、何のための会議かを明確にすること。皆で話せば、情報共有しながらよい意思決定ができるという見かたもありますが、これは「隠されたプロフィール現象」とよばれる幻想です。実験でも、事前情報に差をつけた話し合いでは、意思決定が大きく変わりました（Stasser & Titus, 1985）。**意味のある話し合い、決定が目的なら、情報は事前に共有しておきます。**

ブレインストーミングについても、従来式の方法では、効果がありません。一方、個人単位でブレストしたうえで、アイディアを公表しあう方法は有効です。**オンラインでの電子ブレインストーミングの効果も注目されています。**ほかの人の顔色に影響されにくく、自分の思考に集中できるのが最大の利点です。固定メンバーにせず、人を入れ替えておこなうオンライン会議やミーティングなら、意味のある意思決定に。信頼感も強まると実証されています（Jarvenpaa SL, Knoll K & Leidner DE, 1998）。

職場の行動 あるある！

91年にはブレスト研究の大規模解析がなされ、個人単位の思考より劣るという結論に。それでもブレストが好きな経営者がいるのは、「皆で何かやっている」という感覚を好む傾向や、現状維持バイアスが原因だ。

key word »

サンクコスト効果

Sunk Cost Fallacy

会社がピンチになるまで、不採算部門を切れないわけ

自分が関与した事業はとくに、引くに引けない

粉飾決算をしてでも、不採算の原発事業を守ろうとした大手企業の迷走は、記憶に新しいところ。経営合理化が当然のように語られる現在でも、利益−損失ベースで冷静に合理化を図るのは、むずかしいようです。

原因のひとつが、サンクコスト（埋没費用）効果。「ここまでこれほど投資し、努力してきたのだから」という心理で、撤退困難になることです。もっとも有名な事例は、超音速旅客機「コンコルド」の開発事業。夢の一大プロジェクトでしたが、30年近い歳月と数兆円の費用を失うことに。この事例から、サンクコスト効果は「コンコルドの誤り」ともよばれています。

現経営陣が関与し、大々的に始めた事業では、とくに後に引けなくなります。さらなる追加投資で損失を拡大することも。そのメンバーでいくら議論しても、グループ・シンクに陥りやすく、撤退は困難。組織体制を見直すなどの改革が必要です。

この現象は、多くの実験でも実証されています。体調が悪いのに、予約していた旅行に出かけるなどの身近な例も多くあります（Bruine de Bruin W, Strough J & Parker AM, 2014）。

複数のバイアスから、撤退判断がむずかしくなる

期待した結果が得られていないのに撤退できなくなる「コミットメントのエスカレーション」は、以下のような背景で生じる。

背景要因

判断のバイアス

ネガティブ状況では、リスク志向の判断に

最初の投資後に、何らかの損失が出た時点で損切りすることができず、リスク志向的に突き進む。

知覚のバイアス

見たい情報を優先的に見てしまう

意思決定段階で、プロジェクトの成功を支持する情報ばかり見て、不都合な情報を軽視する。

競合的非合理性

競合企業がいるとゲームから降りられない

競合企業との競り合いで後に引けず、非合理的な判断に。開発のほか、企業買収でもよく見られる。

印象管理

誤りを認めず、決断力のある人に見せる

有能なリーダーとして、自己の一貫性を保ちたいという無意識の心理で、失敗を認められない。

コミットメントのエスカレーションで大きな損失に!

例1 航空機開発の失敗

コンコルドの例だけではない。初の国産ジェット旅客機をめざしていた三菱重工業も、15年間撤退できず、1兆円規模の損失を出すことに。

例2 原発事故による損失

東芝は米国の原発事業から撤退できず、7000億円以上の損失を計上。利益の出る医療機器や半導体部門の売却という非合理的判断に追い込まれた。

例3 銀行の巨額不良債権

好景気時に過剰融資を続け、不良債権を抱える現象は、日米ともに見られた。融資打ち切りや不良債権処理の先送りにもサンクコスト効果が関係。

職場の行動あるある!

以前ほどは見られなくなった光景だが、もとをとろうとして食べ放題で食べすぎるのも、一種のサンクコスト効果。しかし過剰な満腹感とエネルギー摂取が、コストに見合う成果といえるかは微妙だ。

key word »

多元的無知

Pluralistic Ignorance

「この会社やばい」と思ってるのに、問題を黙って放置

別名「裸の王様現象」。皆にあわせて沈黙する

「王様は裸」と言う人がいないのも、古い体制の企業によくある現象です。「王様の服は素敵です」「私もそう思います！」と皆が言うことで、王様は今日も心の安泰を保っています。

王様が服を着ていると信じている人は、誰もいません。でも、「皆は着ていると信じているのだろう」と、全員が思い込むことに。**これが「多元的無知」で、メンバーがたがいの考えを誤解することで、各自の考えとは異なる集団規範がつくられます。**

この現象があきらかになったのは1930年代と古く、民族的マイノリティへの偏見がテーマでした。アメリカの大学で、同好会にアジア人などが入ることへの意見をメンバーに尋ねると、「自分はいいけど、皆はそう思っていないから賛成できない」という結果に（Katz D, Allport FH & Jenness MB, 1931）。黒人差別問題でも、この現象が認められています。白人と黒人の分離政策について、心から支持していた白人はわずか15％。しかし、「賛同者が多いはず」と誤解する人が48％もいたのです。**多くの人が空気を読み違え、「やはり白人と同じに接するのは困難」と、差別が続くことになります**（O' Gorman HJ, 1975）。

パワハラに対して、皆が平気な顔をしていると、「皆はそう思ってないんだ」と捉えてしまう。

年配の経営者ほど、バイアスで裸の王様に

現代の企業でも、「生産性の低い業務体制」「やる気にさせない業績考課」「上層部のパワハラ体質」など、改善すべき問題は多々あります。しかし、旧態依然としたオーナー企業やブラック企業ほど、皆が沈黙し、日々の業務を黙々とこなします。**すると、「自分は問題と思うけど、誰もそう思っていないんだ……」という誤解が蔓延（まんえん）することも。**改善のために一歩踏み出す勇気をもてなくなります。その結果、つぶれたほうがいいような企業が生き長らえることもあります。

この状況でできることは、ただひとつ。ほかの人の考えを直接尋ねることです。その結果、「あの社長は昔からああだから」「私たちにはどうにもできない」という返事なら、多元的無知でなく、学習性無力感に陥っている状態。状況を変える意欲も、逃げる意欲も失っているのです。別の職場を探すほうが賢明でしょう。**とくに年配の経営者ほど、昔の経験がじゃまして適切に問題解決できない「アインシュテルング効果」など、多くのバイアスを抱えています。**それをどうしても自覚できず、引退の決断もできない経営者なら、あきらめるしかなさそうです。

「自分は裸の王様」と自覚させるのはむずかしい。見たいものだけ見て確信を深める「確証バイアス」なども働く。「経営者が変われないから、経営が傾いている」のが一目瞭然でも、本人はなかなか自覚できない。

key word »

類似性の法則

Law of Similarity

営業力アップの秘訣は、好意と類似性の強調

笑顔で話をあわせ、売り込むだけでは不十分

『人を動かす』などのビジネス書は、昔もいまも大人気。ＩＴ化がどれほど進んでも、ビジネスを進めているのは「人」。営業職をはじめ、多くの人が、どうすれば人の心を動かせるかに関心を寄せています。そこで発展したのが、社会心理学者のチャルディーニらによる、影響力と説得に関する研究です。

クラシックな戦略ですが、好意はまず重要です。「好意の返報性」といって、人は自分が受けた好意を、好意で返すのです。無意識のうちに相手が気になり、高い評価をするようになることがわかっています。

ただ、愛想よく話すだけでは、他社の担当者と差をつけられません。関係をより深めるには、相手を心から好きだと信じることが大切です。「横柄でいやな相手だなあ」などと感じても、どこかにいい部分があると信じてかかわってください。

営業職に関する認知心理学の研究では、売り上げの高い営業職ほど、製品・サービスのPRを急がないこともわかっています。相手が関心をもちそうなビジネストレンドなどから話を始め、関係構築を優先するのが効果的です（Ito A et al., 2006）。

相手が価値を置いていそうな事柄で、類似性を強調。実験でも、意見の似た相手への好意が実証されている。

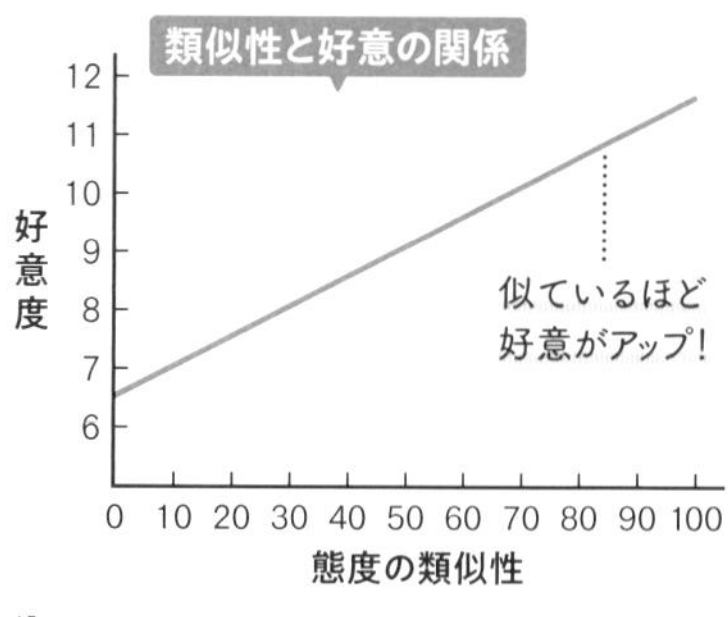

(「Attraction as a linear function of proportion of positive reinforcements.」Byrne D & Nelson D, Journal of Personality and Social Psychology vol.1 (6) : 659-663, 1965より引用)

好みや価値観で、似ているところを見つけよう

もうひとつ重要なのが、**類似性の強調です。人は、自分と似た人に魅力を感じます。**「私も長野出身なんです」「じつは前職が同じ業界で……」など、相手の経歴から共通項を探り、さりげなくアピールします。

とくに効果的なのは、内面の類似性が高い場合。属性が同じである以上に「似たタイプの人」と感じられ、好意をもちます。とはいえ、いきなり政治・思想の話を始めるのは危険。好きな店やお酒など、趣味趣向の類似性から始めるといいでしょう。

「何がきらいか」の価値観、感覚は、さらに強力な類似性となります。大学生への実験では、43人の大学教授についてのシートを渡し、好ききらいとその程度を答えてもらいました。するときらいな教授が一致している人のペアでは、好きな教授が同じ場合以上に、親密さを感じる傾向に(Weaver JR & Bosson JK, 2011)。否定的態度の影響は、肯定的態度以上に強いのです。ただし価値観同様、急にきらいなものの話を始めるのは不自然です。相手が「最近は○○が多くていやだね」などと語ったタイミングで、類似性を強調するのがおすすめです。

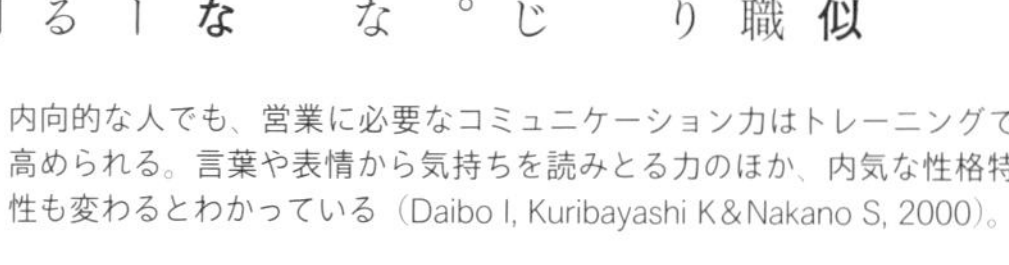

内向的な人でも、営業に必要なコミュニケーション力はトレーニングで高められる。言葉や表情から気持ちを読みとる力のほか、内気な性格特性も変わるとわかっている(Daibo I, Kuribayashi K & Nakano S, 2000)。

key word »

フレーミング

Framing

損失より、利益が目につく提案をする

ものは言いよう。儲かると聞けばみんなうれしい

フレーミングとは、人の選択にかかわる条件提示、見せかたのこと。行動経済学者は、確率的には同じ条件でも、フレーミングによって人の選好が変わることを見出しました。

フレーミングにはいくつか種類がありますが、代表的なのは「利得・損失フレーミング」。人は利得には確実性を求める一方で、損失についてはリスク志向的な選択をします。たとえば「A　確実に7200円もらえる」「B　¾の確率で1万円もらえる」という設定では、Aを選択。期待値（利得）は小さいものの、リスクも小さくすむためです。しかし、「A　確実に7200円を失う」「B　¾の確率で1万円失う」という条件では、Bを選ぶ人が多数。期待値（損失）が大きくても、お金を失わない可能性があるほうを選ぶのです。

ほかには目標フレーミングもあります。「A　乳がんの自己検診をすると、早期発見のチャンスが高まる」「B　乳がんの自己検診をしないと、早期発見のチャンスを逃がす」では、Aで受診意欲がわく人が多数。**ポジティブな方向でフレーミングすると、好ましく感じられるためです。**

自社製品・サービスにあわせた言いかたを考えて

デメリットを減らすことより、メリットに焦点をあてたフレーミングが効果的。

一般的な例

治療の意志決定

A この治療法で600人中200人は助かります

B この治療法で600人中400人が命を落とします

↓

多くの患者は、Aの説明で治療を受ける

商品の選択

A この化粧品を使った人の90%が効果を実感しています

B この化粧品を使った人の10%は効果を実感していません

↓

多くの消費者は、Aの利得フレーミングに惹かれる

AとBの提示内容は同じ。しかしポジティブフレーミングのほうが好ましく感じられるため、人はAを選ぶ。

ビジネスでの活用例

○ この複合機ならカラープリントも1枚12円ですみ、そのぶん多くの利益を出せます!

△ この複合機ならカラープリントも1枚12円ですみ、ランニングコストを減らせます!

↓

利得フレーミングでの提案なら、価格交渉での譲歩も得られやすい

既存の製品・サービスからの変更を提案するときも、利益に焦点をあてるほうが魅力的に感じられる。

職場の行動あるある!

数や量の印象を単位で変えるフレーミングもある。「ビタミンC 1g含有」のサプリより、「1000mg含有」のほうが、ずっと健康によさそうだ。時間の場合は、1時間半と伝えるより、90分のほうが短く感じられる。

key word »

ザッツ・ノット・オール技法

That's-not-all Technique

後からオプションをつけると購入・契約したくなる

よくある手法とわかっていても、ついつられる

「羽毛布団が特別価格で1万円。さらに毛布もおつけします！」

この手法がすたれることなく続くのは、一定の効果があるからです。購入動機が高まったところで、オプションをつけるのがポイント。**「ザッツ・ノット・オール技法」とよばれます。**

個人営業で使える手法はほかにもあります。**たとえば、ザッツ・ノット・オール技法の逆バージョンである「ローボール・テクニック」。**最初に魅力的な条件を提示し、相手がその気になったところで条件を吊り上げる手法です。一度その気になると、態度を変えにくいという認知的一貫性を利用した方法です。

「ドア・イン・ザ・フェイス技法」は、最初に大きな要求をするテクニック。それを断られた後で現実的な要求をすると、相手は「そのくらいなら」と感じ、契約率が高まります。実験では、道行く人に献血を依頼。通常依頼での承諾率は32％でした。そこで条件を変え、最初に「今後数年、2か月おきに献血する契約を」と依頼します。それを断られた後で、「では、今回一度きりでいいので、献血をお願いできませんか」と頼むと、承諾率は49％まで上がりました（Cialdini RB＆Ascani K, 1976）。

条件提示のタイミングで、複数のバリエがある

顧客の心理を利用し、イエスと言わせるタイミングや、
オプションの内容を工夫するといい。

ザッツ・ノット・オール技法

カップケーキの販売実験でも、値段を答えた後で「クッキー2枚つきの値段」と答えると、購入率がアップした（Burger JM, 1986）。

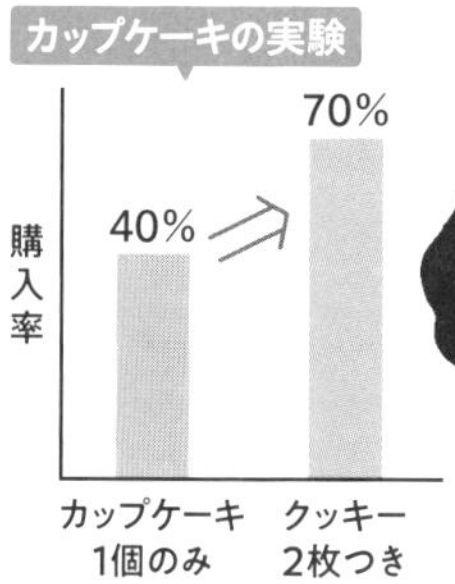

ローボール・テクニック

「それは魅力的」と、契約する気にさせてから、別料金などを提示。

ドア・イン・ザ・フェイス技法

過大な要求を取り下げて、譲歩に見せかけることで、気持ちを動かす。

職場の行動あるある！ 説得法には、都合のよい情報ばかり提示する「一面的説得法」と、プラス面とマイナス面を伝える「両面的説得法」の分類もある。前者はセールストーク感が強く、押しつけがましいため、後者が効果的とされる。

key word »

返報性の法則

Norm of Reciprocity

相手にイエスと言わせたいなら、価値あるギフトを

自分だけのための、意外なギフトが効く！

自分に利益を与えてくれた人に、利益を返したくなるのが「返報性の法則」です。「私も相手を喜ばせたい」という単純な動機だけではありません。**「もらいっぱなしではアンフェアで、気持ちが悪い」という心理的負債感が働くのです。**

店頭で無料の試飲・試食サービス、無料配布をするのも、この返報性を利用した販促法。人は「無料」の響きに弱く、ついつられてしまうことは、行動経済学でも実証済みです。つられた後で返報性の心理が働き、何かを買って帰る気になるのです。

ただ、ビジネス相手とのやりとりは、よりシビア。ありきたりなお菓子程度で喜び、気持ちが動く人はいないでしょう。企業のコンプライアンス意識が高まり、経費を使いにくい現状を考えても、あまりに無意味な使いかたです。

贈りものをするなら、「自分のことをこんなに考えてくれたのか」と思わせるだけの特別なギフトを。高価でなくてもかまいません。受け手のライフスタイルや嗜好、関心事を理解し、ビジネス上の儀礼ではない「自分のためだけのギフト」と感じさせることが大事です。意外性のあるギフトは、なお効果的です。

古典的だが、飲食の影響はやっぱり大きい

飲食しながら資料を読んだ人たちは、気分がほぐれ、どのテーマでも説得を受けやすくなった。

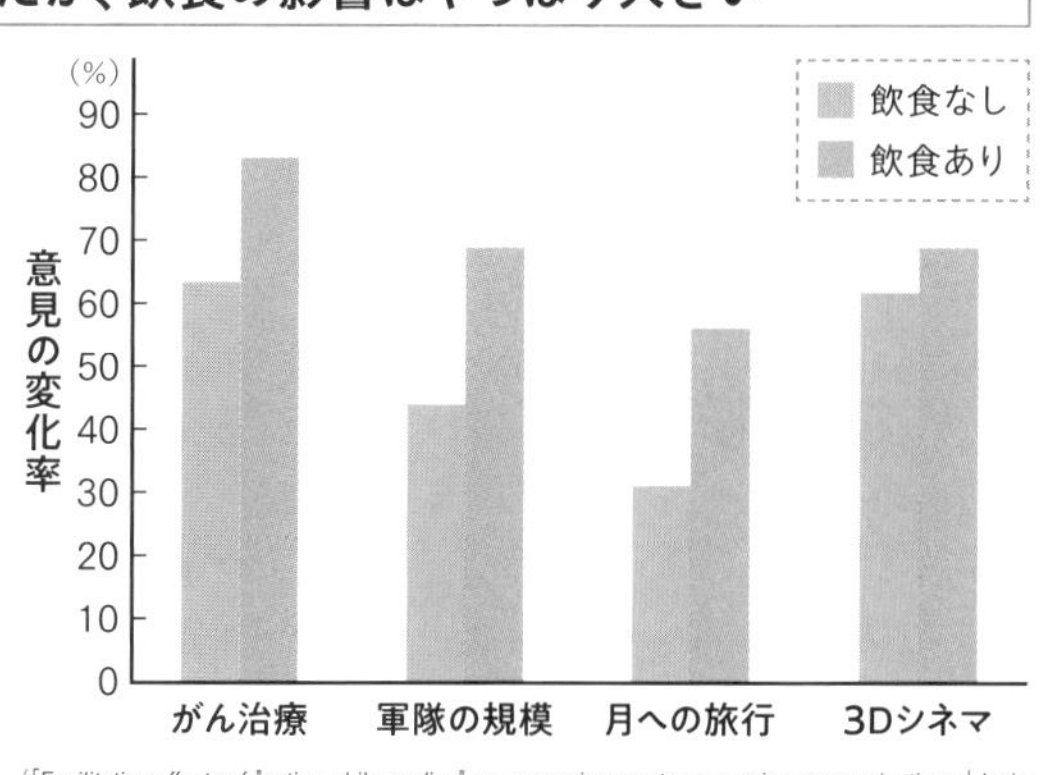

(「Facilitating effects of "eating-while-reading" on responsiveness to persuasive communications.」Janis IL,Kaye D&Kirschner P,Journal of Personality and Social Psychology vol.1(2):181-186,1965より引用)

いかにも見返り目的のギフトは、効果なし

昔からある慣習として、食事も効果的です。**人は食事をしているだけでリラックスし、相手に説得されやすくなります。**かつてはどの業界にも見られた接待文化は、この法則にもとづくものです。実験でも効果が実証されています。飲食しながら資料を読む人たちと、飲食なしで読む人たちで、社会・政治・文化的トピックスについての意見変化率を比較したところ、前者では意見がより大きく変化(上図参照)。会議室のお菓子やジュース程度でも、この効果が出るのですから、印象に残る食事ではなおのこと。**相手のルーツや大切な記憶にまつわる食事は、高い効果を発揮すると考えられます。**

ひとつ注意したいのが、ビジネス社交、利益目的に見えないようにすること。**心理的負債感は、見返りを求めない心からのギフトで、強く生じます**(Greenberg MS, 1980)。心理的負債感は抑うつ傾向にも関係。そのストレスをなくすべく、早めに返礼し、負債をなくそうとします。コストに見あう利益かは別にしても、何らかの返報は期待できます。これをきっかけに関係を深め、大きな利益につなげられると理想的です。

職場の行動
あるある!

若い人ほどお歳暮などの贈答習慣がなく、ギフトへの苦手意識があるともいわれるが、ソーシャルギフトのやりとりは非常に活発。形が変わっただけで、「相手を喜ばせたい」「お返ししたい」という心理は同じだ。

key word »

怒りを収める謝罪

Apology to Calm Anger

信頼を回復したければ、「すぐに」「率直に」謝罪する

謝罪会見が、空々しく見えるのはなぜ？

企業の不祥事や著名人のスキャンダルがあると、謝罪会見がたびたび開かれます。でも会見を見て、納得感が得られることは少ないのでは？　反対に、バッシングを受けた会見は数知れず。遊覧船の事故、幼稚園の送迎バス置き去り事件など、いずれも関係者や視聴者に不快感を与える結果に終わっています。

効果的な謝罪には、必要条件があります（Schweitzer M, Brooks AW & Galinsky A, 2015）。**ひとつはスピード。**報道や炎上から日がたってからの会見では、始まる前から、「いったい何をやっていたんだ」という印象を与えます。**もうひとつは率直さです。何がいけなかったか、なぜこのような事態が起きたかを率直に伝えないと、謝罪にはなりません。**誰に対する謝罪かも重要です。「皆様をお騒がせして申し訳ございません」では、関係者や顧客、市民が勝手に騒いでいるようにもとれます。先の事例も含め、多くはこの「率直さ」要因で失敗しています。

人は自分の地位や権力、評価を守りたいと思うもの。しかしその地位はもう失われようとしています。弱い立場を受け入れ、真摯（しんし）に謝罪するほかありません。

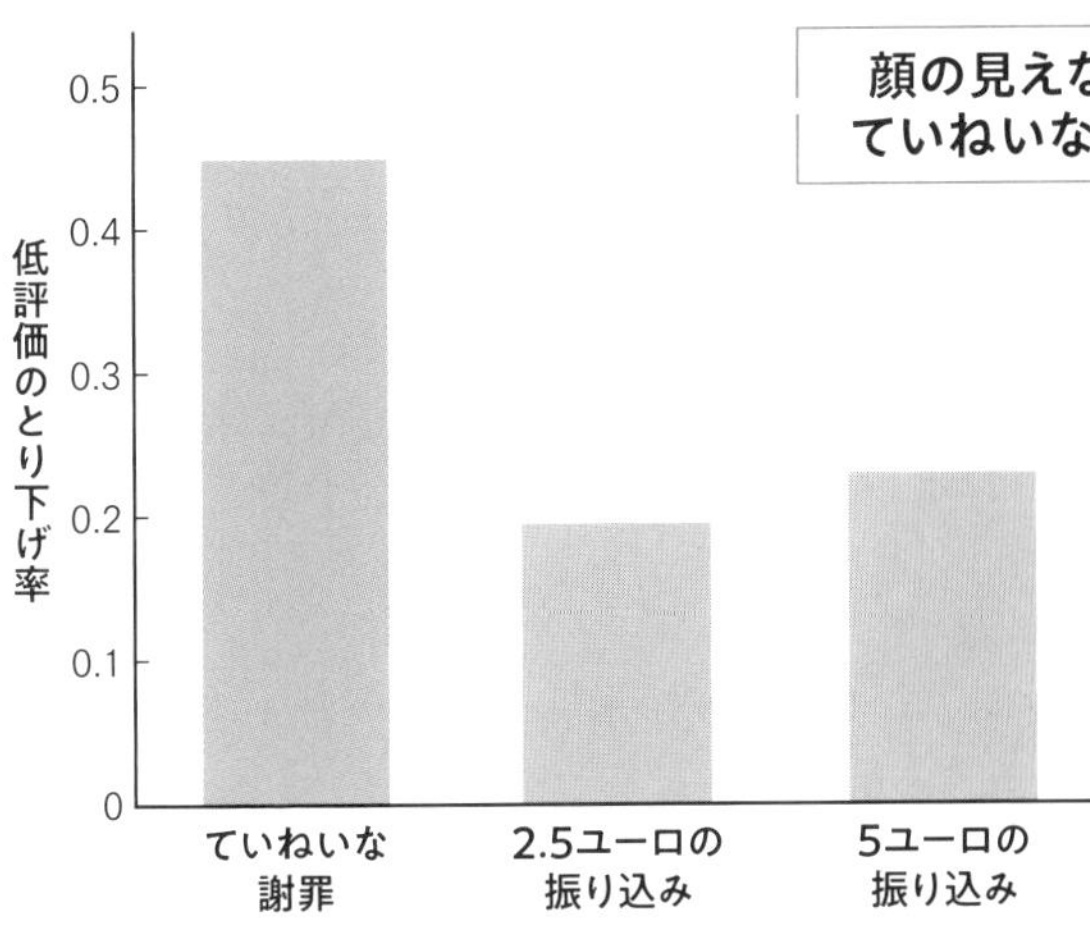

ネットショッピングの配送エラーで、企業の謝罪効果を見た実験。お金よりも謝罪で、サイトでの低評価がとり下げられやすかった。

（「The power of apology.」Abeler J et al., CeDEx Discussion Paper Series, 2009より引用）

オンライン時代こそ、謝罪のスキルが問われる

効果的な謝罪条件は、取引先への謝罪にもあてはまります。 納期に間にあわず、取引先に迷惑をかけたとき、取引先が怒っているときなどです。まずはすぐに駆けつけ、率直にお詫びするのが原則です。事情を話すのはその後。先に事情を話せば、言い訳にしか聞こえなくなります。**具体的な補償が可能なら、相手に言われる前に申し出ることも大切です。** ただし補償が功を奏するのは、謝罪の言葉が相手に届いた場合のみ。ネットショッピングの個人顧客への謝罪についての実験でも、「簡潔な謝罪＋お金」より、ていねいな謝罪が効果を発揮（上図参照）。謝罪を受け入れ、サイト上の低評価を取り消してくれたのです。

営業不要論が説得力を増す昨今、顔の見えない商取引は、ますます増えるでしょう。「会ってお詫び」が原則とはいえ、対面での謝罪自体が減っていく可能性があります。相手が個人ならなおさらで、現在でもメールなどが大半です。**このような場合は、対面以上に率直でていねいな謝罪が必要といえます。**

身近な人を傷つけたり、不快にしたときも同じで、「すぐに」「率直に」謝罪を。何が問題だったかも明確に伝えます。

謝罪研究において、高い評価を受けているのが、2005年のサウスウエスト航空の記者会見。死亡事故から数時間以内にCEOが会見を開き、上記の要素すべてを満たす謝罪を敢行。翌年の株価は最高収益だった。

Column

マルチタスクは、パフォーマンスを下げるだけ

マルチタスクプレイヤーは本当に仕事ができるのか

つねに多くの仕事を抱え、同時進行しているマルチタスクプレイヤーは、ビジネスマンの憧れの的。「彼らの頭のなかは、どうなっているのだろう」と、興味をもつ人も多いのでは？

しかし彼らの頭の構造は、私たちと同じです。認知科学の研究でも、人の注意機能は、一度にひとつにしか向けられないとわかっています。音楽やラジオを聴きながら仕事するときも、たんに聴覚情報を無視しているだけ。同程度に注意を向けるのは不可能です。

複数の仕事を並行してできる人は、そのスイッチングが上手な人。各プロジェクトを小さなタスクに分割し、優先順位をつけながら、注意を切り替えているのです。

メールをチェックするだけで集中は確実に削がれる

注意のスイッチングにも、0・5秒程度の時間を要します。「注意の瞬き（またたき）」といい、この間は何に対しても注意を向けられません。むやみにスイッチングしていると、パフォーマンスが落ちてしまうのです。2種のパズルを用いた実験でも、この傾向が実証されています（Buser T&Peter N, 2012）。「同時に進行」「自由に切り替えながら進める」「ひとつずつ片づける」の3グループで比較した結果、成果がもっとも高かったのは最後のグループでした。

仕事中のメールチェックも、注意力を低下させます。メールが届くたびに開かず、1時間に1回など、時間を決めて確認するのが賢明。個人のスマホも引き出しにしまっておきましょう。

Part

4

お金を有益に使いたい、
利益を出せる投資をしたい！

消費と投資の
行動科学

key word »

選択のパラドックス

Paradox of Choice

モノや情報がありすぎて、もうぐったり！

品質を真剣に比べていては、何も買えない

売り場のなかでいちばん美味しそうで、コスパもよい食パンと、そこそこ美味しそうな食パン。あなたならどちらを選びますか？当然、前者を選びますね。では、30種類の食パンが並んでいたらどうでしょう。全力を出せば、いちばん美味しい食パンを選べるかもしれません。でも現実には、そこそこでいいと判断するのではないでしょうか。

選択肢の多さは一見魅力的ですが、現実には認知的負担となります。いろいろ見ているうちに疲れてきて、買う気をなくしてしまうことも。この現象が「選択のパラドックス」です。

スーパーマーケットの売り場実験でも、この現象が確かめられています（左図参照）。キャンペーンとして売り場をつくり、ジャムを陳列。6種類の場合と24種類の場合で、集客力と購買率を比較しました。集客力は6種類のときに40%、24種類では60%。種類が多いほうが、魅力を感じたとわかります。しかし実際の購買率は、6種類で30%、24種類では3%。**数が多すぎると選択疲れを起こし、売り場を立ち去る人がほとんどでした**（Iyengar SS & Lepper MR, 2000）。

ジャムも年金プランも、多すぎると選べない

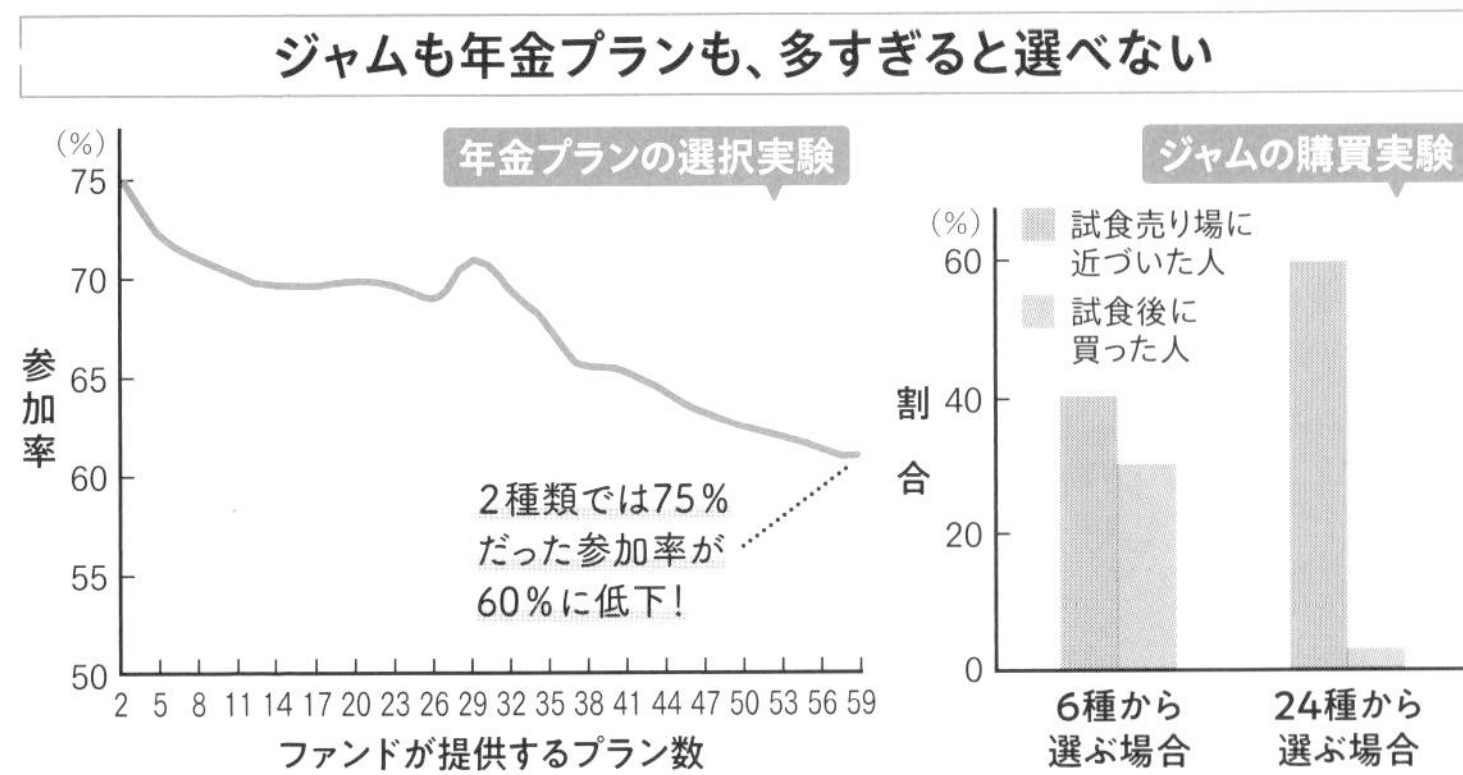

年金プランの選択実験でも、ジャムと同様の結果に。数が増えるほど加入率が低下した。

(「How much choice is too much?:Contributions to 401(k)retirement plans.」Iyengar SS, Jiang W＆Huberman G, Wharton Pension Research Council Working Papers WP2003-10, 2004より引用)

選択に困ったら休憩。別のことをする

日常の買いもの程度なら、無意識的な選択で困りません。脳の高速情報処理システム（ヒューリスティックス）を使えば、いい商品を選べます。意識には上らなくても、「ここのヨーグルトは美味しい」「こっちは酸味強めだったはず」などの経験則が働き、自分や家族が気に入る品を選べます。

では、高価な買いものではどうでしょうか。**後悔するのもいやですし、十分に吟味したい人が多いでしょう。そんなときは、検討中に一度休憩を挟むのがポイント。**車の購買実験でも、休憩の効果が証明されました。判断材料は、車の特性を詳細に記載した説明書です。複数の説明書を同時に渡してすぐに選んでもらった場合や、1種類ずつ読んで判断してもらった場合は、最善の選択ができませんでした。しかし途中で休憩を入れ、アナグラム（文字の入れ替え課題）をした人たちは、燃費なども含め、もっとも高機能、高パフォーマンスの車を選んだのです。脳機能を見ると、アナグラムの最中にも、車の資料情報が無意識に処理されているとわかりました。**選択が定まらないときは、一度別のことに注意を向けるのがよさそうです。**

消費と投資のあるある！

日常的な買いものの多くは無意識で、棚配置などの影響も強く受ける。しかし位置が近いから選んだ人たちも、選んだ理由は「品質」「機能」などと回答（Nisbett RE＆Wilson TD, 1978）。合理的選択と信じていた。

key word »

差異バイアス

Distinction Bias

そんなに悩まなくても、どっちのアイスも美味しい

選択肢があれば幸せとはかぎらない

選択肢が多すぎると、人はかえって混乱します。しかし選択肢がふたつだけなのに、ずっと悩んでいる人もいます。**間違い探しの絵と同じで、両者を見比べていると、違いにばかり注意が向くのです。これが差異バイアスです。**

この現象は、ささいな選択でも起こります。夜のコンビニで、アイスのショーケースの前で真剣な顔をしている人、見たことありませんか？「やっぱりマカデミアだよね……でもキャラメルも捨てがたい……」と、心の声が聞こえてきそうです。原因は差異バイアスですから、結果的にはどっちを選んでも満足します。自分が手に入れたものをより高く評価する「所有効果」も働き、「これで正解だった‼」と感じられるのです。

人生の岐路に立ったときにも、どちらを選ぶか容易には決められません。**しかし、迷ったらコイントスで決めていいという研究結果も**（Levitt SD, 2016）。表か裏かで「離婚や転職で人生を変える」「何も変えない」の決定を下したところ、変化を決断した人のほうが、半年後の幸福感が高まっていました。**迷い悩んでいるときは、将来の後悔を過大視してしまうのです。**

質が一定以上なら、どっちを選んでもOK

違いが大きく見えているだけとわかれば、悩みすぎずに選択できる。

個別評価と複数評価の価値曲線

利益－損失と、心理的価値の関係。ひとつの特徴で対象を評価するとグレーの線に、複数の特徴を加味するとブルーの線になると予測される。たったひとつの違いに目がいくと、評価がゆがむ。

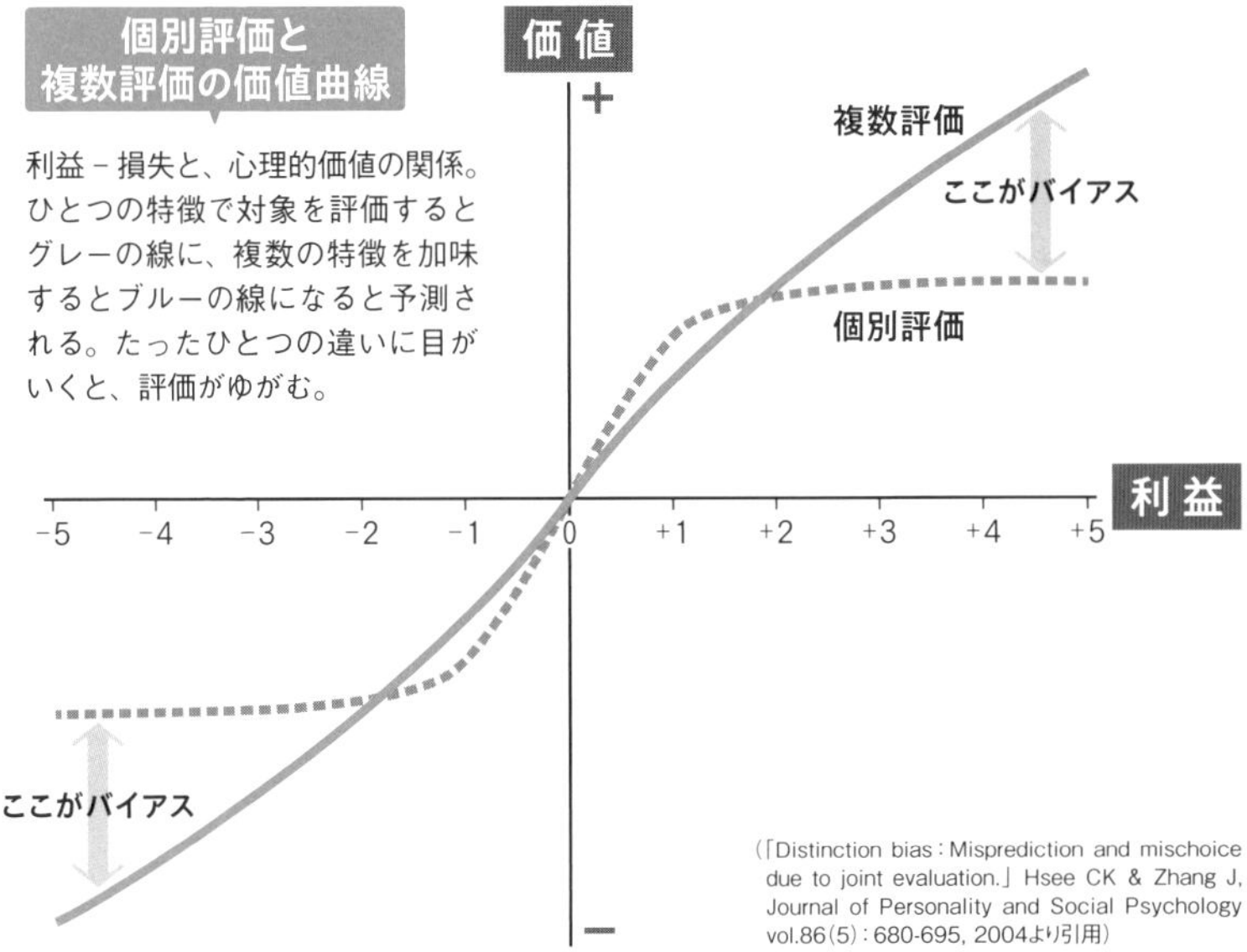

（「Distinction bias：Misprediction and mischoice due to joint evaluation.」Hsee CK & Zhang J, Journal of Personality and Social Psychology vol.86(5)：680-695, 2004より引用）

代表的な例

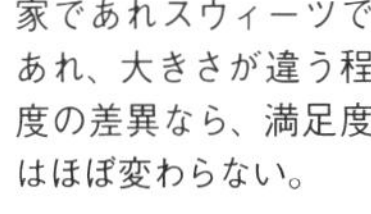

家であれスウィーツであれ、大きさが違う程度の差異なら、満足度はほぼ変わらない。

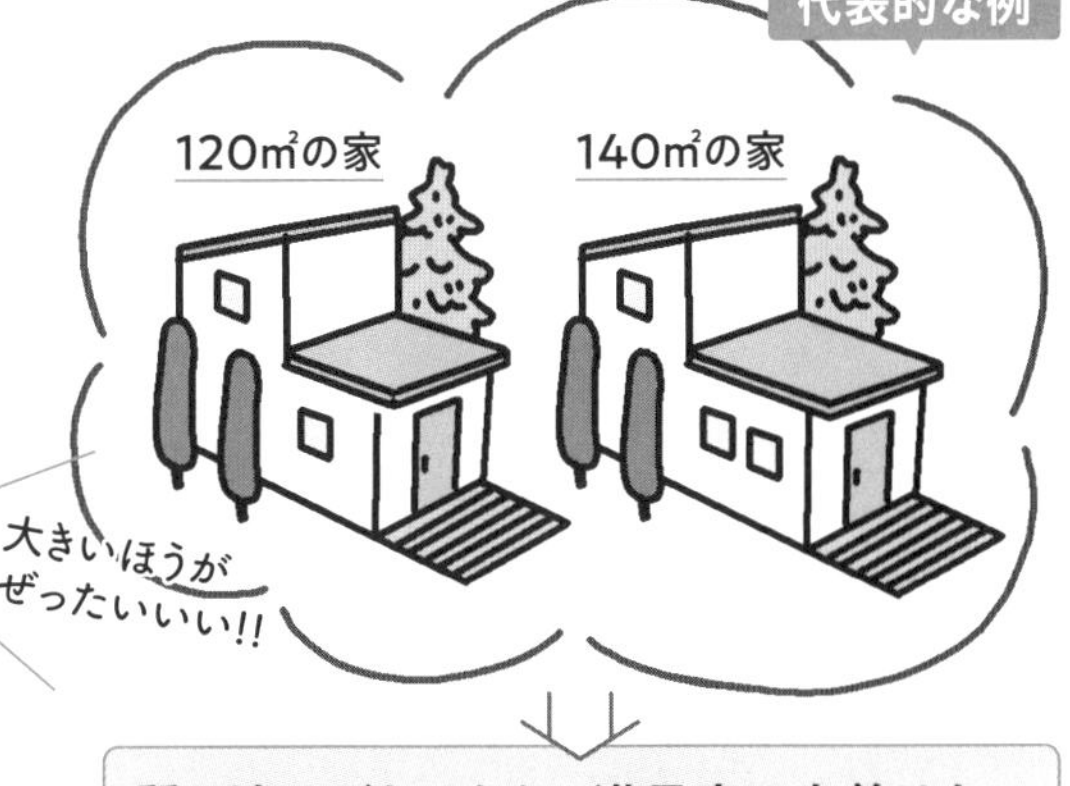

質の違いがないなら、満足度に大差はない

家の大きさが多少違う程度の量的差異は、住んでしまえば気にならない。しかし「通勤時間が1時間半」「環境音がうるさい」などの質的差異には住み始めてからも注意が向きやすく、時間がたっても適応しにくい。

key word »

係留と調整ヒューリスティック

Anchoring-and-Adjustment Heuristic

5万円の宿を見た後は、3万円の宿を安く感じる

意味のない数字でも、そこを基準に考える

「○○に対して、いくらまで出せるか」は、個人差が大きい問題。いまの経済状況に加え、親が倹約家だったなどの経験も含め、過去の膨大な情報からつくられた心の法則です。

しかしこのような基準は、絶対値ではありません。状況で大きく変わります。たとえば旅行サイトを検索していて、最初に5万円の宿が出てきた場合。高いと感じれば、より低価格帯の宿を探すでしょう。次に3万円の宿が出てくると、何だか手ごろな宿に感じられます。**このように、最初に見た数値が参照点（基準値）となり、後の判断に影響を及ぼすことを「係留と調整ヒューリスティック」といいます。**最初に見た数値をアンカー（錨）とし、そこから数値を調整していくのです。

この現象は、たまたま目にした無意味な数字でも生じます。たとえば、アフリカの国連加盟国数を答えてもらう実験。回答前にルーレットを回し、その数字を書き留めさせると、これがアンカーに。10の数字が出た人は実際より少ない加盟国数を、65の数字が出た人は実際より多い加盟国数を答えました（Tversky A & Kahneman D, 1974）。

いつものランチがアンカーに。日本のランチが格安なのは、「1000円超えは高い」という物価感覚による。

物価の係留点でも、格差が大きくなっている

欧米からの旅行客が、日本の外食の安さに驚くことがよくあります。とくに安いのがランチで、1000円以下が標準。しかし欧米のランチでは、2000円程度は普通です。イギリスの経済誌「エコノミスト」によるビッグマック指数でも、アメリカ5・15ドル、ユーロ圏4・77ドルに対し、日本は2・83ドル。欧米から日本に来て「安い」と感じるのも当然です（2023年2月17日時点）。

日本人は物価上昇にとりわけ敏感で、店舗側も容易に値段を上げられません。しかし、何でも安い国は、賃金も安い国。多くの日本人が喜ぶ価格を基準にしているかぎり、日本人は貧しいままです。**かつての物価をアンカーにして、ワンコインランチや1000円のTシャツを喜ぶのは考えものです。**

しかも2022年には、国際情勢を受けて物価が上昇。賃金はさして上がらないままですから、収入が低い人の体感物価は限界に達しています。**国民間のアンカーの格差もどんどん広がっているのです。** この現状では、「○○に対して、いくらまで出せる?」が、気まずいだけの質問になりかねません。

消費と投資の
あるある!

ダイエットなどの行動変容では、アンカリングをうまく使おう。スリムな人の体重をアンカーにすると落ち込むが、ダイエット前の自分の体重をアンカーにすれば、わずかでも確実な進歩と実感でき、やる気が保てる。

key word »

特性フレーミング

Attribute Framing

脂身25％の肉より、赤身75％の肉がいい

同じ含有率とわかっていても、同じに見えない

近くのスーパーの肉売り場にいる場面を考えてみてください。あなたは前回の健康診断の結果が気になっていて、野菜や魚中心の食生活を心がけています。しかし子どもたちは食べざかり。肉料理を食べたがります。そこで今日の夕飯はハンバーグをつくることにしました。目の前には2種類のひき肉があり、100gあたりの値段はどちらも一緒です。ラベルには次のように表示されていますが、あなたはどちらを買いたいですか？

A　赤身75％　　B　脂身25％

これは左図の実験で用いられた提示文。この文を読んだ実験参加者は、ラベルの違いだけで、美味しさや品質について異なる評価をしました。赤身75％のほうが美味しく、脂っぽくないと判断したのです。**当然ですが、中身はまったく同じ。どの性質に焦点をあてるかの違いです。これが「特性フレーミング」で、原理は単純ですが、消費者への影響が非常に大きいのです。**

売り場での販促だけでなく、マーケティングでコピーを考えるときも、押さえておきたい法則です。

フレーミングの影響で、味の評価も変わってしまう！

「○%含有」「○%カット」といった表記の違いも、消費者判断に影響する。

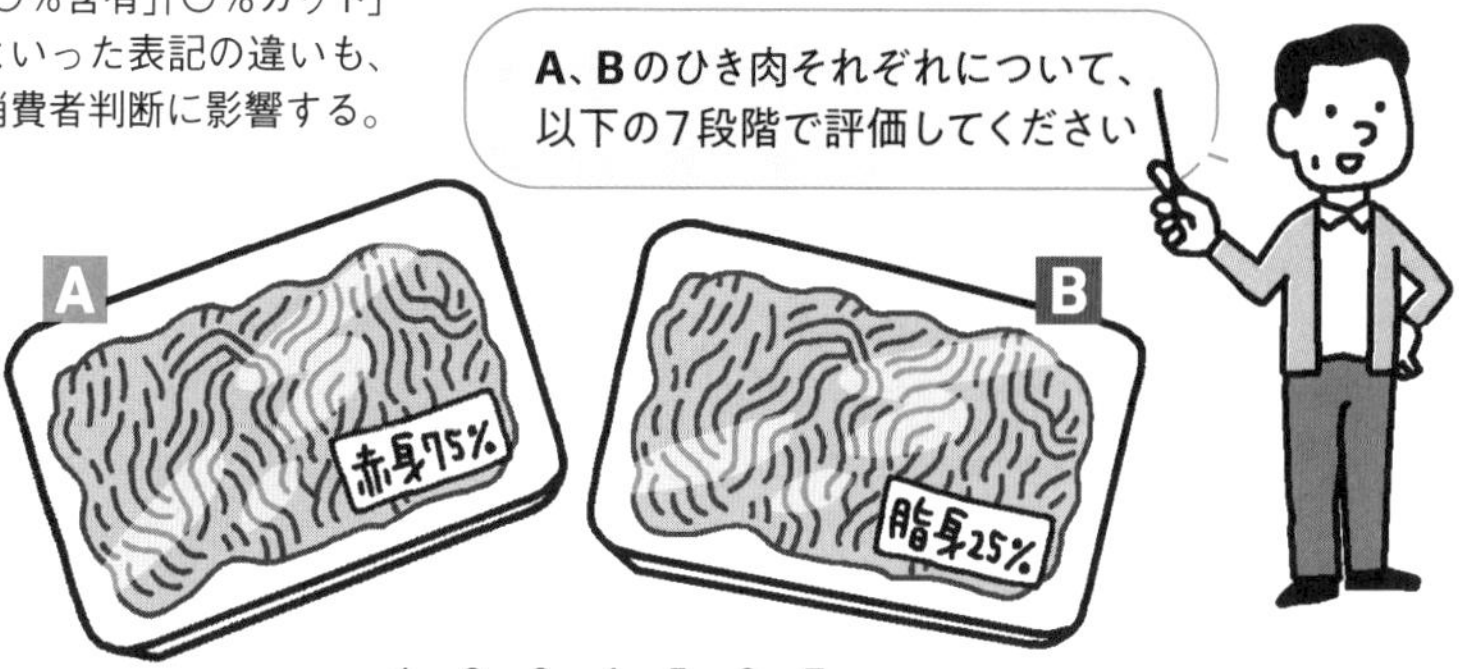

A、Bのひき肉それぞれについて、以下の7段階で評価してください

A 赤身75%

B 脂身25%

	1	2	3	4	5	6	7	
まずい	□	□	□	□	□	□	□	美味しい
脂っぽい	□	□	□	□	□	□	□	脂っぽくない
低品質	□	□	□	□	□	□	□	高品質
脂肪が多い	□	□	□	□	□	□	□	脂肪が少ない

ラベルを見せて、美味しさなどの4特性を7段階で評定させた。

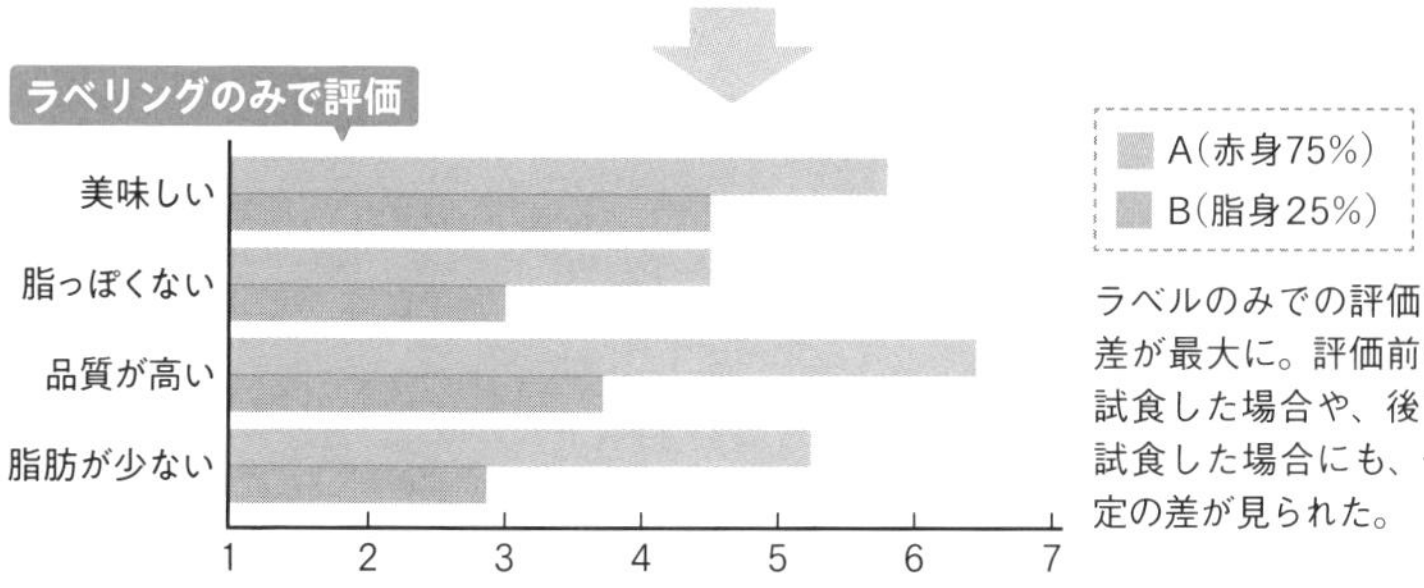

ラベリングのみで評価

A（赤身75%）
B（脂身25%）

美味しい
脂っぽくない
品質が高い
脂肪が少ない
1 2 3 4 5 6 7

ラベルのみでの評価で、差が最大に。評価前に試食した場合や、後で試食した場合にも、一定の差が見られた。

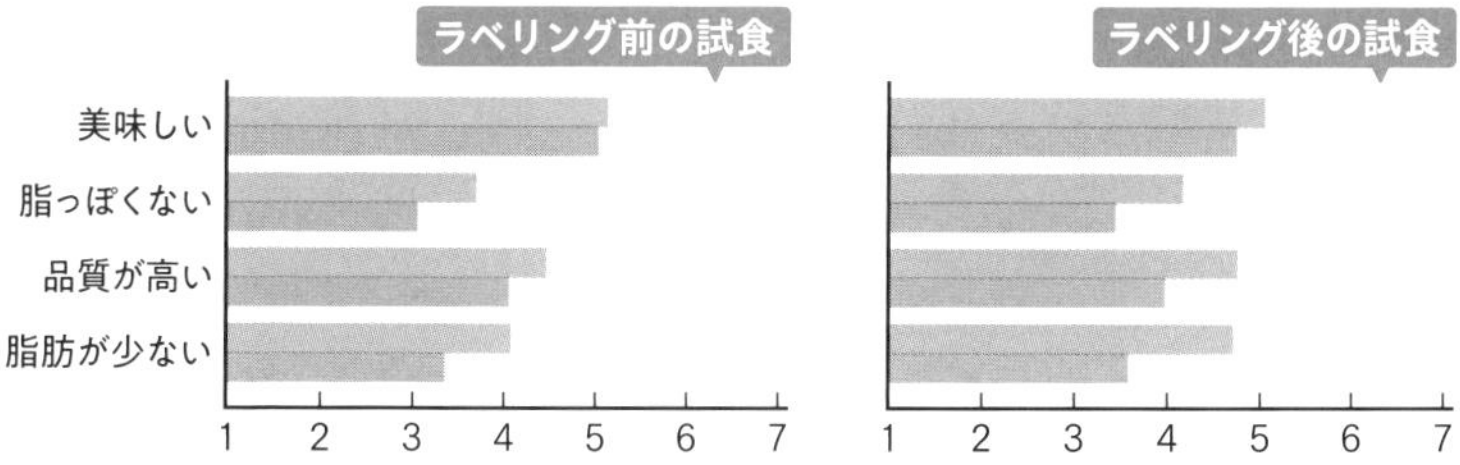

ラベリング前の試食

美味しい
脂っぽくない
品質が高い
脂肪が少ない
1 2 3 4 5 6 7

ラベリング後の試食

1 2 3 4 5 6 7

（「How consumers are affected by the framing of attribute information before and after consuming the product.」Levin IP & Gaeth GJ, Journal of Consumer Research vol.15(3)：374-378, 1988より引用）

消費と投資のあるある！

同じ製品でも、時代の変化とともに消費者の嗜好が変わる。濃い牛乳が好まれるのか、太りにくい牛乳が好まれるかなどをマーケティングで把握したうえで、どちらを強調するか決めることが重要だ。

key word »

ハロー効果

Halo Effect

「医師も推薦!」の専門家効果は、いまだ絶大

権威や美男美女の効果で、商品価値が上がる

「美人は3日で飽きる」は本当なのでしょうか? 美人とつきあう男性心理を経時的に追った研究は、残念ながらありません。しかし心理学的な法則でいうと、おそらく嘘です。

人が美男美女に惹かれるのは、見た目の美しさだけでなく、内面も魅力的だと感じるから。**私たちはめだつ特性に注目しやすく、その特性を手がかりに、ほかの部分も優れていると判断しやすいのです。これが「ハロー効果」です。**「性格もいいはず」と期待してつきあえば、相手のポジティブな部分に注意が向き、「やはり内面も魅力的」と判断します。相手のことがますます好きになるでしょう。

CMに美男美女が登用されるのも、この効果をねらってのこと。人物の美しさが、関係ない商品の魅力にまで影響します。

権威を利用したハロー効果もよく見られます。サプリメントや健康食品に「医師監修」と書かれていると、それだけで効きそうに思えます。医薬品ではないので医学的効果はないはずですし、どんな医師が、何を根拠に協力しているかも不明。それでもつい、効果を期待してしまいます。

商品の〝売り〟にあわせたハロー効果を考えて

販促には、商品特性にあわせて活用。消費者としては、つられないよう注意！

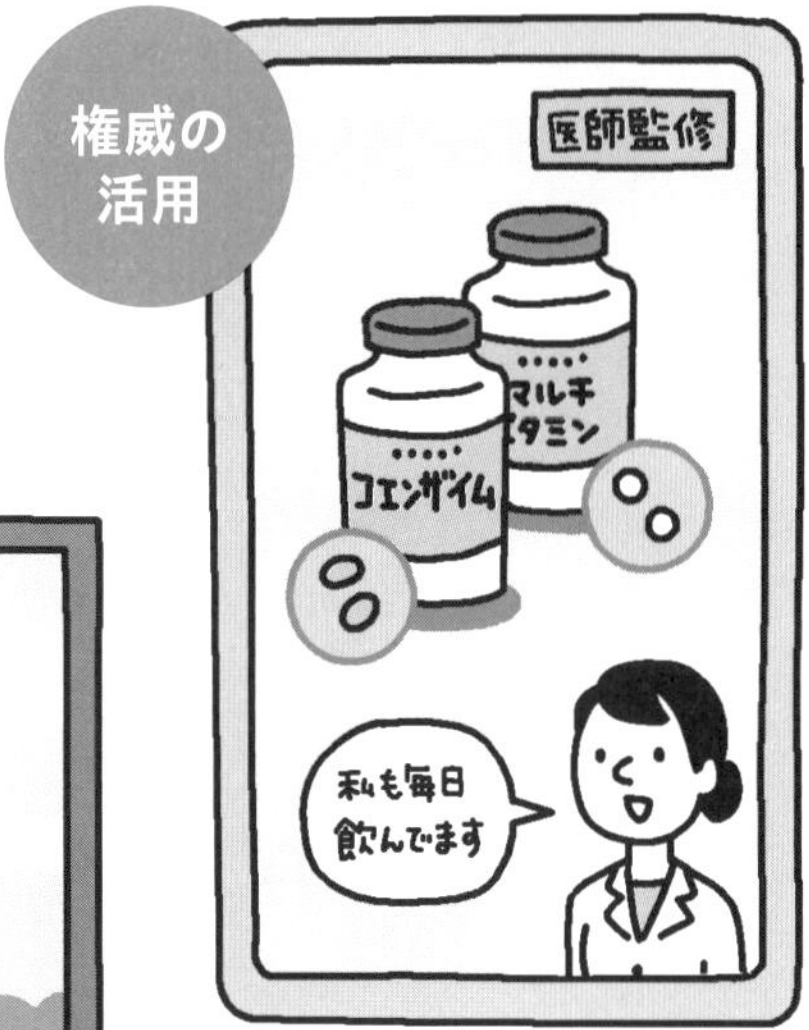

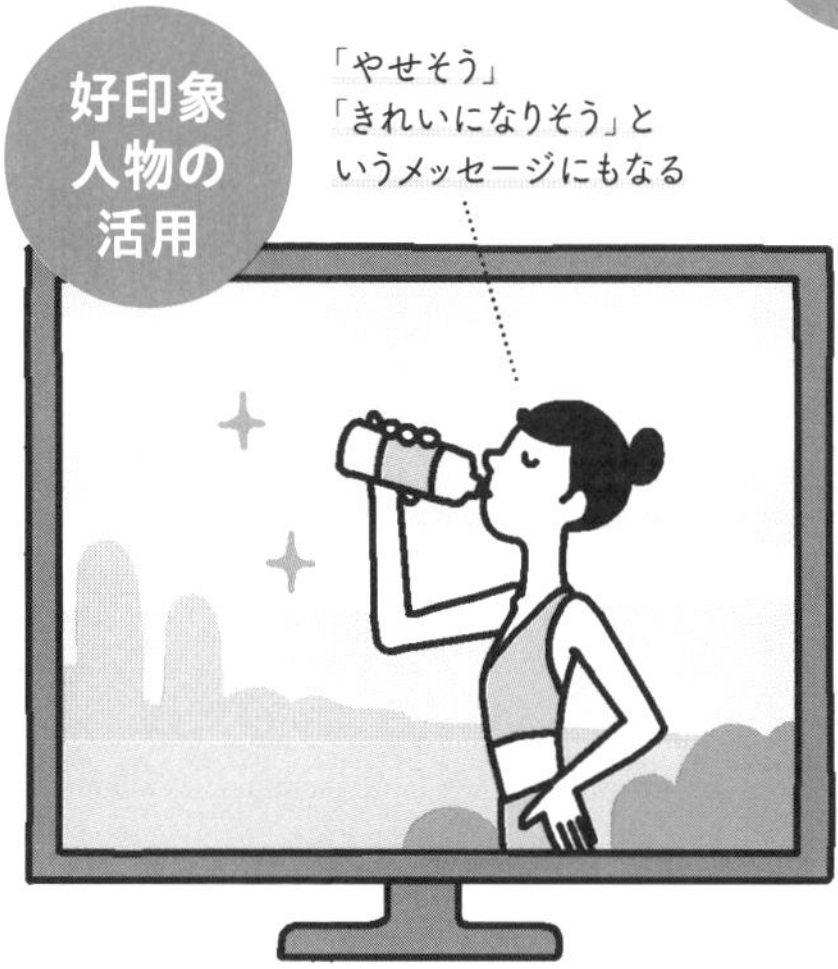

権威の活用

薬機法ぎりぎりのことも。どんな商品も、専門家が何を根拠に推薦しているか考えるクセをつけたい。

好印象人物の活用

「やせそう」「きれいになりそう」というメッセージにもなる

やせたモデルだからやせそう、と思わせるだけでなく、関係ない商品特性までよさそうに見える。

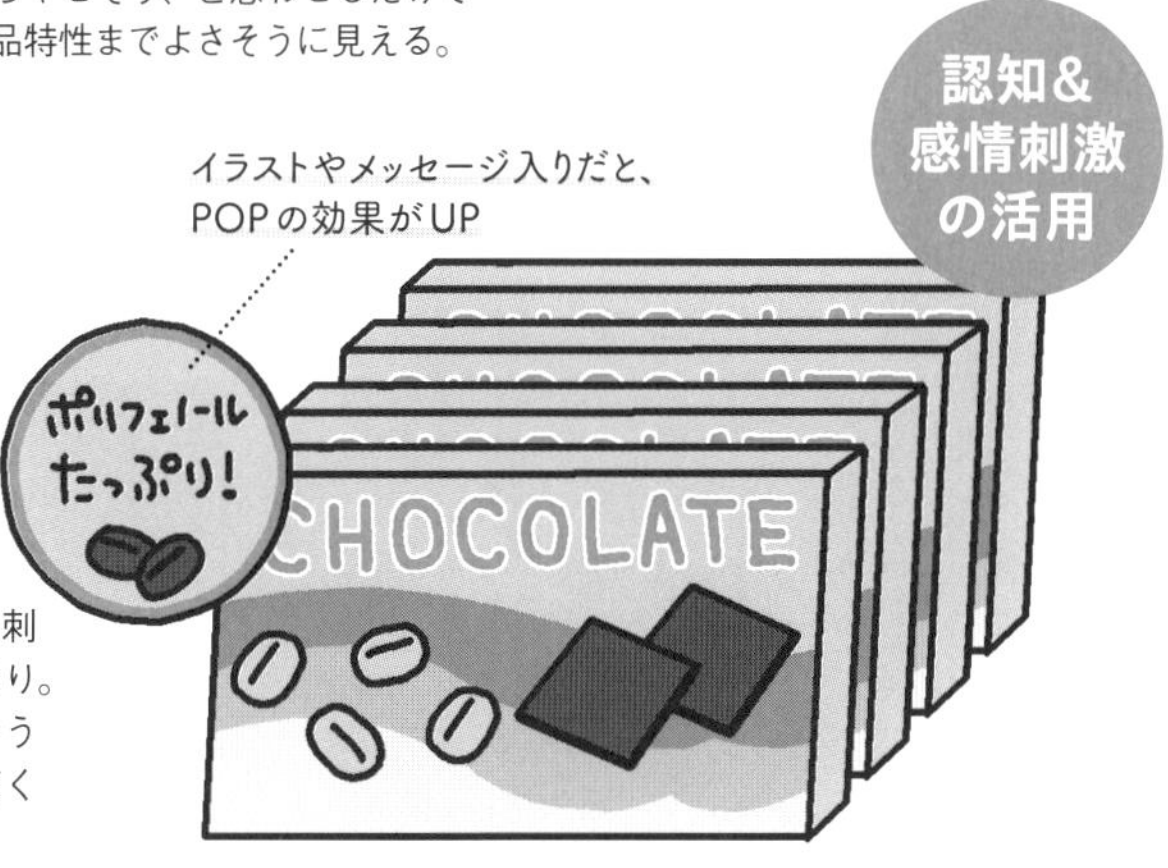

認知＆感情刺激の活用

イラストやメッセージ入りだと、POPの効果がUP

店頭POPは認知刺激に訴える効果あり。目を引く商品というだけで、魅力が高く見えるのだ。

消費と投資のあるある！

お茶に関するパッケージ研究では、緑色は「甘く」「濃く」「飲みやすく」見せる効果がもっとも高いとわかっている（Saito M, Ushioda H& Wada Y, 2007）。商品開発時は、このような知見も調べて活用したい。

key word »

メンタル・アカウンティング

Mental Accounting

給料はコツコツ貯めるのに、ボーナスは浪費する

「お金に色はない」は嘘。心理的価値がある

道で拾ったお金を使ったことはありますか？　これは遺失物等横領罪（刑法254条違反）ですから、仮定の話として考えてください。仮に1万円として、そのまま口座に入金したり、財布に入れておくでしょうか。後ろめたさから、コンビニやその日の飲食で、早く使ってしまいたくなりそうです。一方、田舎で年金暮らしをする病気がちな祖母が、「誕生日おめでとう」の手紙とともに、1万円を送ってくれたら？　ムダなことに使わず、大切にしようと思うはずです。

このようにお金には色があり、行動経済学では「**メンタル・アカウンティング（心の会計）**」といいます。**私たちは無意識のうちに、お金を異なる名目で分類し、それにより使いかたを変えているのです。**月々の給料は少しずつでも貯金に回す一方で、ボーナスは浪費するのがその典型です。

オバマ政権では、行動経済学者の協力を得て、この傾向を上手に利用。大不況後の景気刺激に分配したお金を、ボーナスに位置づけるしくみをつくりました。これにより貯金に回さず、家電などを買う人が増え、有効な景気刺激策となったのです。

インドの低所得層を対象とした実験。お金を名目で分け、学費には子どもの写真を貼ると確実に貯金できた。

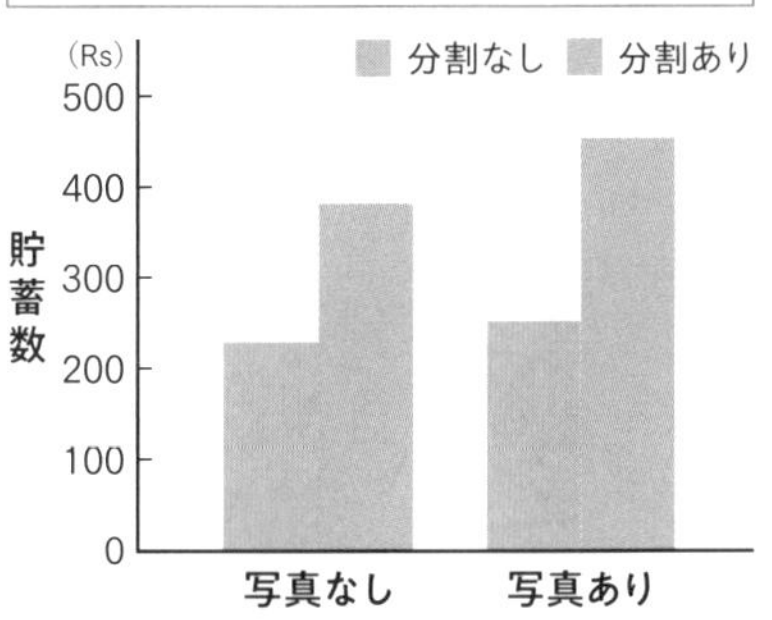

(「Earmarking and partitioning: Increasing saving by low-income households.」Soman D & Cheema A, Journal of Marketing Research vol.48(SPL): S14-S22, 2011より引用)

金額が増えていく積み立てプランも有効

どのように得たお金か、何のためのお金かで使いかたを変える傾向は、なかなか変えられません。無意識の心の働きだからです。しかし、これを応用してお金を貯めることはできます。**インドでおこなわれた実験でも、使う目的ごとに封筒に分けることで、お金が貯まりやすくなりました**(上図参照)。**子どもの将来の学費には、子どもの写真を貼っておくと貯蓄額がアップ**。子どもの顔を見るだけで、別の目的に使いにくくなりました。学費はもちろん、旅行や家の購入目的でお金を貯めている人は、この方法を試してみましょう。行きたい国の写真、欲しい家のイメージなどを写真で貼ると、ムダづかいしにくくなります。

なかなか貯金できない人は、積み立てプランの活用もおすすめです。とくに有効なのが、勤務年数などに応じて貯蓄額を増やすプランです。**人は目先の損失に敏感で、将来の損失にはやや鈍感。その傾向をうまく利用するのです**。アメリカでも、行動経済学者による「Save more tomorrow(明日はもっと貯金しよう)」という増額型年金拠出プランを企業に導入した結果、社員の貯蓄が確実に増えました(Thaler RH & Benartzi S, 2004)。

消費と投資のあるある!

老後の自分の3DCG画像を見せると、貯蓄できるというおもしろい実験もある(Hershfield HE, 2011)。とくに対話が有効で、画面上の自分と話をした人たちは、画面を見ただけの人の2倍以上を貯蓄にあてた。

key word »

めだちやすさ効果

Salience Effect

特徴の薄いCMは、どんなに流しても効果なし

情報が多すぎると、何も記憶に残らない

私たちは見たものすべてに、等しく注意を向けていません。一度に働かせられる認知機能には、かぎりがあるためです。選択的注意といって、特定の対象を優先的に見ています。映画やドラマでも、背景より人物の表情などに注意を払います。

とくに注意が向きやすいのは、色などのビジュアルが目を引くもの、危険で怖いもの、見慣れないものです。これを「めだちやすさ効果（セイリエンス効果）」といいます。

この法則は、宣伝広告にダイレクトにいかせます。

CMでは、何度も見るうちに好意を抱く「単純接触効果」が働きますが、注意を引かないもの、印象の薄いものは意味がないのです。無意識のうちに記憶に残ることもありません。また、めだつものが画面に多く配置されている場合も、どこを見ていいかわからず、結局印象に残らないもの。**何をめだたせたいかを明確にし、そのほかはなるべくシンプルに。コントラストで目を引くようにします。**計1000本のCMを対象とした研究でも、画面後方に人物が多くいるCMは記憶に残らず、説得力もないとわかっています（Stewart DW & Furse DH, 1986）。

背景はスッキリ。見せたい要素をきわだたせる

ごちゃごちゃした人物やモノを整理するだけで、人物、商品、コピーが効果的に目に入る。

ブランドパーソナリティを、もっと明確に！

特定の商品のPRでなく、ブランドイメージをよくするためのCMも多くあります。**ブランドに対して人々がもつ「温かい」「クール」「変革性」などの印象を、ブランドパーソナリティといい、これをどう印象づけるかがカギ。**差別化されたブランドパーソナリティは、企業の重要な資産です。人のパーソナリティと同じで、印象が一度形成されると、簡単には消えません。

まずはどんなブランドパーソナリティを築きたいか、明確にすることです。子ども向け製品・サービスを提供する企業なら、温かさや親しみやすさ、寄り添ってくれるなどの特性です。**これらはCM、広告、企業ロゴ、店舗デザイン、店舗接客など、顧客の目にふれるすべての要素で統一すべきもの。**単に素敵な製品や店をつくるだけでは、モノもサービスも売れません。

成功例としてよく知られているのが、スターバックス。手ごろなコーヒーチェーンのなかでも、「上品で洗練されていて、かつフレンドリー」というパーソナリティをつくり上げ、都市部で広く定着。価格の安さを売りにしたり、CMやキャンペーンを積極的におこなう企業とは異なる地位を確立しました。

消費と投資のあるある！

コカ・コーラのブランド力も有名で、ファンはそうそう浮気しない。ペプシコ社の企画「ペプシ・チャレンジ」では、目隠しで飲むとペプシを選ぶ人が多いのに、しない場合はコカ・コーラを選ぶ人が多かった。

key word »

e-WOM

e-Word of Mouth

SNSの口コミは、生の口コミより速くて深い

情報が一気に拡散。効果も長く続く

口コミと聞いて、リアル口コミを思い浮かべる人は、いまや少ないかもしれません。そのくらい、SNSでの口コミやサイトのレビュー評価を参考に、商品や店を選ぶ人が増えました。**このようなオンライン上の口コミが「e-WOM」で、行動科学、心理学での研究も進んでいます。**

消費者行動に与える口コミの機能はふたつあります。ひとつは商品の存在を知らせたり、思い出させる役割。もうひとつは、印象をよりよく変えたり、悪化させたりする働きです。これらはe-WOMでも同じです。

一方で、リアル口コミと異なる点もあります。**最大の違いは、情報の速さと深さ。対面の口コミはかかわる人数が少なく、情報拡散に時間がかかりますが、オンラインでは短時間、短期間で大勢の目にふれます。**しかも文字情報が長く残るので、いつまでも影響力をもつのです。口コミサイトなどでは、評価とともに星の数も残ります。ひと目でわかる商品や店の評価として、これだけでパッと判断することも可能。時間がかぎられた現代において、大きな影響力をもつのも当然といえます。

テレビでの宣伝と比べても、効果は絶大！

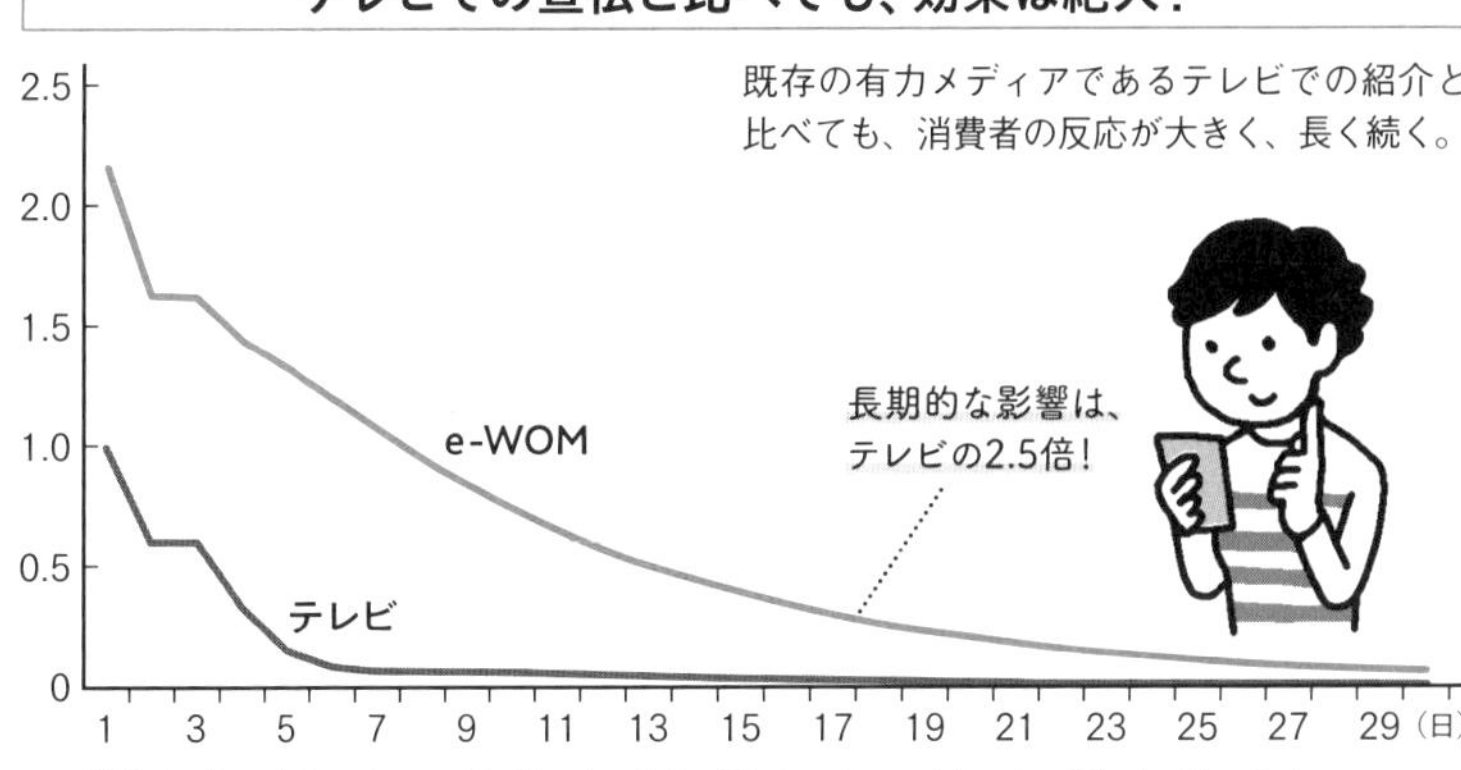

（「Effects of word-of-mouth versus traditional marketing : Findings from an internet social networking site.」Trusov M, Bucklin RE & Pauwels KH, Journal of Marketing vol.73（5）: 90-102, 2009より作成）

コメントの信頼性は、「一致度」「一貫性」しだい

リアル口コミとの違いとして、「匿名性」もあげられます。 SNSはリアルの友人以外に、実名を知らない知人も多数。口コミサイトのレビューは、ほぼ見知らぬ人からの情報です。

だからといって、e-WOMが信頼できないわけではありません。**信頼性の手がかりとなるのは、口コミを書いた人どうしの一致度（コンセンサス）。**大勢の人が「あの店よかった」「美味しかった」と書き込みし、星の数も同等であれば、口コミとして信頼に値すると判断できます。口コミ数の多さは信頼性を感じさせ、さらに商品や店への高評価にもつながります。

同様に、一貫性も重要です。総合評価が星4つ、5つと高水準なのに、「サービスが悪かった」「もう行かない」などの否定的意見もめだつなら、一貫性があるとはいえません。星3つや4つで賛否両論があるほうが、説得力はずっと高まります（Schlosser AE, 2011）。

なお、対面の口コミでは相手がもつ専門性、知識がものをいいますが、e-WOMではあまり影響がありません。自分との類似性も判断材料になりにくいとわかっています。

消費と投資のあるある！ マーケティングとして、インフルエンサーに働きかける企業は多い。しかし数としては、自分からは意見発信しない「ラーカー」が圧倒的多数で、星の数にも大きく影響。ラーカーを動かす手法がないかも注目される。

key word »

ネガティビティ・バイアス

Negativity Bias

いい口コミより、悪い口コミの影響が大きい

総数が少ないうちは、とくに悪い印象が残る

e-WOM全盛のいま、マイナスの口コミがいくつもあると、企業は気が気ではありません。**e-WOMでは、ポジティブな口コミよりネガティブな口コミのほうが、影響力が大きいとわかっています。**オンライン書店の売り上げを調べた研究でも、肯定的レビューより、否定的レビューによって、売り上げが左右されるとわかっています（Mayzlin D & Chevalier J, 2006）。

人は利益以上に、損失に敏感な生きもの。何としても損失を避けたいという心理が働きます。**ネガティブな情報にとくに注意が向く「ネガティビティ・バイアス」が働き、「買ってから後悔したくない」と考えます。**失敗しないためにレビューや星の数を見ている人なら、なおさらです。

ただし実用品に比べ、映画やマンガのコンテンツビジネスでは、多少のネガティブ口コミがあるほうが信頼性が高まります。サイト自体の評価も、ネガティブな口コミも多少あるほうがよいようです。たしかに星5つばかりでは、やらせの可能性も疑いたくなります。**割合としてベストなのは、ポジティブな口コミとネガティブな口コミが9対1の場合です**（左図参照）。

マイナス評価の影響は大きいが、一定の役割もある

マイナス評価が1、2割程度なら、売り上げに影響する可能性は低いといえる。

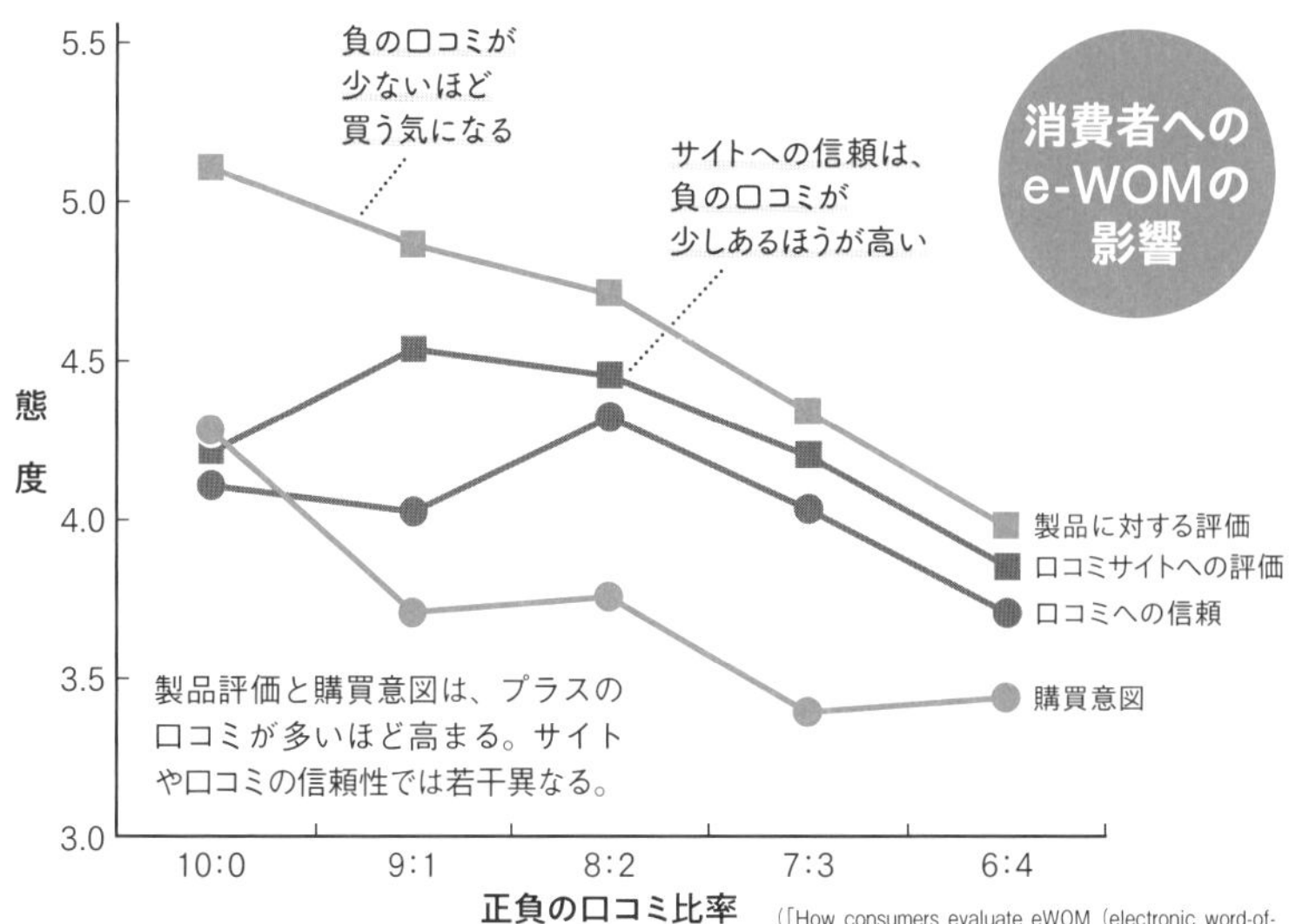

(「How consumers evaluate eWOM (electronic word-of-mouth) messages.」Doh SJ & Hwang JS, Cyberpsychology & Behavior vol.12(2): 193-197, 2009より作成)

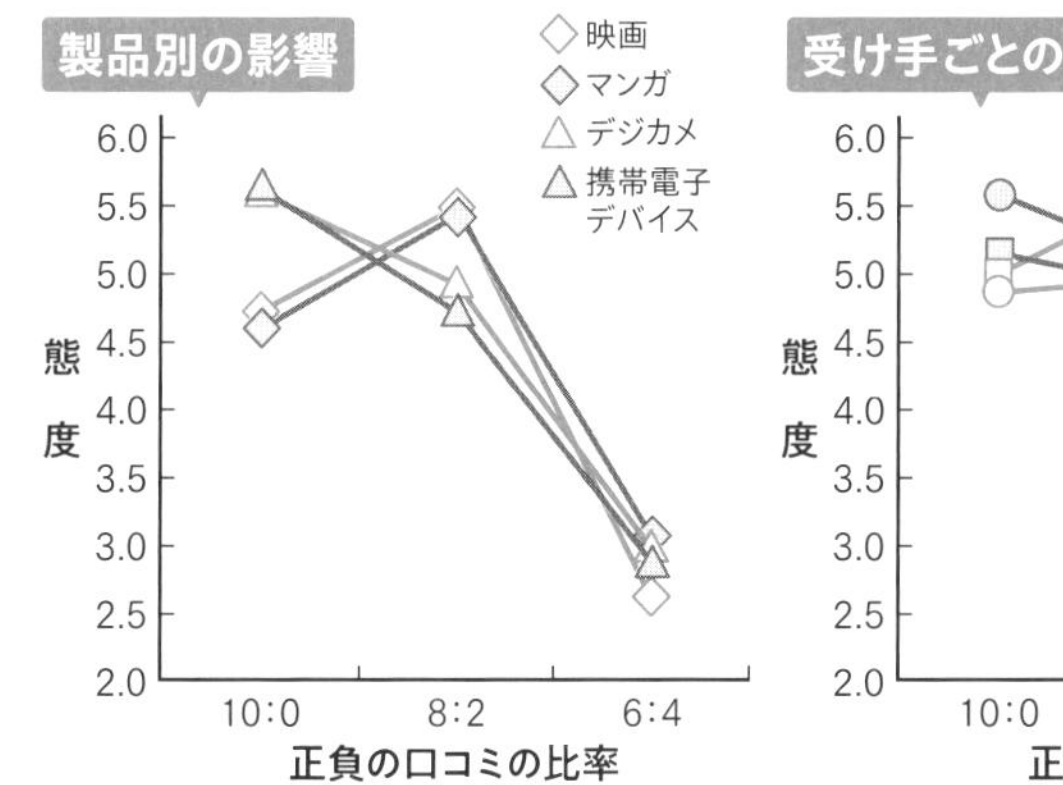

実用品に比べ、趣味趣向で評価が変わるコンテンツでは、多少のマイナス評価はあり。

知識をもたない人、利便性を強く求める人にとっては、マイナス評価がないほどよい。

(「負のeクチコミがもたらす正の効果—クチコミの正負の比率と並び順に着目して—」菊盛真衣, 2017より引用)

消費と投資のあるある!

やらせレビュー問題もあり、発見ソフトの開発も進んでいる。発売当日に大量のレビューがある場合などは、真に受けないほうがよさそうだ。特典をつけて高評価レビューを誘導する企業や宿などにも注意したい。

key word »

注意の錯覚

Illusion of Attention

トップページを変えるだけで、ECサイトの売り上げアップ!

意識に上らない程度に、特定のイメージを与える

EC(電子商取引)サイトの市場規模は、アパレルで2兆4279億円、生活雑貨・インテリア・家具で2兆2752億円(経済産業省、2022)。EC化率も年々上昇し続けています。ECサイトにおけるPRは、企業の必須課題です。

とくに課題とされてきたのが、良質な製品を、安いだけの商品といかに差別化するか。そこでマーケティング研究者がおこなったのが、左図の実験です(Mandel N & Johnson EJ, 2002)。売りたい製品の特性、品質のよさを想起させる壁紙をサイトに使うだけで、安い製品より売れるようになったのです。**「壁紙の影響を受けた」と答えた人はおらず、意識に上らないレベルで心理的影響を及ぼしました。これが「注意の錯覚」効果です。**

追加実験でも、画面に5秒程度現れるバナー広告で、商品の好感度が上がるとわかりました。

動画CMでも、同じものをくり返し長く流すと効果が逓減(ていげん)するとわかっています。記憶に残らない意識下レベルで、認知機能に働きかけるのがポイント。現在は禁じられていますが、サブリミナル効果が強い影響力をもつのと同じ原理です。

ふわふわ雲につられて、高品質のソファが欲しくなる

直接的なアピールでなく、品質特性を無意識にイメージさせるのがポイント。

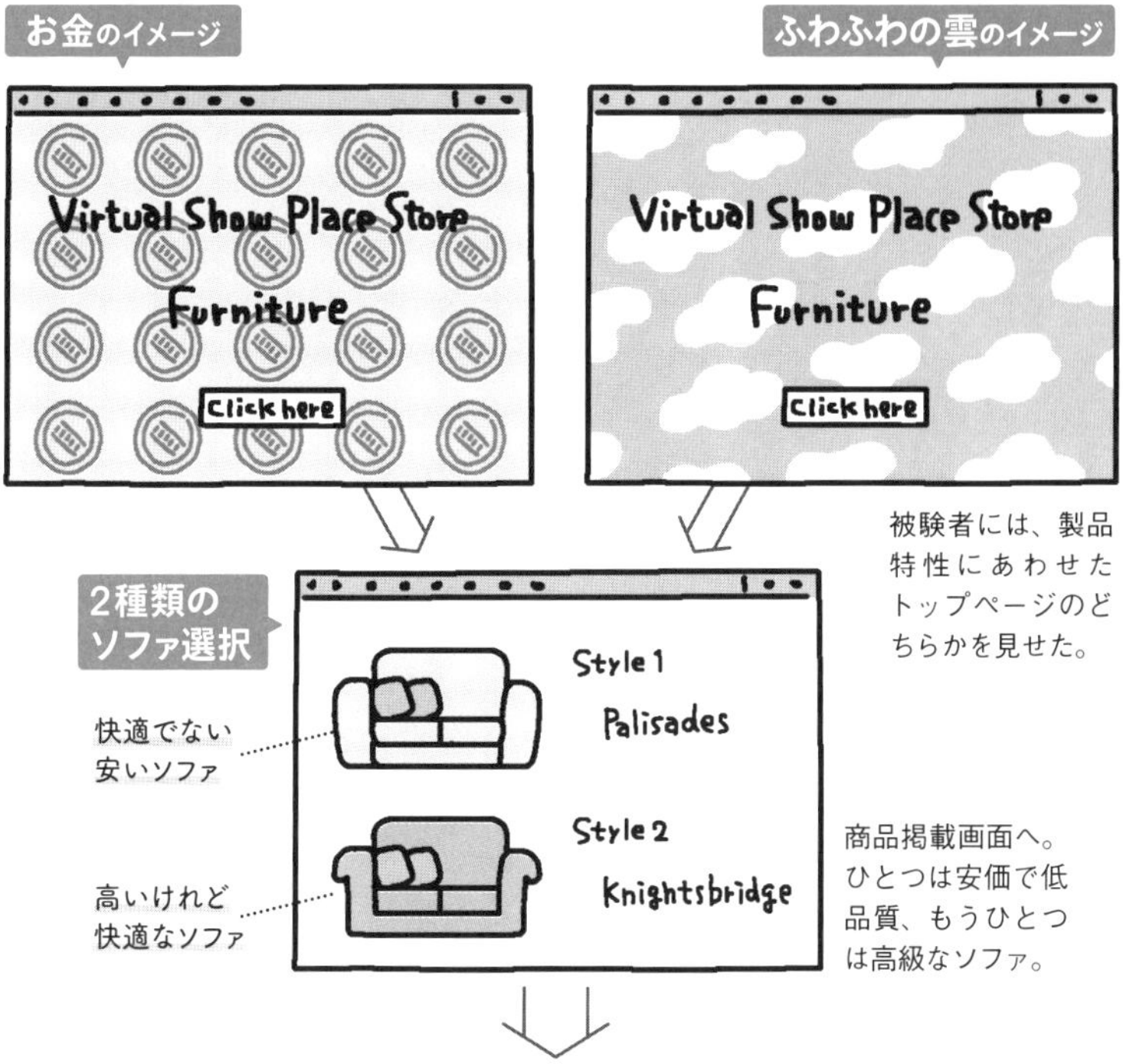

お金のイメージ

Virtual Show Place Store
Furniture
Click here

ふわふわの雲のイメージ

Virtual Show Place Store
Furniture
Click here

被験者には、製品特性にあわせたトップページのどちらかを見せた。

2種類のソファ選択

Style 1 Palisades

快適でない安いソファ

Style 2 Knightsbridge

高いけれど快適なソファ

商品掲載画面へ。ひとつは安価で低品質、もうひとつは高級なソファ。

惹かれるのはどっち?

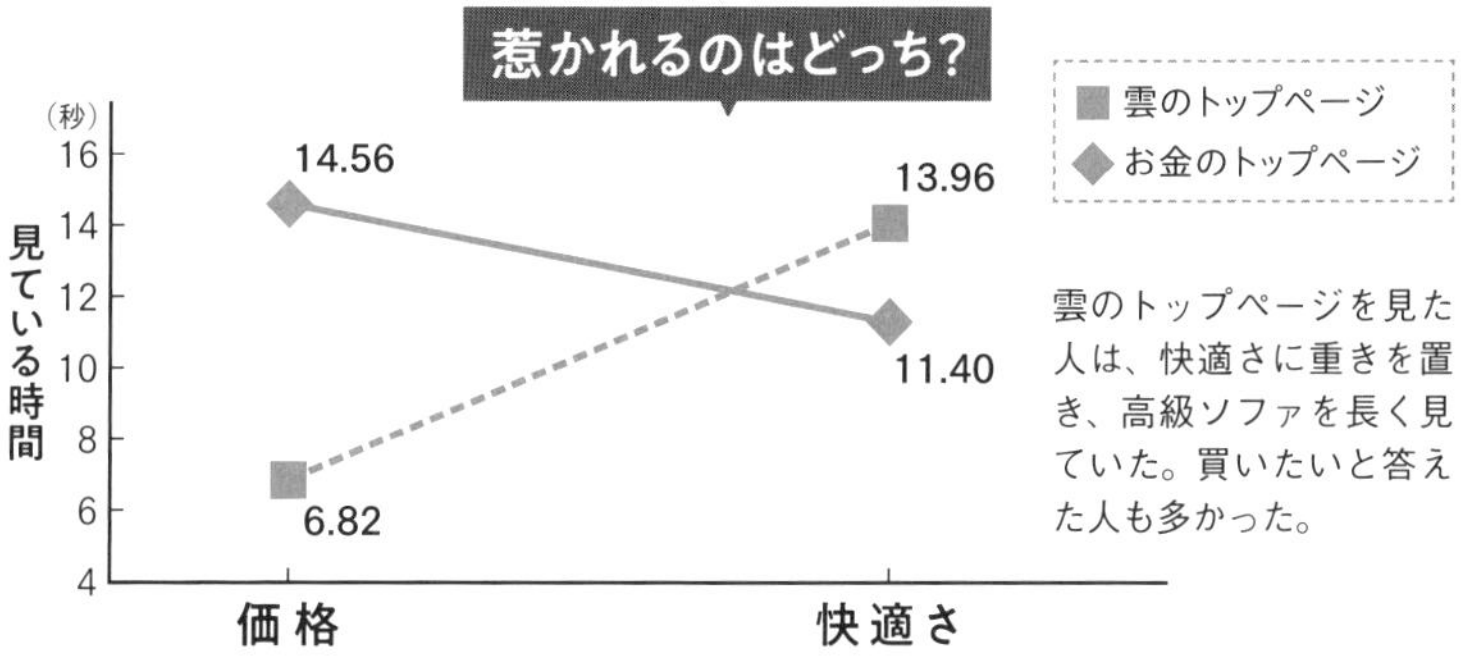

■ 雲のトップページ
◆ お金のトップページ

	価格	快適さ
雲のトップページ	6.82	13.96
お金のトップページ	14.56	11.40

見ている時間(秒)

雲のトップページを見た人は、快適さに重きを置き、高級ソファを長く見ていた。買いたいと答えた人も多かった。

(「When web pages influence choice : Effect of visual primes on experts and novices.」
Mandel N & Johnson EJ, Journal of Consumer Research vol.29(2) : 235-245, 2002より引用)

フランスのアコーディオン曲をBGMにすると、フランスワインがより売れたという報告も。影響を自覚していた人は14%のみで、これも注意の錯覚といえる(North AC, Hargreaves DJ & McKendrick J, 1999)。

key word »

自信過剰バイアス

Overconfidence Bias

男性投資家のリターンは、女性投資家より低い

投資の最大の秘訣は、〝何もしないこと〟

投資はいまや、多くの国民の関心対象。真面目に年金を払っているのに、将来の受給が危ぶまれる暗い未来を考えると、無理もありません。2万人を対象とした調査でも、現在何らかの投資信託をしている人は4人に1人以上。経験がある人をあわせると35・1％に上ります。投資未経験者でも、関心をもつ人は増えています（一般社団法人 投資信託協会、2013）。

行動ファイナンスの知見も数多くあります。そこからわかるのは、「儲けるぞ！」と鼻息荒く投資をすると、たいてい失敗するということ。世界トップクラスの資産運用会社であるバンガード社も、これを実証しています。頻繁に取り引きをくり返すトレーダーは、取り引き回数が少ないトレーダーに比べ、利益が下回っていたのです。前者の平均月間売上高は21・49％と高く、後者では0・19％と低いのに対し、年間平均リターンは、前者で11・4％、後者で18・5％（Barber BM & Odean T, 2001）。**自分はほかの人よりマーケットを正しく読めるという「自信過剰バイアス」により、頻繁な取り引きをくり返し、タイミングの悪さや手数料で損をしていました。**

男性と女性では、長期運用で差が出る

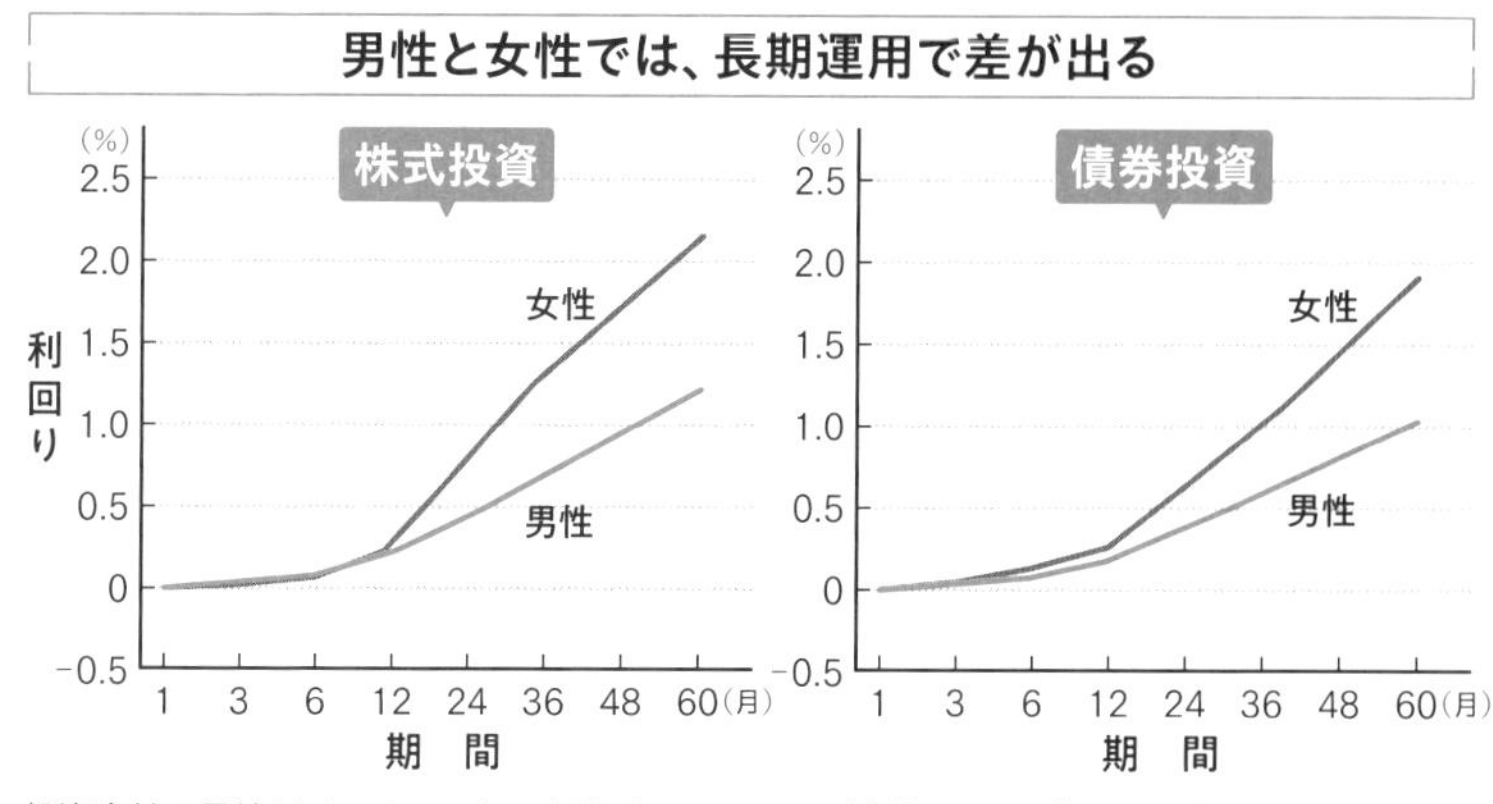

投資会社の男性だけのチームと、女性だけのチームの比較では、長期運用で差が開いていた。

(「Fund managers by gender : Through the performance lens.」Sargis M & Wing K, Morningstar Research no.8, 2018より引用)

男性のほうが、自分の読みを過信する

自信過剰バイアスは、誰もがもつもの。慣れた仕事だからと基本の確認を怠ったり、仕事の見通しが甘くなったり。人は自分の経験、知識を過信する傾向があります。

とくに女性より男性で、この傾向が強いとわかっています。

投資の運用成績を男女で比べた研究でも、男性は自分の投資判断に自信をもち、売り買いを頻繁にくり返す傾向に。男性だけのファンドマネージャーのチームと、女性だけのチームを比較した調査では、1年以上になると運用成績にあきらかな差がついてきます(上図参照)。投資のプロがおこなっても、この結果。取り引き回数が少ない女性のほうが確実に利益を出しています。**3万5000もの投資口座を調べた別の研究でも、女性の収益はマイナス1・72ポイントだったのに対し、男性ではマイナス2・65ポイント。**いずれもマーケットの利益を下回っていますが、女性のほうが年間の取り引き回数が少なく、損失が小さいという結果でした(Barber BM & Odean T, 2001)。

「プロでも失敗するんだし、自分の判断はあてにならない」くらいの意識で臨むのが正解です。

消費と投資のあるある!

「年収○○○円の僕が、1億円貯められた理由」といった投資本もよくある。投資を否定する必要はないが、例外的に成功した人、いい結果を出した研究者が本を出す「出版バイアス」もあると知っておきたい。

key word »

ニューロエコノミクス

Neuroeconomics

「儲かる!」と思うと、ドパミンで理性を失う

お金は、快楽中枢をダイレクトに刺激する

経済活動における意思決定を、神経科学の視点から調べる学問「ニューロエコノミクス（神経経済学）」も進んでいます。

脳の体積の約90％は、系統発生学的に新しい「大脳新皮質」。ものごとの理解・推論・意思決定など、人に特有の高次機能は、すべてここでおこなわれます。残りの約10％は、脳深部の「旧皮質（古皮質）」。動物に共通の部位で、感情にかかわる大脳辺縁系がある場所です。危険なとき、恐怖を感じて逃げるなどの本能的行動に役立ちます。食行動や性行動で快楽を感じるのもここで、依存症の人では報酬回路が強化されています。

ニューロエコノミクスの研究によると、投資の際にとくに活性化しているのは、後者の古い脳。お金が儲かると思うと、心身を興奮させるドパミンが出て、大脳辺縁系を活性化します。

すぐにお金がもらえるとなれば、その反応はいっそう強まります。ジュースを使った実験でも、すぐにジュースをもらえるグループと後でもらえるグループでは、反応に大きな差が。前者では大脳辺縁系とその周辺が強く活性化していたのです(McClure SM et al., 2007)。

「いま売れば大儲け！」などと考えると、ドパミンが放出され、報酬回路が活性化。冷静な判断は困難に。

少し時間をおいて、前頭前野を働かせよう

ドパミンが大量に放出されると、人は衝動的になり、セルフコントロールができません。「大丈夫、いっちゃえ！」と、普段以上にリスクの高い行動をとるようになります。

利益を追い求めて頻繁に売り買いをくり返す人は、この状態で取り引きをしているのかもしれません。個人投資家とプロトレーダーに対する実験でも、プロのほうが損失に落ち着いて対処し、損失を拡大させないという結果が出ています（Iwasaki Y et al., 2005）。

損失を避けたいなら、利益を意識して興奮したときに、少し時間をおくこと。損失を回復しようと焦ったときも同じです。

ドパミンが放出されると、冷静な判断のための大脳新皮質にも、その影響が広がります。怒りを感じたときと同じく、交感神経が亢進した状態に。自分では意識できていなくても、心拍数や血圧も上昇しています。できればひと晩寝て、翌日以降の冷静な頭で考えるのが理想です。疲れて寝不足のときに、夜中に売り買いをするのも危険。睡眠不足による論理的思考の低下は、大規模研究でも実証されています（Wild CJ et al., 2018）。

消費と投資のあるある!

プロと個人のトレーダーではリスクテイキングにも違いがある。プロは価格トレンドに自信をもち、株式のトレンドがある場合に大きなリスクをとるのに対し、個人は価格トレンドがないときに小さなリスクをとる。

key word »

代表性ヒューリスティック

Representative Heuristic

直近のトレンドに引っぱられ、安易に売り買いしてしまう

基準確率などを無視して、トレンドを読む

マーケットの環境とトレンドはつねに変化しています。

しかし私たちは、マーケットのことだけ考えて生活しているわけではありません。個人トレーダーの多くは本業をもち、かぎられた時間でその動きを見ています。投資における判断も、脳の自動情報処理システム「ヒューリスティックス」に頼らざるをえません。**とくに多く見られるのが、頭のなかにある代表例をもとに、ものごとを判断する「代表性ヒューリスティック」。直近のトレンドに重きを置き、今後の推移を予測します。**

株式市場では実際に、直近のトレンドと同じに相場が変動する場合が多く、「モメンタム現象」とよばれます。ただし長期的に見ると、下落していた株価のリターンが大きくなり、上昇していた株価のリターンが下がる「リバーサル現象」が生じます。**直近のトレンドに頼ると、あたる場合も外れる場合もあるのです。**

投資判断には、初頭効果（→P60）も影響します。好景気時に投資を始めた人は、マーケットを儲かるものとみなし、判断が甘くなりがち。また、初期に成功した売り買いのしかたが印象に残り、同じ方法なら成功しやすいと思い込みます。

人々の心理が影響し、アノマリーが生じる

市場のアノマリー（経験則）は日本で異なり、
日本では短期リバーサルが多く見られる。

モメンタム効果

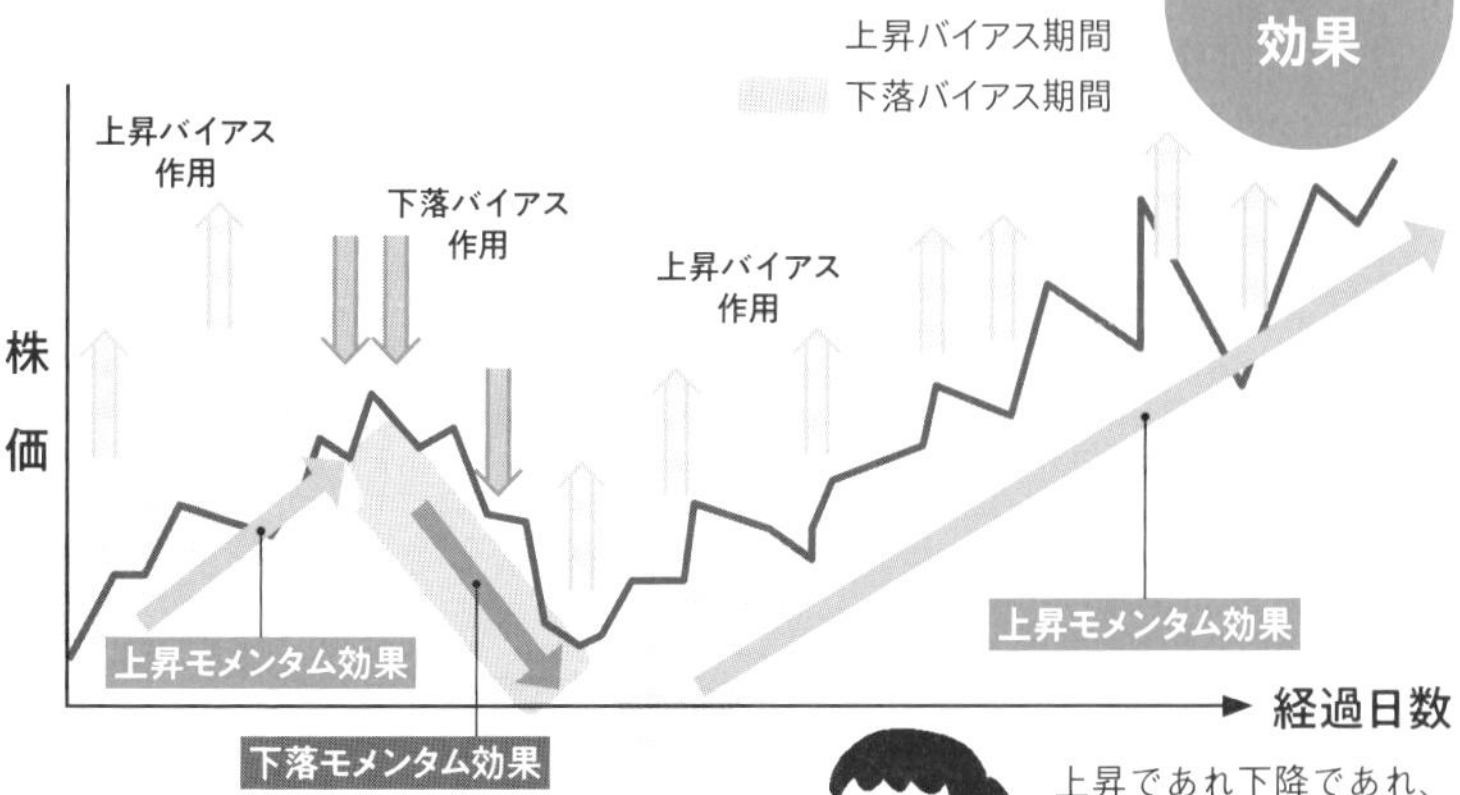

上昇バイアス期間
下落バイアス期間

上昇バイアス作用
下落バイアス作用
上昇バイアス作用

株価

経過日数

上昇モメンタム効果
下落モメンタム効果
上昇モメンタム効果

リターンの高い銘柄はこの後も高いはず

低い銘柄は、この先も低いだろう

上昇であれ下降であれ、直近の株価のトレンドと同じ変動が認められること。あてにしていると、どこかで外れる。

（「株式市場のモメンタム効果再現モデル」海野一則ほか, 人工知能学会論文誌 vol.33(4)：E-HB3_1-9, 2018より引用）

リバーサル現象

直近で儲かっていた勝ち組ポートフォリオ（金融商品の一覧と組み合わせ）は、下図のように、やがて利益を減らす。

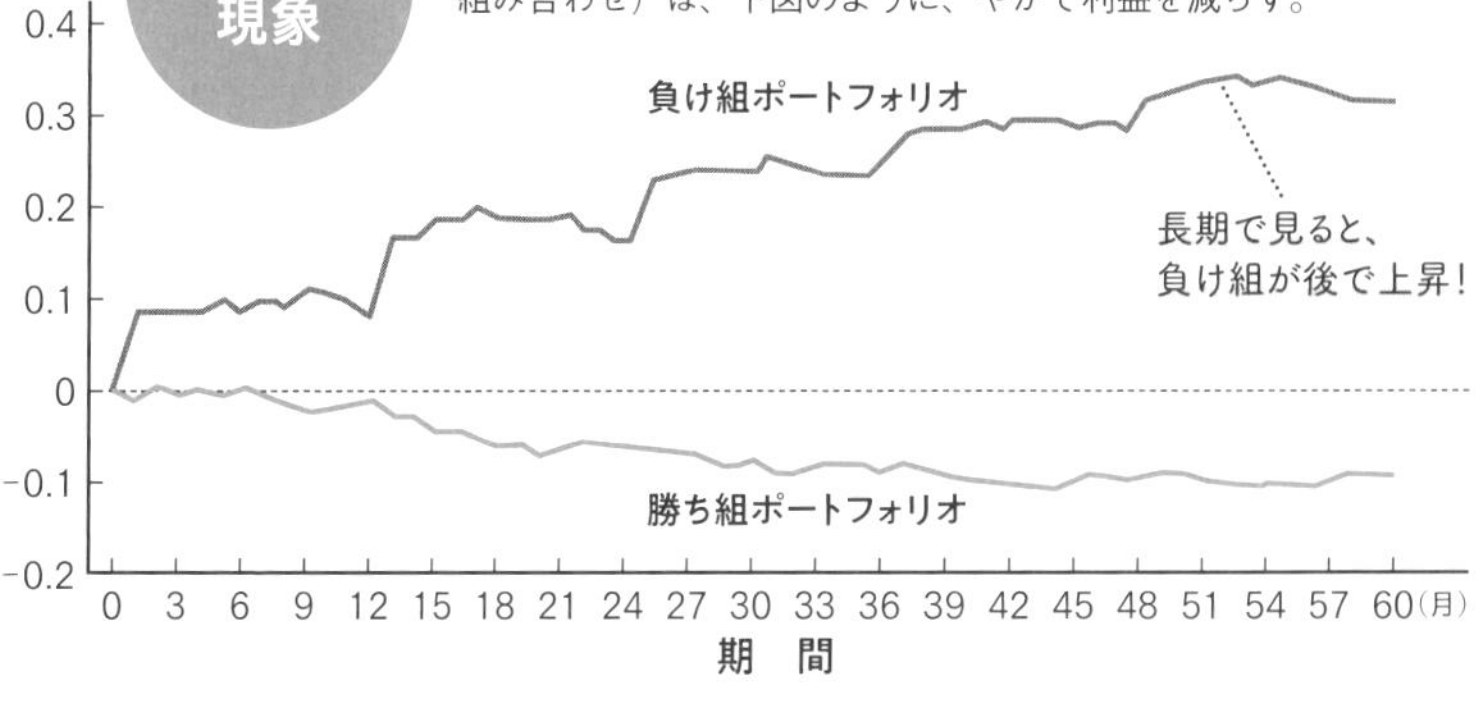

負け組ポートフォリオ

長期で見ると、負け組が後で上昇！

勝ち組ポートフォリオ

0.4
0.3
0.2
0.1
0
−0.1
−0.2

0 3 6 9 12 15 18 21 24 27 30 33 36 39 42 45 48 51 54 57 60（月）

期　間

（「Does the stock market overreact?」De Bondt WFM & Thaler R, The Journal of Finance vol.40(3)：793-805, 1985より引用）

マーケットにかかわるすべての人間に、何らかのバイアスがある。「合理的人間は存在しない」という行動経済学の前提だ。そのため自分のバイアスに注意していても、マーケットを正確に読むのは困難といえる。

key word »

プロスペクト理論

Prospect Theory

損は何よりもいや。体にも痛みを感じる

損失のインパクトは、利得のインパクトを上回る

行動経済学の柱となるのが、プロスペクト理論。人にとって、お金や商品の価値は一定ではなく、状況で変わるという理論です。重要な点はふたつあります。**ひとつは価値関数。価値は何らかの参照点に依存して決まります。**たとえば1億円の預貯金をもつ高齢者が投資で100万円失うのと、100万円の預貯金しかない若いビジネスマンが100万円失うのとでは、意味が大きく異なります。この場合、もとの預貯金額が利得と損失の参照点です。

もうひとつは確率加重関数。人は小さな確率を過大評価し、大きな確率を過小評価します。たとえば宝くじがいつかあたると思い込み、毎年買い続けるのは、確率の過大評価です。

このように、人の心理的価値をもとに価値と利得・損失の関係を表したのが、左上の図。真ん中が参照点で、右側の利得部分では、ゆるやかなカーブを描くのが特徴です。どんなに多くの利益を出しても、その心理的な価値はかぎられます。一方、左側の損失部分は急カーブです。**少しの損失でも、心理的に大きな痛手を被ることがわかります。**

利得と損失では心理的インパクトが大きく違う

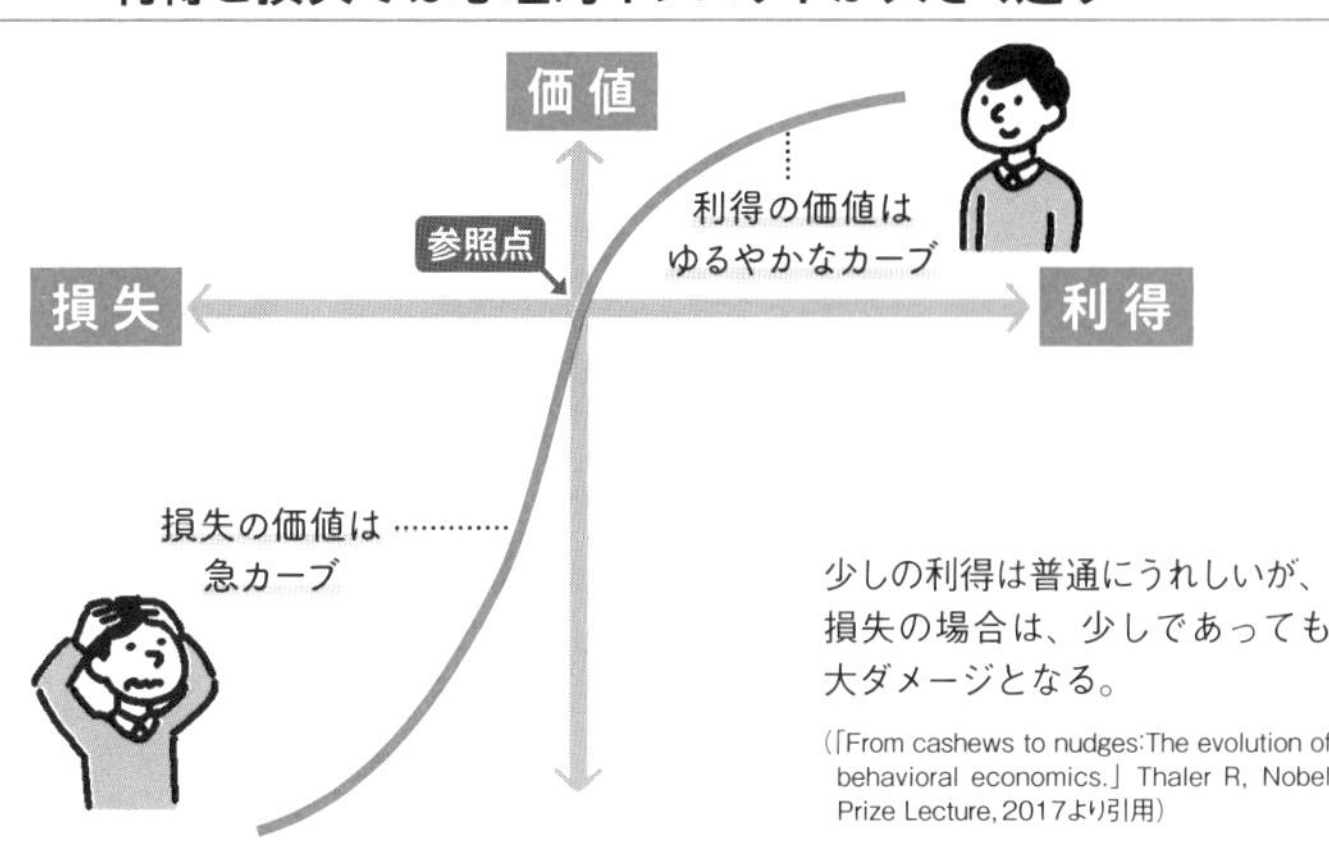

少しの利得は普通にうれしいが、損失の場合は、少しであっても大ダメージとなる。

(「From cashews to nudges:The evolution of behavioral economics.」Thaler R, Nobel Prize Lecture, 2017より引用)

痛み中枢が刺激され、合理的判断が困難に

この心理はニューロエコノミクスでも実証されています。利益が期待できるときは、大脳辺縁系の腹側線条体が活性化しますが、損をしそうなときはその周囲にある島皮質の前方（前島皮質）が活性化。体の感覚にかかわる場所で、痛み情報を全身に伝える経路でもあります。**損をすると、痛みによるストレスが体に生じるのです。**

実験でもこの現象が認められています。低リスク債権と、中程度のリスクの株式2種を運用してもらう実験です。脳活動を経時的に見たところ、最初は理性を司る前頭前野が働いていました。**しかし一度、思いがけない損失を被ると、脳の痛み中枢が刺激され、合理的判断も困難に。**その結果、最初は中リスク株を運用していた人も、低リスク債権を選ぶようになったのです（Kuhnen CM & Knutson B, 2005）。

損をすると熱くなり、何としてもとり返そうとするのも、このような脳の反応が影響しています。結果として早めの損切りができず、損失が大きくなることも。経営者が赤字事業に投資し続ける「サンクコスト効果」（→P124）と同じ原理です。

消費と投資のあるある!

損失の心理的インパクトは、日常生活でも見られるもの。チケットを買い、楽しみにしていた舞台やライブの日に体調が悪くなったとしよう。多少のつらさなら、損をしたくない一心でつい出かけてしまう。

key word ≫

ホームバイアス

Home Bias

自国の株のほうが、海外の株より安全に見える

親しみやすさにつられて、自国株を多く買う

世界がグローバルなマーケットになったことは、否定しようのない事実。グローバル企業は自国に拠点を置かず、世界各地で利益を上げています。それでも投資家の多くは、世界を広く見て、合理的に投資することができていません。**たとえばアメリカの株式投資に関する調査でも、アメリカ株への投資割合が約78％。その他先進国への株式投資はわずか22％です。**この期間のアメリカから見たワールドインデックス（ＭＳＣＩ。グローバルな株式運用の指標となる数字）は平均40％でしたが、それを大きく下回る数字です（Investments & Wealth Institute®, 2018）。ほかの国ではこの傾向がさらに強く、またアメリカ国内でも、地域による偏りがあります。

原因は、ホームバイアスにあるとわかっています。自国の株のほうが安全で、理解しやすいと感じられる傾向です。利益の最大化を最優先にすべきところで、自分にとっての親しみやすさに影響されてしまうのです。その結果、国際的な株式収入を逃し、成長とリスクをほどよく分散できていないと指摘されています。

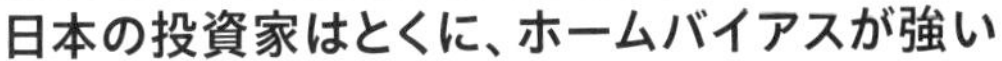

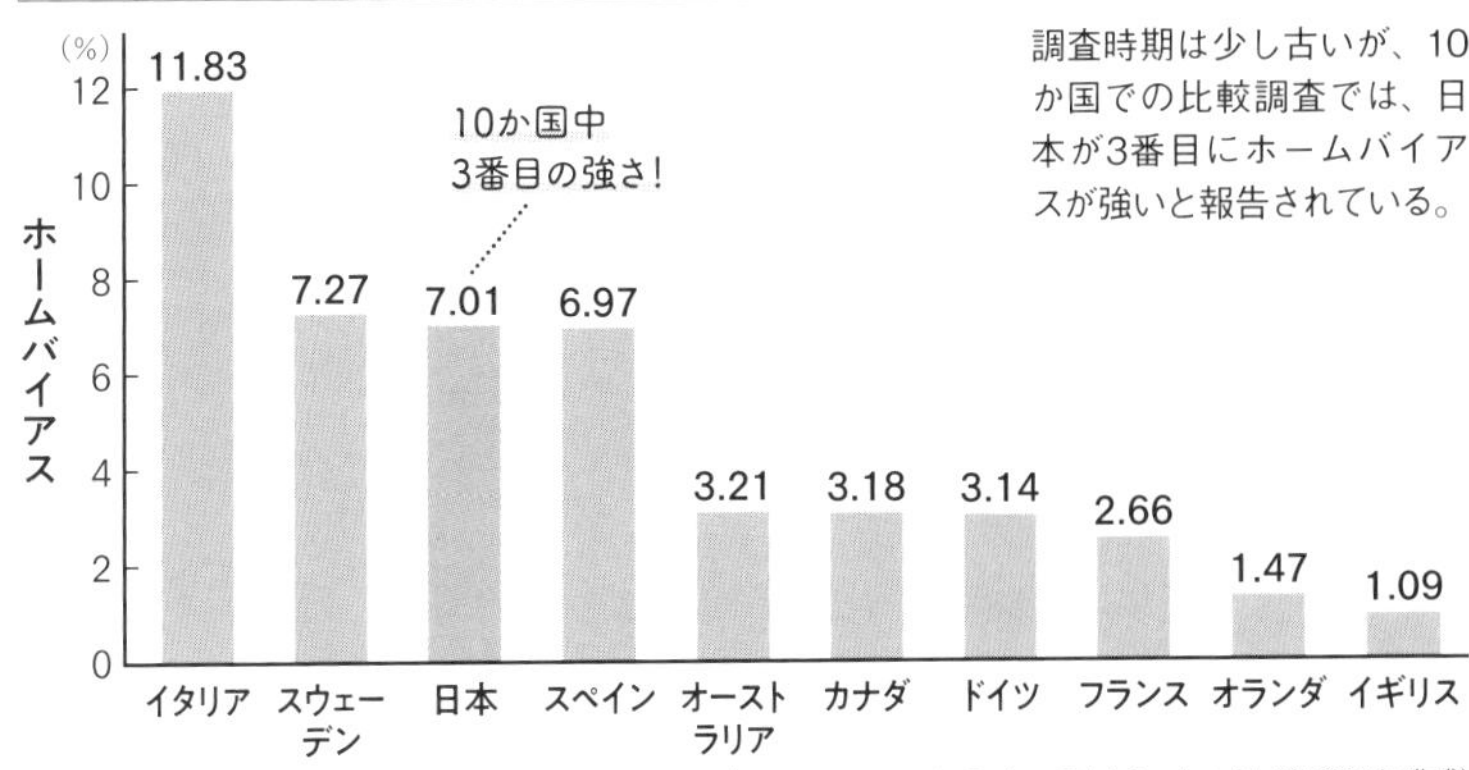

（「Equity home bias : Can information cost explain the puzzle?」Jeske K, Economic Review Third Quarter : 31-42, 2001より作成）

外国株で失敗すると、なぜか後悔が大きい

このバイアスは個人投資家だけでなく、プロトレーダーにも見られます。**世界の金融、産業を見る専門家でも、無意識に影響を受けているのです。**「自国の株式に投資するのは当然」と感じる人もいるかもしれません。でも、買いものをするときに自国製品ばかり買うでしょうか？　私たちが買う製品の多くは外国産ですし、欧米ではユニクロが大人気。モノの生産も流通も、すでにほとんどがグローバル化しています。多くの人は、自国製品かどうか以上に、品質などの自己利益を優先しています。利益を最優先にするなら、合理的とはいいがたいでしょう。

ホームバイアスには、情報や記憶のアクセスしやすさで意思決定が左右される「利用可能性ヒューリスティック」（→P50）も影響しています。外国の情報より自国の情報のほうが脳内で思い出しやすく、手を出しやすいのです。

数が多すぎると選べない「選択のパラドックス」（→P140）の影響もあります。選択肢の多さは一見魅力的ですが、脳の容量がかぎられている人間にとってはストレス。脳に過剰な負荷をかけないための対処法ともいえます。

消費と投資のあるある！

グローバルに分散投資しておけば、自国であれ他国であれ、特定の国の政治・経済状況で大きな損失を被らずにすむ。得をするだけでなく、私たち人間が何としても避けたいと願う「損失」を回避できるのだ。

key word »

快楽のトレッドミル

Hedonic Treadmill

欲しかったお金も、手に入れば魅力を失う

お金は大事。でもお金で幸せは買えない

最近は個人税制優遇制度が始まり、投資に関心をもつ人がますます増えています。5000人の個人投資家への調査でも、個人税制優遇制度をきっかけに興味をもった人が、回答者全体の40・1%という結果に（日本証券業協会、2022）。投資の種類では、NISAが約半数。そして一般NISAの場合は約7割、つみたてNISAでは約6割が、年収500万円未満と回答しています。**資産家がさらに資産を増やすための手段としておこなうのは、一部の話。**多くの人は将来が心配だからこそ、収入を少しでも増やし、将来に備えようとしています。

実際のところ、お金の価値は青天井ではありません。満足度がもっとも高いのは、お金を得たときでなく、お金を期待するときであることもわかっています。**どんなに欲しかったものも、いざ手に入ると魅力を失うのです。これが「快楽のトレッドミル」です。**アメリカの研究では、収入と幸福度が相関するのは約7万5000ドルまで（左図参照）。日本の調査でも最大1100万円まででした（Nishimura K & Yagi T, 2020）。将来への投資は大切ですが、お金だけでは幸せになれないのです。

お金と幸せの相関は、年収7万5000ドルまで

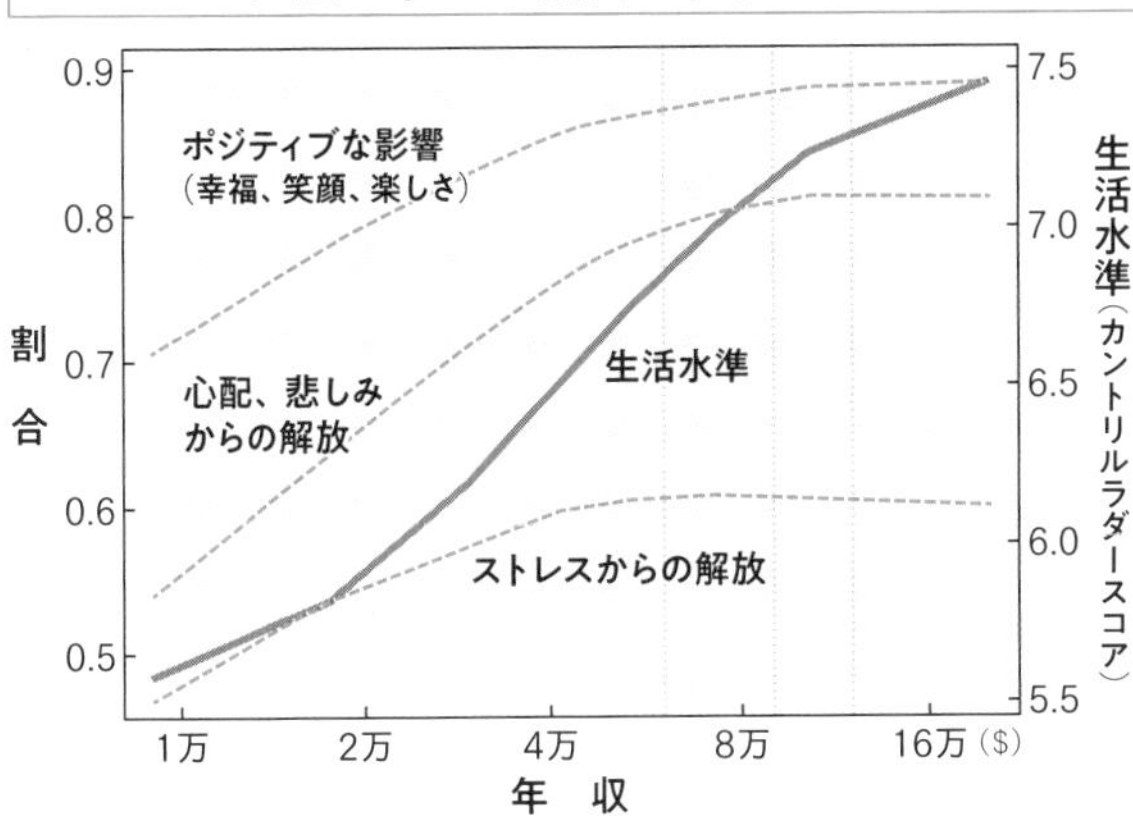

45万人以上を対象とした調査。安心できる生活レベルになれば、主観的幸福感はそれ以上上がらない。

(「High income improves evaluation of life but not emotional well-being.」Kahneman D & Deaton A, PNAS vol.107 (38): 16489-16493, 2010より引用)

お金以上に、自分で選べる人生が幸せ

お金以上に、幸福度を左右する要因があります。それは自己決定です。

前述の日本の調査でも、所得や学歴より自己決定が影響するとあきらかになっています。どの学校に行き、どんな職場で何をして収入を得るか。これらを自分で決めてきた人は、前向き志向が強く、それが幸福感につながっています。反対に、親をはじめとする他者の意向で人生を決めてきた人は、前向きになれず、不安も強い傾向に。前向き志向はパートナーや友人、職場の人など、人間関係の満足度とも関係していました。

自分が選んだ道に向かって、自分の判断で努力すれば、達成の可能性は高まります。達成した結果に対する責任や、誇らしい気持ちももてるでしょう。**こうして得た達成感と自尊心が、前向き志向を強めます。**仮に失敗しても、自分の責任として引き受け、よりよい道を探していけます。子育てにおいても、自立支援型の子育てが、子どもの前向き志向を高めるとわかっています。「毒親」の言葉が流行ったことからもわかるとおり、他者の期待に応え続ける人生では、幸せにはなりにくいようです。

消費と投資のあるある!

お金で幸せになれないとはいえ、年収7万5000ドル以下の人にとっては切実な問題。生活不安が大きければ、不安、心配などのネガティブな気持ちに苛まれる。周囲とのギャップ(相対的貧困)の影響も大きい。

Column

トイレのがまん中は、心もがまん強くなる？

目先の報酬につられず もっと大きな利益を待てる

知能がどれほど発達していても、ヒトは哺乳類の一種。空腹時は報酬（食べもの）への欲求が強まり、イライラします。こうした生理的現象は投資判断にも影響します。空腹時は、金銭的な賭けでリスク志向的になることもわかっています（Voigt K et al., 2021）。

同様の生理的現象として、尿意切迫感も影響します。「抑制スピルオーバー」といって、尿意をがまんしているときは、報酬への欲求も制御できるのです。

実験でもこの効果が証明されています。700mLの水を飲み、尿意をがまんしていたグループは、明日もらえる16ドルより35日後の30ドルを選択する傾向にありました（Tuk MA, Trampe D & Warlop L, 2011）。

忙しい人ほど、体のコンディションの安定を

とはいえ、つねに適度な満腹感を保つことも、尿意をがまんしていることもできません。大切なのは、生理的欲求とリスク判断の関係を理解すること。忙しいビジネスマンほど生活が不規則になりがちですが、これでは意思決定にブレが生じます。できるだけ決まった時間に起き、食事や排泄をして、生理的状態を安定させましょう。

ストレス解消も重要です。ストレスを受け続けると、コルチゾールというストレスホルモンが増え、柔軟な意思決定が困難に。投資でも、これまで以上にリスクを避け、同じやりかたに固執します（Coates JM & Herbert J, 2008）。重要なプロジェクトを抱えるときほど、十分な睡眠と休養が必要です。

Part

5

ネットの人間関係、
不快コメントにイラッときたら……

SNS＆インターネットの行動科学

key word »

超個人的コミュニケーション

Hyperpersonal Communication

SNSは対面より急速に、深く理解しあえる

同じ関心をもつ人には、自分をどんどん見せられる

電車で車両内を見渡すと、9割はスマホを見ている時代。総務省の調査によると、1日の平均ネット利用時間は平日176・8分、休日176・5分です。なかでもSNSは、動画視聴と並ぶ利用時間の長さ。20代では平日84・1分、休日114・2分。若年世代ほど、1日の多くをSNSに費やします。

心理学の世界でも、CMC（インターネット・コミュニケーション）の研究は格段に増えました。当初は、会話中の表情などの手がかりがなく、匿名性が高いことから、対面より無機質なコミュニケーションになるといわれていました。

しかし実際には、短時間に濃密なやりとりができることがわかっています。「超個人的コミュニケーション」といって、対面より感情に訴えやすく、急速で深い相互理解が生じるのです。同じ関心をもつ人ともつながりやすく、たがいの自己開示が進み、関係が急速に進展することに。対面で知りあう人との自己開示とは違い、時間をかけて段階を踏む必要がありません。実際の自分にコンプレックスがある場合は、「こう見られたい」という理想の自分を見せることもできます（自己呈示）。

リアルな友だちとはつくれない関係を楽しめる

対面コミュニケーションとの違いは以下の４つで、これが魅力として機能。

ありのままの自分を見せる「自己開示」がしやすい。匿名の場合は、見せたい自分を見せる「自己呈示」傾向が強まる。

類似性

ネットで知りあう人とは、趣味・関心が同じなど、類似性が高いことが多い。それだけでたがいに好感をもてる。

フィードバック

相手からの自己開示、自己呈示の内容にあわせてフィードバックすることで、自己開示の強化ループができ上がる。

非同期性

同じ時間を共有する必要がない。内容やタイミングを吟味してメッセージを送ることで、相手との関係を調整できる。

仕事などで使うメールのほうが、SNSより誤解が生じやすい。実験でも、送り手の約8割はメッセージのニュアンスが正確に届くと信じていたが、正確に伝わったのは56%という結果だった（Kruger J et al., 2005）。

key word »

インターネット・パラドックス

Internet Paradox

「孤独だからネット」ではなく、ネットで孤独になる

SNSの利用時間が長いほど、気分がふさぐ

ネットの利用は心の健康にも影響します。**ネットが世界に広がりだした90年代後半におこなわれた大規模縦断調査では、ネットを使い始め、その利用時間が長くなるほど、孤独感や抑うつ傾向が増すと判明**（Kraut RE, Kiesler S & Scherlis WL, 1998）。多くの実験参加者は、家族や友人、オンライン上の友だちとのコミュニケーション目的で使用していましたが、それでも孤独になっていったのです。この現象は「インターネット・パラドックス」として、一躍知られるようになりました。おもな原因は、現実場面でのコミュニケーションが減ったこと（左図参照）。孤独だからネットに夢中になったわけではなく、ネットを使ううちに対面コミュニケーションが減り、孤独になっていきました。ネットのコミュニケーションは、対面コミュニケーションの代わりにはならないことがわかります。

フェイスブック利用者を対象としたその後の調査でも、他者と自分を比べることで、抑うつ傾向が強まるとわかりました（Steers MLN, Wickham RE & Acitelli LK, 2014）。とくに外向性が低い人ほど、この傾向は強く見られます。

ネットで人とつながることで、現実の関係が弱まる

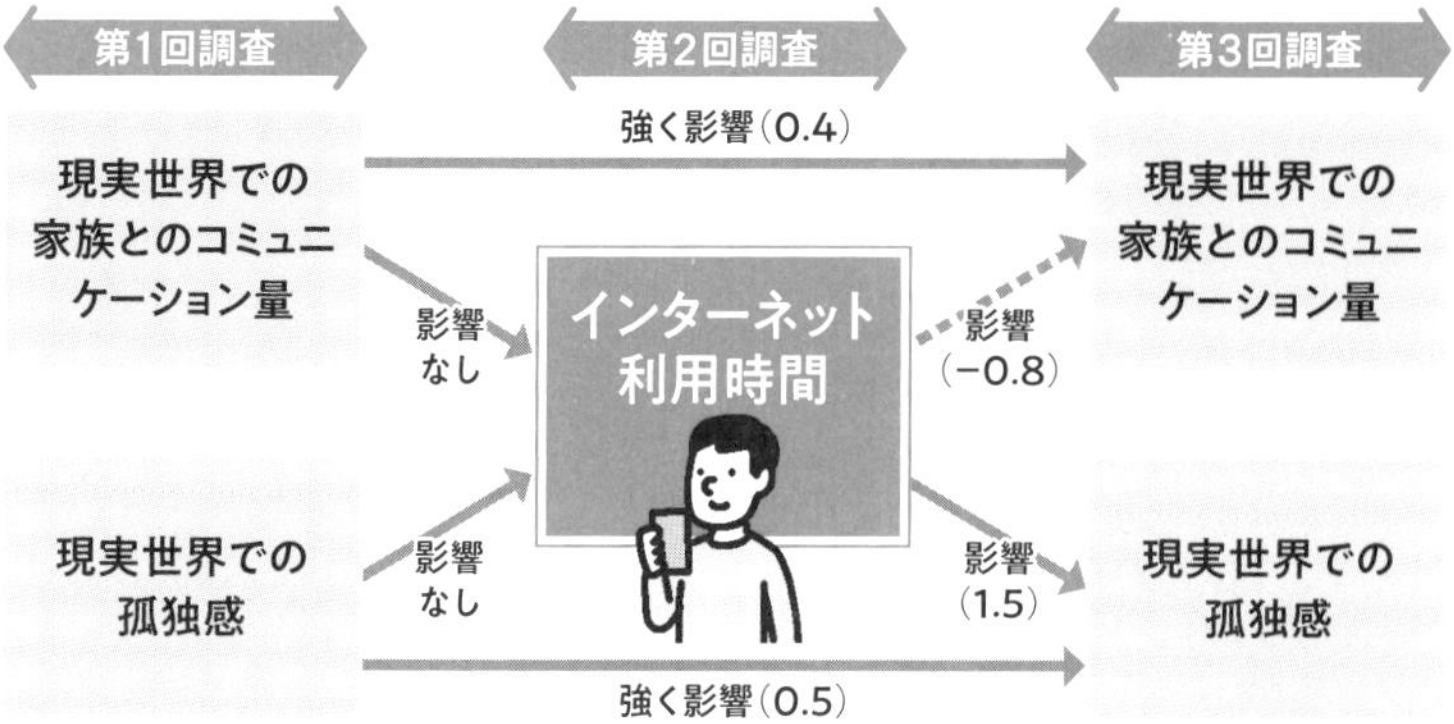

第1回調査　第2回調査　第3回調査

現実世界での家族とのコミュニケーション量 →強く影響（0.4）→ 現実世界での家族とのコミュニケーション量

現実世界での家族とのコミュニケーション量 →影響なし→ インターネット利用時間 →影響（−0.8）→ 現実世界での家族とのコミュニケーション量

現実世界での孤独感 →影響なし→ インターネット利用時間 →影響（1.5）→ 現実世界での孤独感

現実世界での孤独感 →強く影響（0.5）→ 現実世界での孤独感

もとの孤独感は関係なく、ネットを使うことで孤独になる。数字が大きいほど相関が強い。

マイノリティには、孤独感を減らせる大事な場所

LGBTQ+（レズビアン、ゲイ、バイセクシャル、トランスジェンダー、クイア／クエスチョニング）の言葉は、以前よりはるかに浸透。電通による2021年の調査でも、認知度は80・1%。当事者と答えた人は8・9%でした。一方で、「誰にも公表していない」という人の割合は、当事者の57・4%。カミングアウトしやすい環境になっていると感じている人は、少数派でした。**家族や友人、知人であれ、職場の人であれ、無意識の偏見（アンコンシャス・バイアス→P196）をもっています。**性的指向を安易に伝えられないのは当然です。

そのような現状では、ネットで同じ属性の人、気持ちをわかりあえる人とつながれることが、大きな意味をもちます。わかりあえる他者がいるだけで、心の健康を保てるのです。匿名だからできる発言や、ハッシュタグへの賛同もあるでしょう。

セクハラや性被害を訴える#me too運動も、ネットだからこそ大きく広がり、社会を動かすことができました。**実社会で抑圧されやすいマイノリティにとっては、ネットのポジティブな側面は大きいといえます。**

SNS＆ネットのあるある！

障害をもつ人、がん患者や難病患者なども、実社会では「気持ちをわかってもらえない」と感じることが少なくない。ネットで同じつらさをもつ人とつながれると、孤独感や抑うつ感が軽減され、情報交換もできる。

key word »

没人間化

Deindividuation

他人を同じ人間と思えず、攻撃的になる人も

バレない、見えない空間では、攻撃的になれる

ネットには負の側面もあります。ツイッターでの誹謗中傷は、もはや日常茶飯事。匿名性には利点もありますが、匿名ゆえの攻撃性も大きいのです。**考えが違うだけで、相手を同じ人間とみなせなくなる「没人間化」も顕著。「サルなの？」などと、動物にたとえる表現で攻撃するのは、典型的な没人間化です。**

実社会での人間関係は、社会的交換で成り立っています。相手にやさしくすれば、相手も自分にやさしくしてくれる。これが社会の前提です。そのルールを破ると、コミュニティで居場所を失い、損をすることに。しかし匿名空間では社会的交換が機能しにくく、面識のない他者を強く攻撃できるのです。

この傾向は実験でも証明されています。**ネットで攻撃的になる人には、私的自己意識と課題志向性の強さがめだちました**（Sato H, Hibino K & Yoshida F, 2010）。私的自己意識とは、「社会のなかの私」ではなく、「個としての私」のこと。課題志向性は、対象となるテーマへの没入のしやすさです。匿名性により公共意識が低下し、相手の気持ちよりも討論内容に意識が強く向く傾向が見てとれます。

「ネットは攻撃的」ともいいきれない

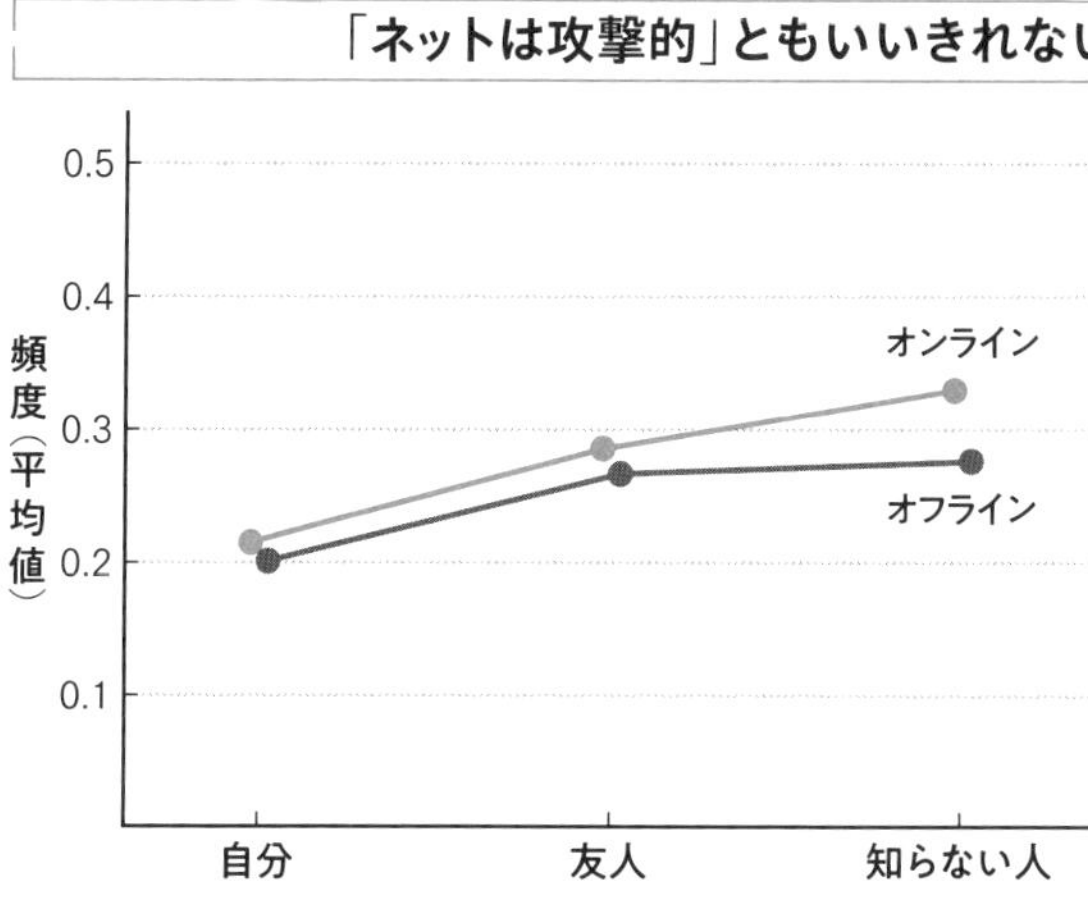

アメリカの調査結果。対面とネットで、自分が敵意を向けられたり、他者への敵意を目にする頻度を比較したもの。

（「The psychology of online political hostility：A comprehensive, cross-national test of the mismatch hypothesis.」Bor A＆Aarhus University, Petersen MB, American Political Science Review：1-18, 2021より引用）

「ネットは怖い」もバイアス？　現実だって怖い

攻撃行動は、社会的学習で身につく側面もあります。他者を攻撃し、言い負かした人間が得する光景を見ていると、その行動を学習することも。ネットでは強い態度で人を論破する人もおり、同じふるまいを身につけている可能性もあります。

実際のところ、ネット上の皆が攻撃的なわけではありません。多くの人は友人、知人と楽しくコミュニケーションをとり、面識のない人にも、一定の節度をもって接しています。

最近の研究では、自己愛傾向やサイコパシー傾向が強い人、サディズム傾向の強い人が、ネットで攻撃的になりやすいという報告も（Kurek A, Jose PE＆Stuart J, 2019）。**自身の行動を意識的にコントロールできなくなる「オンライン脱抑制」が起きやすいのです。**とくにコミュニケーション上の誤解が生じ、意見が衝突すると、攻撃的になりがちです。

実社会でも理不尽にキレる人はいます。ネットと対面での攻撃行動の目撃頻度を比較した研究でも、そこまで大きな差ではありませんでした（上図参照）。**「ネットは怖い」という見解は、少数のめだつ人に注目しすぎている可能性もあります。**

SNS＆ネットのあるある！

ネットいじめも話題になりやすいが、高校生への調査では、DMやメールで悪口を言った経験がある人は0.2％のみ（Udris R, 2015）。一部の事象にとらわれ、「ネットいじめが増えた」と感じている可能性もある。

key word »

快楽価値

Hedonic Value

中傷コメントもクレームも、本質にあるのは「快楽」

自分を善人と信じ、私刑を楽しんでいる？

では、ネットでの中傷に加担する人は、どんな意識で人を傷つけているのでしょうか。少し掘り下げて見てみましょう。

カナダ人とアメリカ人を対象に、荒らし行為を調べた研究があります（左上の図参照）（Buckels EE, Trapnell PD＆Paulhus DL, 2014）。人を攻撃・挑発し、侮辱的なコメントで相手をあおるなどの行為です。ネット利用者の多くは閲覧やチャットを楽しむだけでしたが、一部の人（5・6％）は「荒らしを見て楽しんでいる」と回答。**「人が傷ついていても、楽しければいい」「いまが楽しければいい」という「快楽価値」が背景にあるとうかがえます。**人を中傷したり、仲間外れにすることが快楽なのです。このような人には認知のゆがみがあり、「あいつは道徳的に間違っている。だから攻撃していい」と、自身の行為を正当化しています。クレーマーの心理もこれと同じです。

炎上に加担する人の自覚的動機を調べた研究では、正義感が最多でした（左下の図参照）（Yamaguchi S, 2017）。**快楽に駆動されて動いていても、自覚的には「自分は正しい」「誤りを正すのだ」という意図で加担しているとわかります。**

人を傷つけたい一部の人が、正義感に燃えている

加担する人はごくわずかだが、複数回書き込むなどで、結果としてめだちやすい。

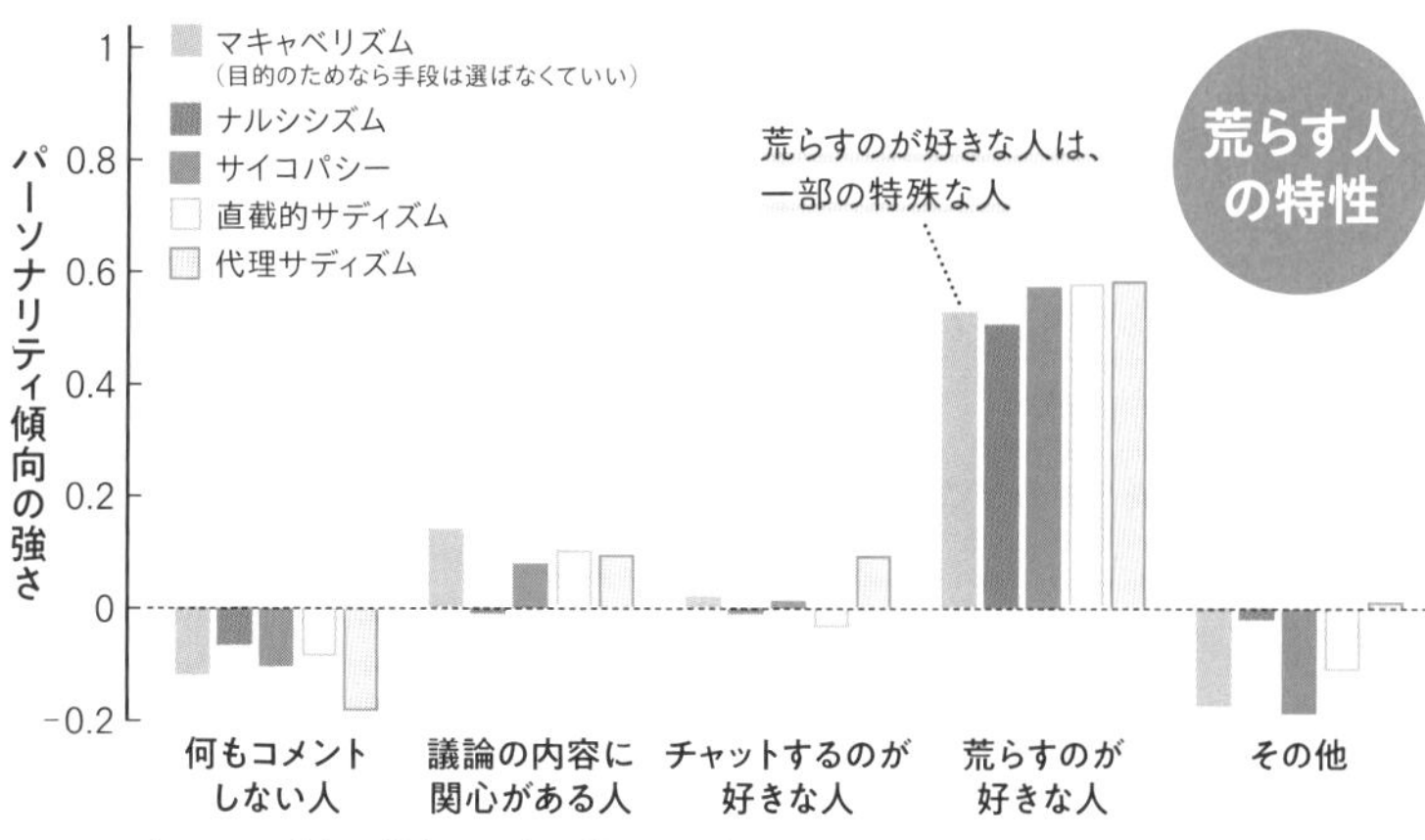

アメリカ人とカナダ人に対する研究。荒らしを楽しむ人には、ダークなパーソナリティ傾向が強く認められた。

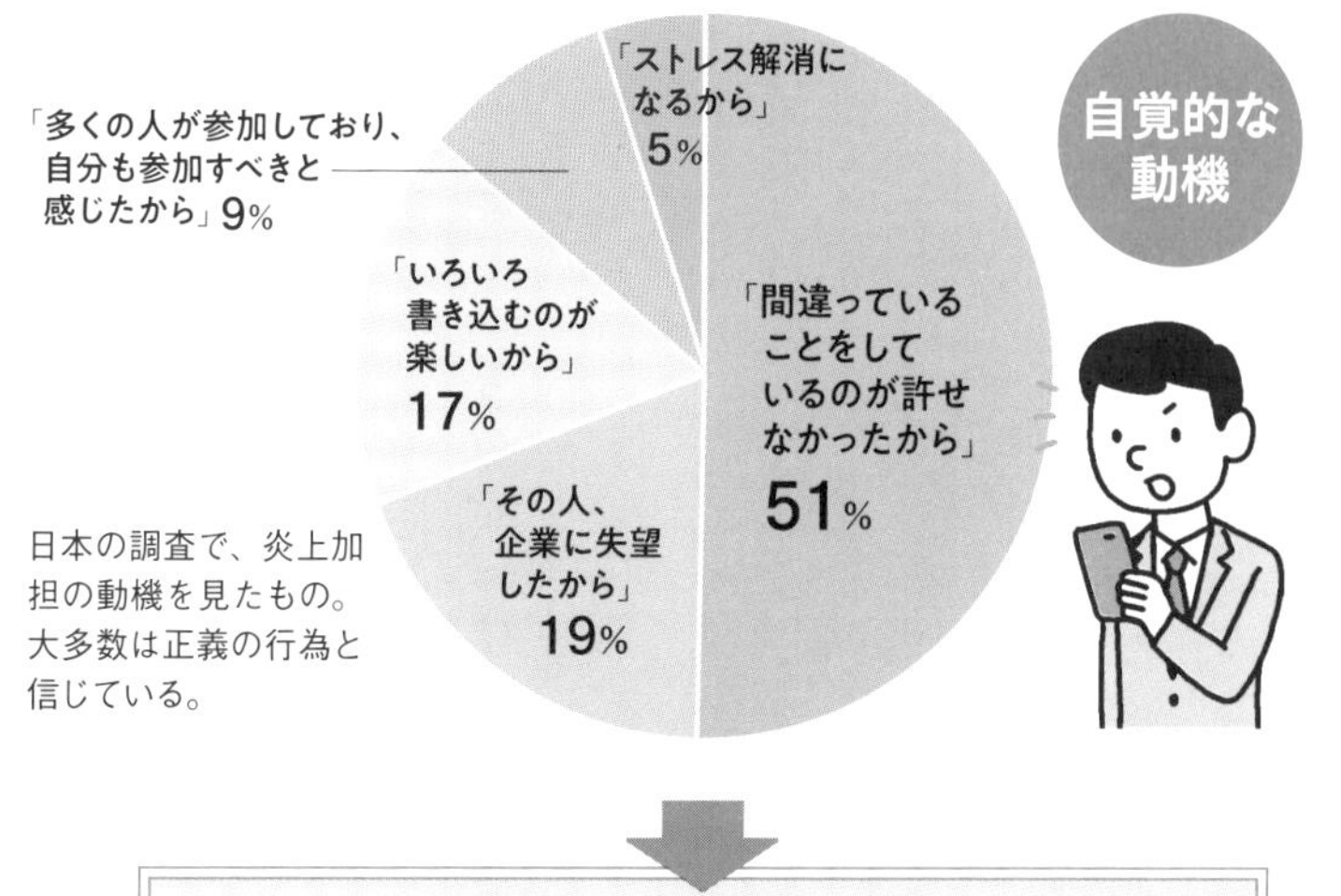

日本の調査で、炎上加担の動機を見たもの。大多数は正義の行為と信じている。

快楽のための誹謗中傷を、正義の行為と信じることで、認知的整合性を保つ

SNS＆ネットのあるある！

ツイッターなどでとくにめだつのは、社会的・政治的トピックスでの誹謗中傷。趣味などでつながる人たちに比べ、「正義のために相手を貶めてもいい」「間違いを正してやる」という心理が働きやすいためだ。

key word »

集団極性化

Group Polarization

意見が二極化し、攻撃しあうのはなぜ？

同じ考えの人が集まると、意見が極端になる

２０１２年に発行された『社会はなぜ、左と右にわかれるのか』という本が、全米でベストセラーに。著者は道徳心理学を専門とするジョナサン・ハイトです。このタイトルのとおり、ツイッターではリベラルと保守の二極化が進み、はげしく対立しています。この傾向は日本でも同じです。「トランプ支持vs反トランプ」、日本では「安倍支持vs反安倍」といったわかりやすい争点が出たときに、二極化による対立が強まるようです。

これは「集団極性化」という現象によるもの。集団になると、個人のときより意見が先鋭化しやすくなります。もともと強い政治的意見をもっていなかった人も、どちらかに属することで、極端で強い発言をするように。自分を集団の一員にカテゴライズすることで、いかにもその集団の人が言いそうなことを言うのです。**集団内での皆の態度を見る「社会的比較」をおこない、「皆が賛同してくれている」と感じれば、より強い意見を主張することに。**同じ集団（内集団）の誰かが、別の集団（外集団）の人に攻撃されたときは、怒りをもって反撃します。このようにして、左と右の断絶は深まっていくのです。

友だちは似た者どうし。だから極性化する

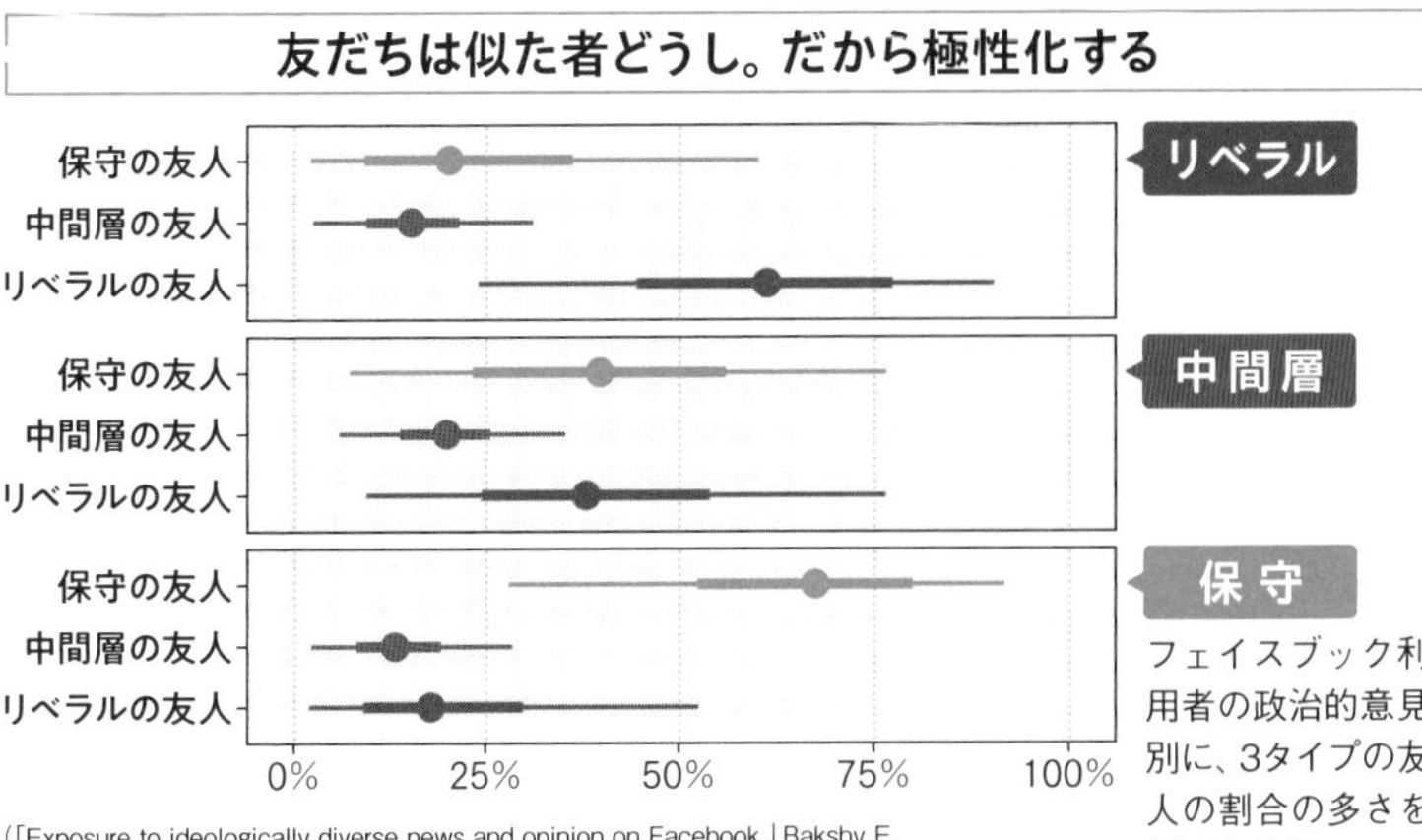

フェイスブック利用者の政治的意見別に、3タイプの友人の割合の多さを調べた結果。

(「Exposure to ideologically diverse news and opinion on Facebook.」Bakshy E, Messing S＆Adamic LA, Science vol.348(6239):1130-1132, 2015より引用)

ボットや動員も多い。あまり本気にしないこと

この傾向は世界各国で進んでいます。アメリカでは2012年の大統領選、スペインでは2011年の議会選挙あたりから熱いバトルが展開し、ツイッターユーザーの政治的言論についての分析対象になっています(Barber P＆Rivero G, 2014)。

こうしたツイートを見ていると、世界中が左と右に分かれているように見えます。**しかし実際は、たった1％のアクティブユーザーが、全ツイートの⅓〜½を占めています。**ネット上ではとくに、声の大きな人の意見がめだつもの。しかも、ツイッターのような空間で意見を言えば、似た意見ばかり返ってきて、確信を深めることに。**閉ざされた小部屋では声が響きやすいことにたとえて、「エコーチェンバー」とよばれています。**

同研究では、保守派のほうがより活動的で、関係者からのツイートが多いとも報告されています。アメリカ大統領選でも、ボット(ツイート自動生成システム)によるツイート量産や、組織的な動員がめだちました。ネット上の閉鎖的空間で見られる意見を、世論としてそのまま受け止めるのは危険。「ツイッターは今日も元気だなあ」という程度に眺めておくのがよさそうです。

SNS＆ネットのあるある!

政治的意見を聞いて、「あっち側の人か」と思うようになったら要注意。ステレオタイプが活性化し、相手を型にはめて見てしまう。人間的なよさも見えなくなり、外集団の人として敵対的関係に陥りやすい。

key word »

シュワルツ価値観モデル

Circular Continuum of Values

そもそも価値観とは？ みんなは何で争ってるの

「成長ー安心」「社会ー個人」が、価値観の軸となる

政治的・社会的意見を強くもたない人から見ると、左右の対立は不思議な現象。何をめぐって争っているか、なぜそこまで熱くなるのか、理解できない人もいるでしょう。しかしアメリカの調査を見ると、事態は深刻。**「自分と違う政党支持者と家族が結婚するのは不快」と答えた人は、２０１０年時点で、共和党支持者の49％、民主党支持者の33％に及びます。**１９６０年代には４、５％しかいなかったことを考えると、二極化の深刻さは増しています（Iyengar S, Sood G & Lelkes Y, 2012）。

では、価値観とは何なのかを根本から見てみましょう。

左の図は、社会心理学者のシュワルツが開発し、世界で広く参照されている価値観モデル。外側が高次の価値観で、内側にいくほど低次の価値観。隣接する領域は、たがいに影響しあいます。**左下の「保守」周辺がいわゆる「右」で、伝統的価値観や、コミュニティでの人間関係を重視します。右上の「変化への開放性」周辺が「左（リベラル）」にあたり、社会全体をよりよくするための変化や、個人の人権に重きを置きます。**分断の理解だけでなく、多様性の理解にも役立つモデルです。

意見が対立したときの、自他の違いが見えてくる

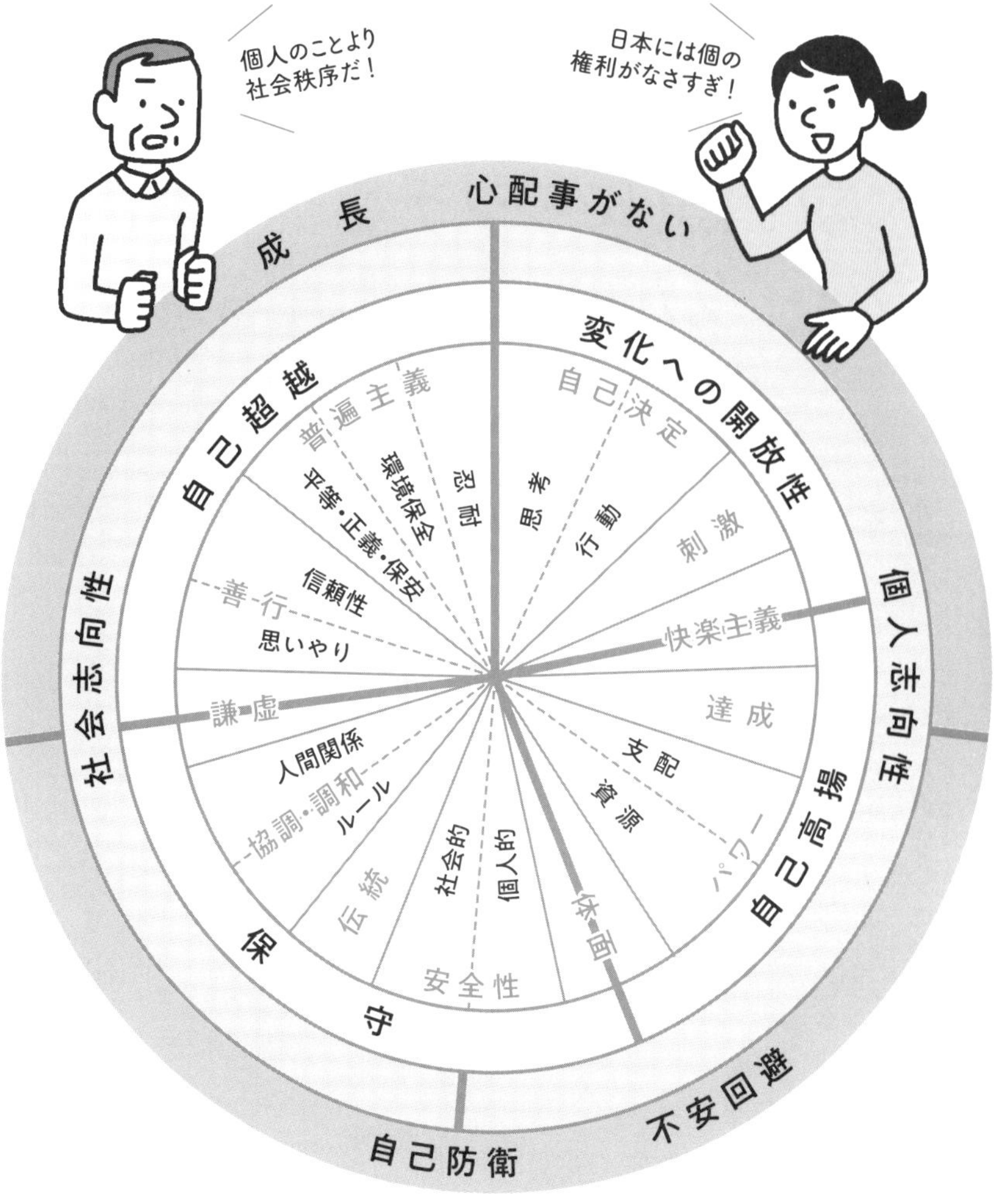

個人のことより社会秩序だ！

日本には個の権利がなさすぎ！

心配事がない
成長
変化への開放性
自己超越
自己決定
思考
行動
刺激
快楽主義
普遍主義
環境保全
平等・正義・保安
忍耐
善行
信頼性
思いやり
謙虚
個人志向性
社会志向性
達成
支配
資源
パワー
自己高揚
人間関係
協調・調和
ルール
伝統
社会的
個人的
体面
安全性
保守
自己防衛
不安回避

（「Refining the theory of basic individual values.」Schwartz SH et al., Journal of Personality and Social Psychology vol.103(4)：663-688, 2012より引用）

自分の価値観こそ自明と捉え、他者の価値観を否定する人もいる。しかし別の価値観をもつ人たちが何を望むのか理解しないと、対話や共存の道は開けてこない。

SNS＆ネットのあるある！

大規模な選挙などでは、支持者や中間層が何を重視しているかを分析し、受けそうなトピックスを選んでアピールしてくるもの。政治家が提示する争点だけでなく、争点になっていない重要事項にも目を向けたい。

key word ≫

利用可能性カスケード

Availability Cascade

大統領選にワクチンデマ……
フェイクが次々に広まる理由

フェイクを広めているのは、善意の人々

「〝地球は丸い〟は嘘。本当は平らだ!!」――これがいま、世界的に流行っている陰謀論。地球平面説です。起源は19世紀ですが、ユーチューブで拡散され、人気が再燃。600万人のアメリカ人が信じていると指摘されます（Gottschall J, 2021）。地球は丸いと考える若者は66％しかいないという、衝撃的な報告もあります（YouGov America, 2018）。

陰謀論は手を変え品を変え、私たちの認知に入り込んできます。「ユダヤ人が世界を支配している」という歴史ある陰謀論をはじめ、ネット上には独創的な陰謀論がいっぱい。前景化したのは、陰謀論を広める集団「Qアノン」の存在と、彼らが参加した連邦議会襲撃事件でしたが、状況はいまも悪化しています。

陰謀論やフェイクニュースを広めているのは、多くが善意の人々です。ある情報が真実として伝えられると、それに対する注意・関心が高まり、不安や危機感があおられるのです。**その結果、多くの人のあいだで連鎖的な反応が起き、誤った情報が広まります。これを「利用可能性カスケード」といい、**ネットで広まる場合は「サイバーカスケード」ともよばれます。

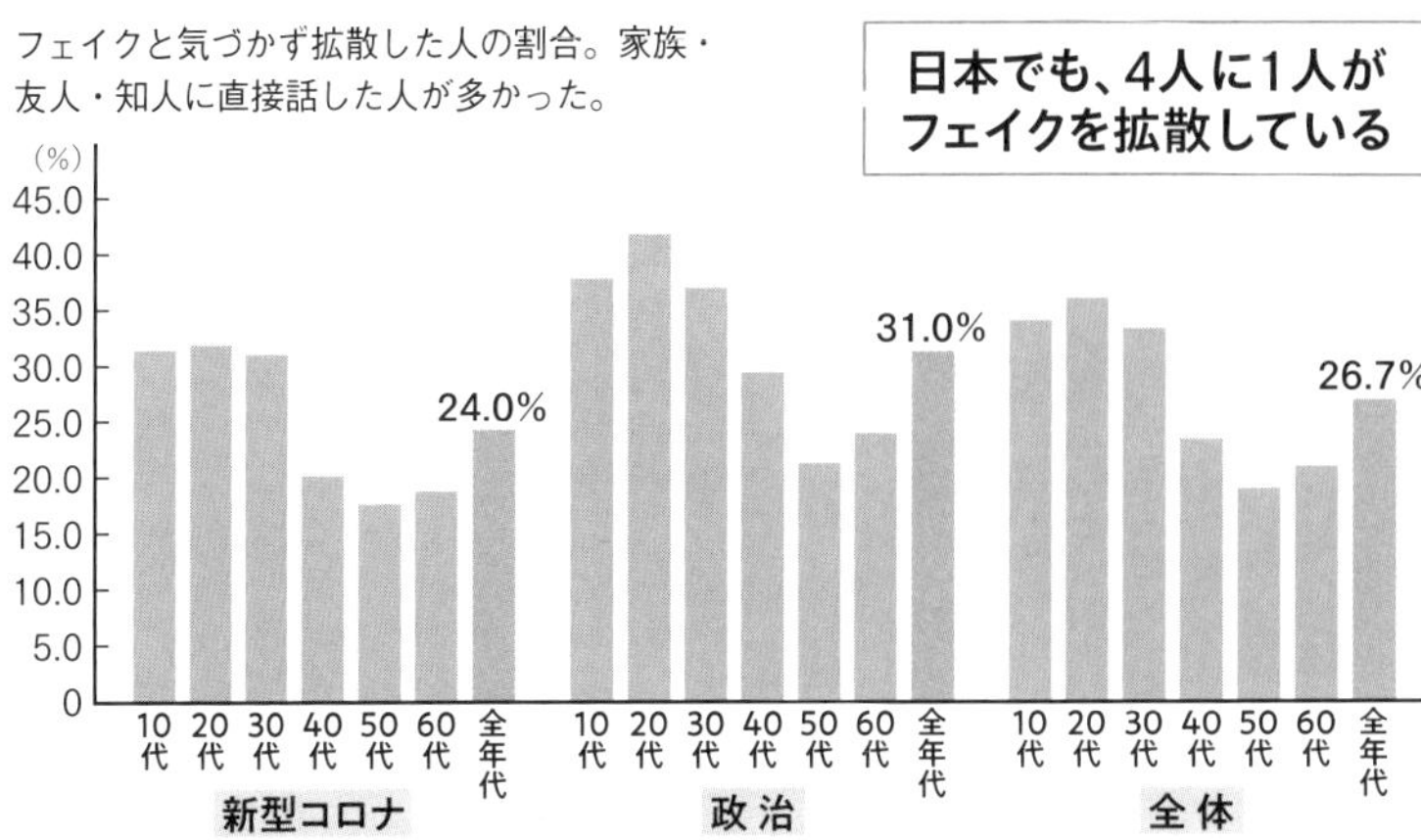

(「Innovation Nippon調査研究報告書　フェイクニュース withコロナ時代の情報環境と社会的対処」山口真一, 国際大学グローバル・コミュニケーションセンター, 2021より引用)

新型コロナと政治が、日本のフェイクの二大巨頭

この現象が見られるのは、アメリカだけではありません。ドイツでも、ドイツ帝国の復興を掲げる極右集団に影響された人々によるクーデター計画が発覚し、世界の注目を集めました。アメリカ発の陰謀論「ディープステート（闇の政府）」の影響を受けていることもわかっています。

日本も他人事ではありません。Qアノン信者の多さは以前から指摘されていましたが、コロナ禍で状況が悪化。「新型コロナウイルスワクチンは人口削減が目的」という陰謀論を広めた男性たちが医療機関に侵入し、逮捕される事件もありました。日本の大規模調査でも、この傾向があきらかに（Innovation Nippon, 2020）。多いのは新型コロナと政治で、コロナ関連のフェイクニュースの接触率は全体の45・2%、真偽判定率（正答率）は58・9%。政治関連では、接触率28・2%、真偽判定率18・8%でした。**ネット使用歴が浅い人、マスコミへの不満が強い人や、人生・生活・収入に不満をもつ人ほど、うのみにしやすいこともわかっています。**ネットで新たな情報にふれたときには、一次情報は何かを調べる姿勢が求められます。

SNS&ネットのあるある!

拡散動機では、「情報を共有して意見を聞きたかった」という穏便なもののほか、「怒りを覚え、人と共有したかった」という例も多い。感情に火をつけるのはフェイク拡散の常套手段であることも知っておきたい。

key word »

バックファイア効果

Backfire Effect

正しい情報を伝えても、相手がムキになるだけ

正面からの説得より、環境の多様性が有効

身近な人に「新型コロナは○○国がつくった生物兵器なんだって」などと言われたら、どうしますか？　「それは陰謀論だよ」と否定するか、微妙な顔をしてみせるかなど、対処に悩みますね。

どの方法が正解とはいえませんが、正面きっての反論は成功しにくいとわかっています。**人は自分の信念を誤りと指摘されたり、矛盾する証拠を突きつけられると頑なになり、もとの信念を強めてしまうのです。これが「バックファイア効果」です。**実験でも、偽情報とその証拠を先に見せた後で、「じつは虚偽です」と明かしても、実験参加者たちは先に見た情報を信じ続けました（Kahneman D, Slovic P & Tversky A, 1982）。

対策としては、いい面と悪い面の両方を提示して説得する「両面的説得法」があり、教育水準の高い人には有効とされます。

さらに重要なのは、陰謀論を信じる前の予防策。**ひとつは環境の多様性です。SNSの閉鎖的空間に閉じこもらず、現実世界で幅広い人とのかかわりをもちつづけることです。**もうひとつは「接種理論」。自明とされる事柄への反論に、根拠をもって反論する練習で、偽情報への免疫力をつけることができます。

反証をくわしく読んでも、もとの意見が強まるだけ

死刑賛成論者・反対論者への実験でも、信念は容易に変えられないとわかった。

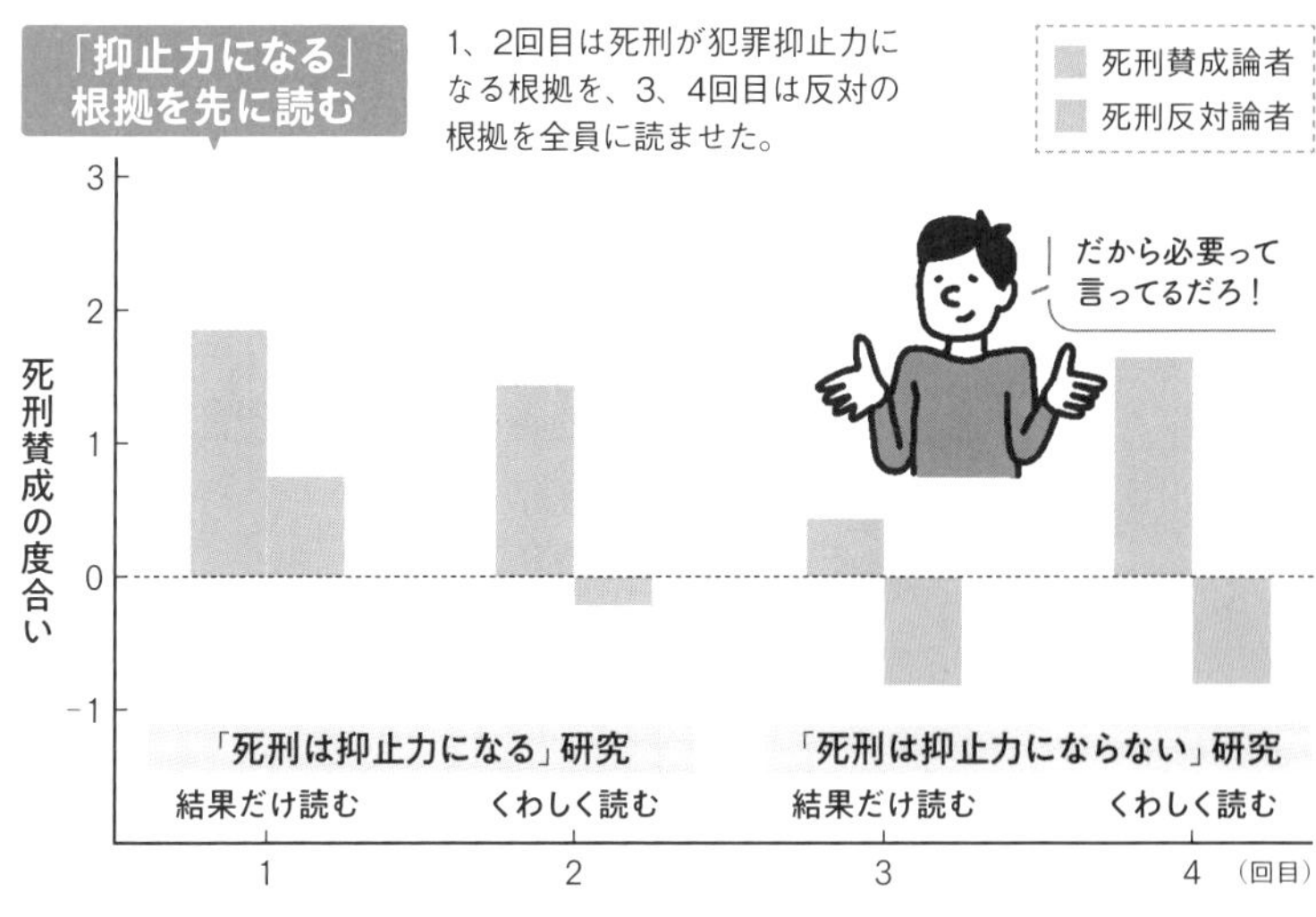

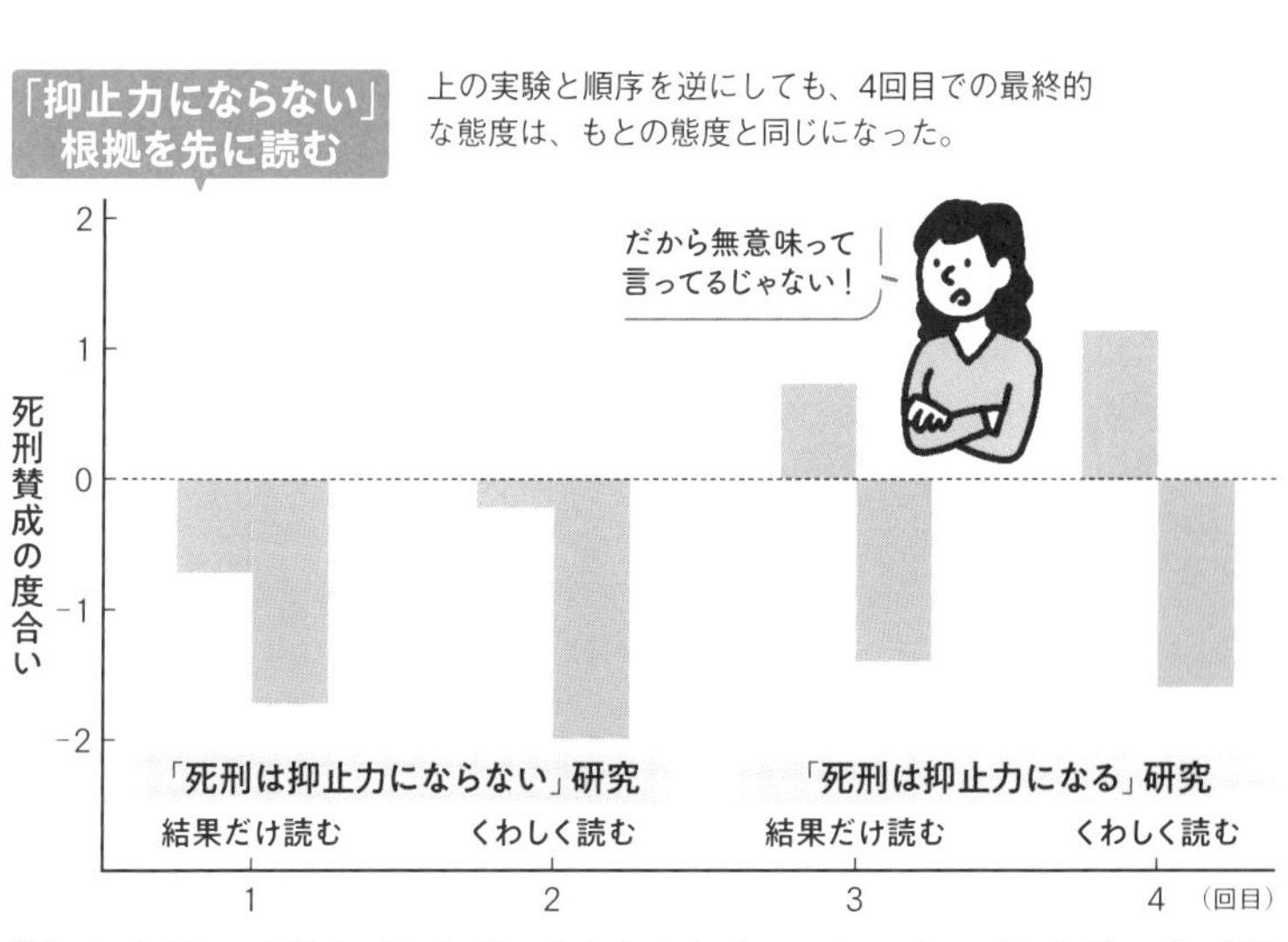

（「Biased assimilation and attitude polarization: The effects of prior theories on subsequently considered evidence.」Lord CG, Ross L & Lepper MR, Journal of Personality and Social Psychology vol.37（11）: 2098-2109, 1979より引用）

フレーミングを使った説得法もある。「ワクチンは安全か危険か」などの争点フレーミングでなく、「私たちは皆の健康を守りたい」という目標フレーミングで話すと、対立を緩和し、相手の態度を変えやすくなる。

key word »

ストローマン論法

Straw-Man Argument

話をねじまげて人を責める、厄介な人への対処法

うんざりするような詭弁が、世界中で増えている

他者を論破し、相手の鼻を明かすことは、そもそも知的なふるまいではありません。議論の目的は、たがいに理解を深めたり、よりよい解決策を考えること。自説の正しさを証明しても、得られるのは勝利の快感だけです。

しかし日本だけでなく世界的に見ても、「相手を言い負かした者勝ち」という風潮があります。メディアでこうした論戦がもてはやされるのも、大きな問題です。結果として詭弁(きべん)がまかりとおり、正論が破れたように見えることもあります。

このような詭弁のひとつが「ストローマン論法」。相手の発言、意見をねじまげて引き合いに出し、それに反論する手法です。

たとえばリベラル側の人が、「敵基地攻撃を可能にする防衛政策には反対。他国との緊張感が増し、かえって危険」と主張したとします。すると相手は、「はいはい、話し合えばわかるってやつですよね。だったらあなたが裸一貫で敵地に行って、交渉で解決してきてくださいよ」などと反論。言ってもいないことをやり玉にあげ、攻撃します。**このやりとりは議論ですらなく、意味のある結論に至ることもありません。**

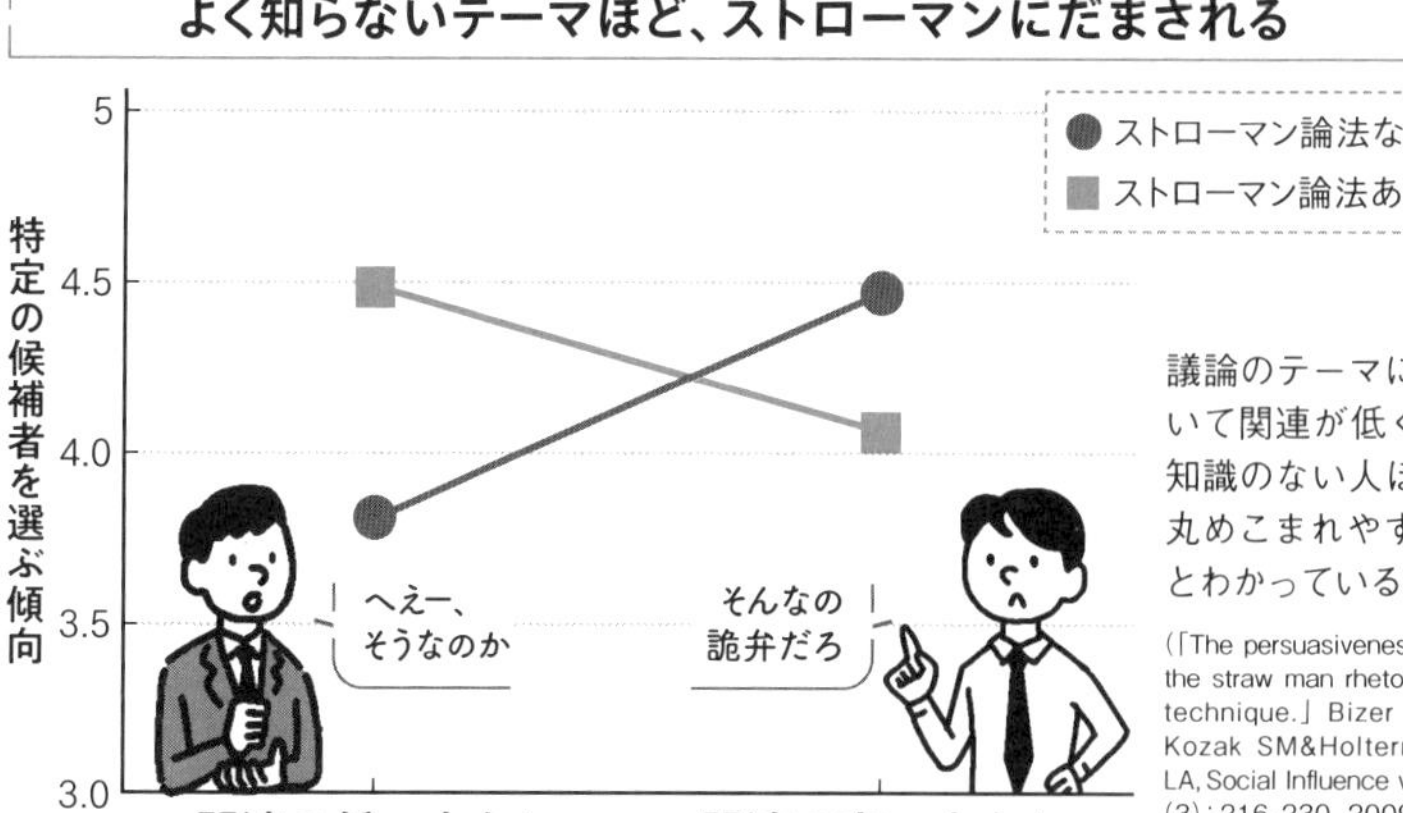

議論のテーマについて関連が低く、知識のない人ほど、丸めこまれやすいとわかっている。

（「The persuasiveness of the straw man rhetorical technique.」Bizer GY, Kozak SM&Holterman LA, Social Influence vol.4 (3)：216-230, 2009より引用）

メディアの討論番組を、あまり本気にしてはダメ

ストローマン論法を使う人たちは、テクニックとして使っているわけではありません。心からそう思って話している可能性が高いと考えられます。先の例でも、「防衛費増額反対」→「頭のなかがお花畑のリベラルだ！」と、脳内でバイアスだらけの変換をしてしまうのです。その他の議論でも、嘘をついているつもりはありません。斬新なことを強めに言うと大きな反響が得られ、メディアでも人気が出るため、それが習慣化しているだけと見るのが妥当でしょう。

このような人への対処は、まず、まともに議論しないこと。意見交換でよりよい結論に至ることを目的としていないので、たいていは時間のムダです。もしSNSでからまれても、ミュートやブロックでの対処で十分でしょう。返事をし続けるかぎり、相手は喜んで挑発してきます。

より大きな対策としては、斬新な意見を強く言うだけの人を、言論人として見ないこと。テレビやネット番組の視聴率、ネット記事のページビューが稼げなければ、メディアもそのような人を起用しなくなります。

フェイクニュースや詭弁にだまされないように、学校の授業でクリティカル・シンキングを教えるとり組みもある。適切な情報収集や合理的推論のしかたを早期から身につけることは、将来に確実に役立つ。

key word »

社会的アイデンティティ解釈理論

Social Identity Theory

“正しさ”にとらわれた人が、炎上を大きくする

「正しい私たち」として、一体感が生まれる

SNSでは、炎上案件もたびたび見られます。炎上が生じるメカニズムは、社会的アイデンティティ解釈理論から説明できます。**匿名性の高い環境で没人間化（→P178）が生じると、同じ考えかたの集団に強く引き寄せられ、集団の一員としての自分を強く自覚します。**これが社会的アイデンティティで、集団における個々の違いが小さく感じられ、仲間意識が強まります。そして皆で勢いづき、特定の人や企業を攻撃するのです。

1100人以上の日本人を対象とした調査では、炎上に加担したり、炎上ツイートなどを拡散したことのある人は、全部で5・9%。「関連情報を検索した」「炎上を見に行った」「家族や知人に話した」などの関連行動は、計55%に上っています。直接的にかかわった人では、メディアでのニュース接触頻度が低く、実生活でもクレーム行動が多い傾向にありました。

そして肝心の動機は、左図のとおり。**炎上に関与した人ほど、「炎上する側が悪い」という認識が高かったのです。**社会的アイデンティティが強まった状態で、「悪い人間や企業をみんなで叩こう」という意識が動機となっているようです。

自身の参加は正当化するが、他人の参加には冷ややか

炎上への関与については、自身の動機と他者の動機を別物とみなす人が多い。

炎上に関与した人、興味をもって見た人、話題にした人で、回答得点の平均値を比較。関与した人ほど、「炎上した側が悪い」と認識していた。

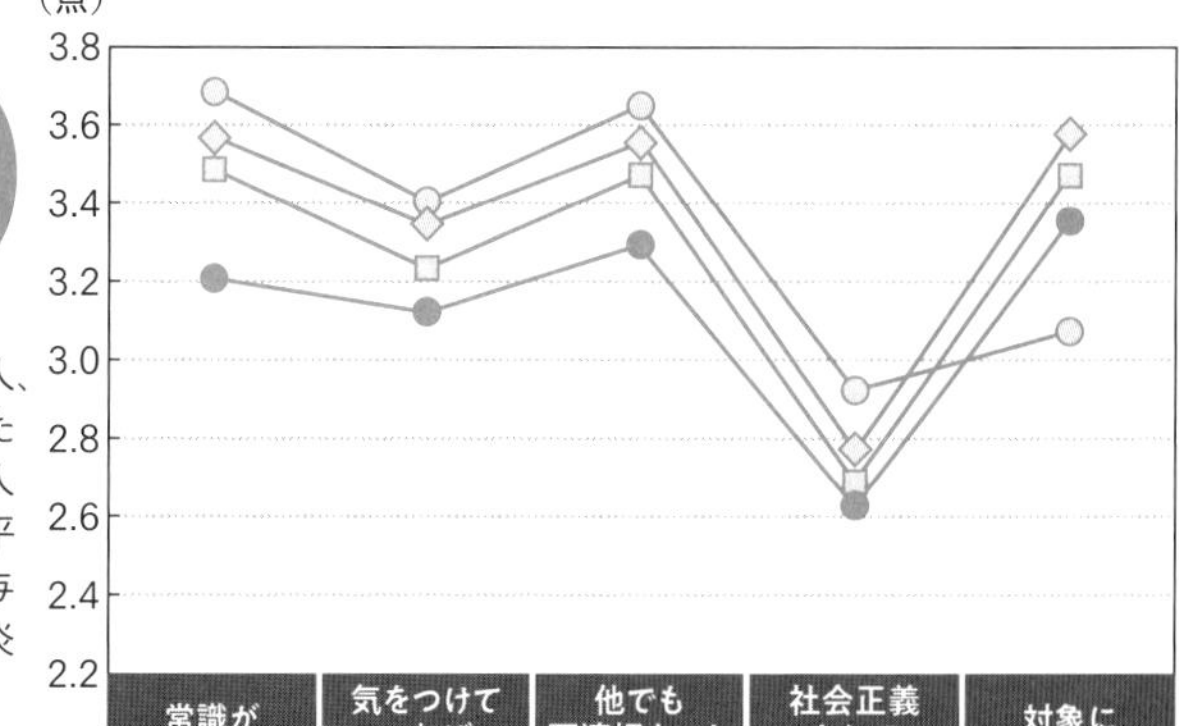

	常識がないから	気をつけていれば炎上しない	他でも不適切なことをしている	社会正義として意味がある	対象に影響がある
─○─ 関与	3.68	3.40	3.65	2.93	3.08
─□─ 興味	3.49	3.24	3.47	2.69	3.47
─◇─ 話題	3.57	3.35	3.56	2.78	3.58
─●─ 全体	3.21	3.13	3.30	2.64	3.36

同じ調査で、他者の炎上参加動機を尋ねた結果。「暇だし、おもしろいから炎上に加わるのだろう」と、他者の動機は冷ややかに見る人が多かった。

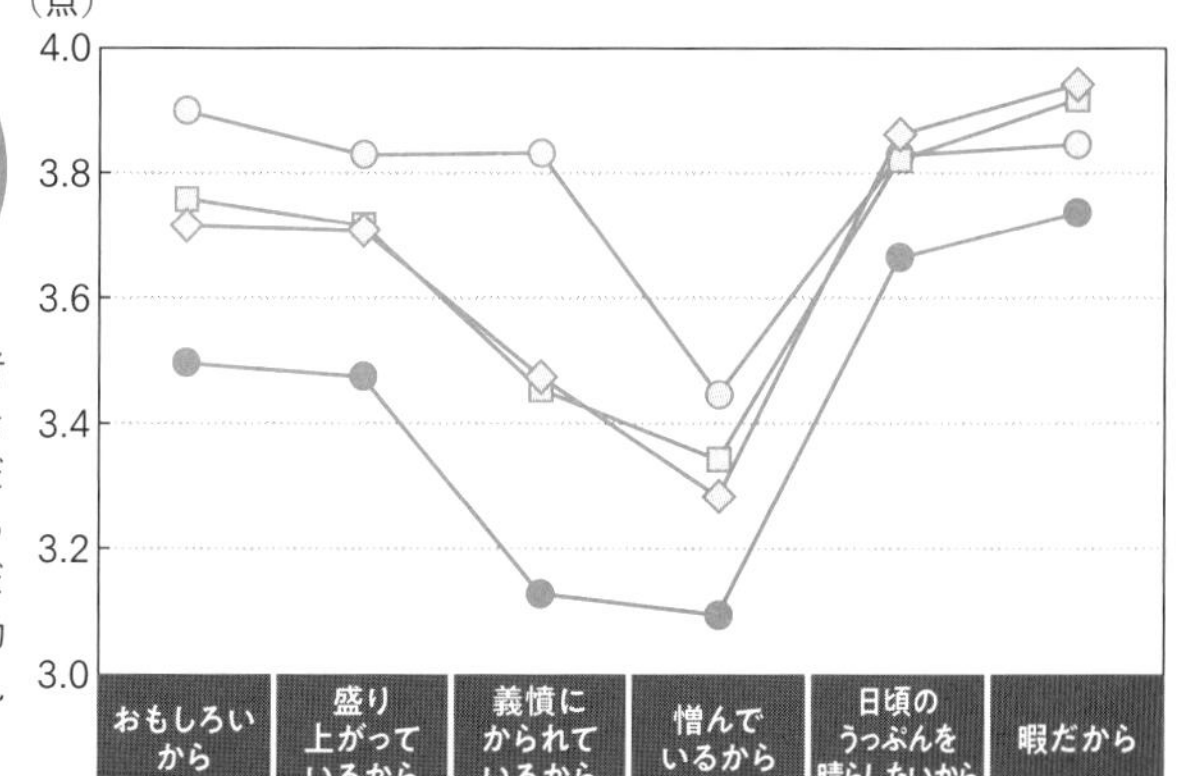

	おもしろいから	盛り上がっているから	義憤にかられているから	憎んでいるから	日頃のうっぷんを晴らしたいから	暇だから
─○─ 関与	3.90	3.83	3.83	3.45	3.83	3.85
─□─ 興味	3.76	3.72	3.46	3.35	3.84	3.92
─◇─ 話題	3.72	3.71	3.47	3.29	3.86	3.94
─●─ 全体	3.50	3.48	3.13	3.10	3.67	3.74

（「国内における「炎上」現象の展開と現状――意識調査結果を中心に――」吉野ヒロ子, 広報研究 vol.20：66-83, 2016より引用）

SNS＆ネットのあるある！

2018年には、ネット右翼とよばれる人の一部から、弁護士への懲戒請求が大量発生。のちに謝罪して和解金を払う人が続出した。社会的アイデンティティが強まることで、ここまでの逸脱行動に出ることもあるのだ。

Column

「なんか疲れた」と感じたら、スマホを切ろう

現代人の疲れと不幸は、だいたいスマホのせい

現代人のスマホ疲れは深刻です。20～60代の日本人1000人を対象とした調査では、50・9％が「スマホ疲れをしている」と回答。スマホ依存と答えた人は57・2％に上りました（ソニー生命保険株式会社、2019）。

SNSの使いすぎは、心理的にも危険。ネガティブな対話を見たり、幸せそうな人と自分を比較したりすることで、抑うつや不安が強まるとわかっています（Seabrook EM et al., 2016）。とくに危険なのは、仕事やプライベートでストレスを感じているとき。情報過多でさらに疲れるだけでなく、「人と自分を比べる」「望ましくないサイトを見る」「内容に過剰反応する」などの傾向が強まります（Sato H et al., 2017）。

スマホが手放せない人こそ、マインドフルネスがおすすめ

このような時代背景から、スマホ断食にも注目が集まっています。デジタルデトックスを売りにする、ホテルの宿泊プランもあるほどです。

自力で対処したいなら、マインドフルネスが役立ちます。仏教における瞑想に着想を得て、うつ病などの予防・治療のための心理療法として発展した方法です。

最大の特徴は、「いま、ここ」の体の感覚に気づきを向けること。情報の海にさらされ、さまざまな考えが頭に浮かぶ状態から、自分の身体感覚に意識を引き戻すのです。「21時以降はスマホを引き出しに入れる」などのルールを決め、寝る前の呼吸法や瞑想を習慣にするだけでも、心身の健康をとり戻せます。

Part 6

人にやさしくない社会、
どうすれば変えられる!?

社会の「困った」に答える行動科学

key word »

アンコンシャス・バイアス

Unconscious Bias

「自分は公平」と信じる人も、偏見・差別は必ずある

黒人や女性、障害者を、無意識に低く見ている

「私は差別主義者です」と自称する人は、めったにいません。ほとんどの人は、黒人、女性、障害者などに対し、何の偏見ももっていないと信じています。しかし、差別はいまも社会に存在し続け、悪化しているように見えることもあります。

これは、無意識の偏見を意味する「アンコンシャス・バイアス」によるもの。相手の属性をもとに、悪意なく偏見のまなざしを向けることです。「黒人は屈強で運動が得意」「女性は家事、育児が得意」などは、その典型です。ほめているつもりでも、属性でカテゴライズされる側にとっては、気分のいいものではありません。こうした日常的な言動は「マイクロアグレッション（小さな攻撃）」ともよばれ、マイノリティの心を徐々に削っていくと指摘されています（Sue DW, 2010）。

原因は、肌の色などを見たときに、脳内でプライミング効果（→P42）が起こること。たとえば黒人であると気づくと、すぐに黒人にまつわる脳内の情報ネットワークが作動し、ステレオタイプが活性化します。脳内に「黒人は○○だ」という情報があれば、差別的意図がなくてもそのように見てしまうのです。

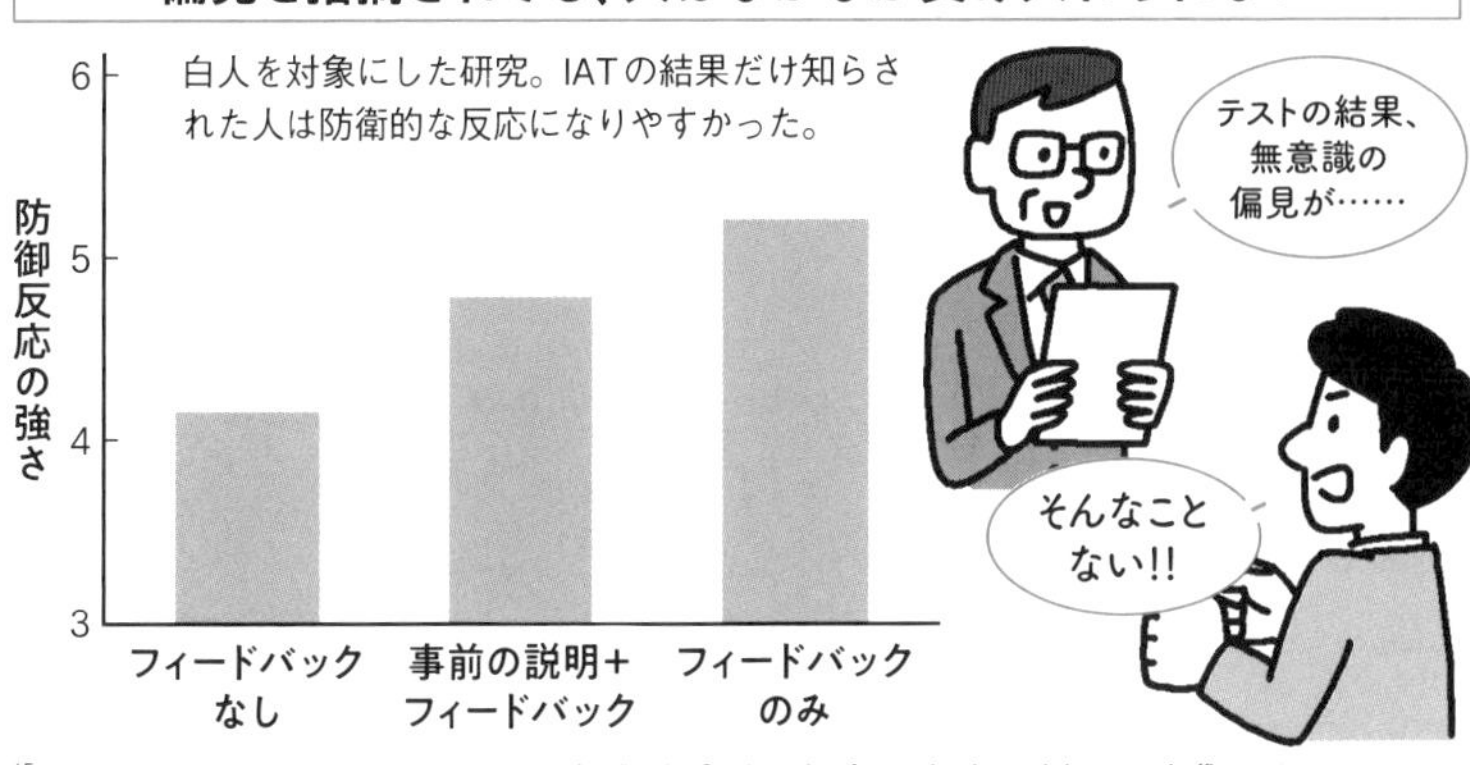

（「Reducing defensive responding to implicit bias feedback : On the role of perceived moral threat and efficacy to change.」Vitriol JA＆Moskowitz GB, Journal of Experimental Social Psychology vol.96：104165, 2021より引用）

IAT（潜在連合テスト）で、無意識の偏見がわかる

自覚が困難な現象ですが、現在は、無意識の偏見を測定するテストも開発されています。「IAT（潜在連合テスト）」といって、画面中央に提示された文字や写真を見て、左右にある言葉と結びつけるのが基本手順。たとえば中央に同性愛のカップルの写真が出てきたら、左右にある「良い」「悪い」などのカテゴリーに振り分けるという流れです。瞬時にキーを押すことが求められるため、潜在的な偏見の度合いが測定できます。

信頼性の高いテストであり、世界中で広く活用されています。最新バージョンは英語のみですが、古いバージョンは日本語でも受けられます（https://implicit.harvard.edu/implicit/japan/）。

アンコンシャス・バイアスを完全になくすことはできませんが、まずは自分の偏見に気づくことが第一歩。悪意なくおこなっていた言動を見直すきっかけになります。

ただ、IATの結果のフィードバックに関する研究によると、結果を見たときに、否定的・自己防衛的反応に陥る人も多くいます（上図参照）。こうした偏見は誰にでもあることを理解したうえで、偏見を少しでも減らすために役立ててください。

社会問題のあるある!

内閣府男女共同参画局でも、職場のアンコンシャス・バイアス調査を実施。「男性は仕事をして家計を支えるべき」などの性役割観はいまだ根強く、このような価値観は男性の生きづらさにもつながっている。

key word ≫

内集団びいき&外集団差別

In-Group Favoritism & Out-Group Discrimination

差別によって人と結びつき、安心してしまう

「自分の集団のほうが優れている」と思いたい

同じ人種、性別、性的指向であっても、人は一人ひとり違います。属性の違い以上に、個人差のほうがずっと大きいのです。「男は男らしくしろ」「女どうしならわかりあえるだろう」などと言われると、不快になるのはそのためです。

それでも社会から偏見・差別がなくならないのは、属性にもとづく集団心理が働くから。私たちは自分が属する集団を優れていると思いたがります。**しかも同じ集団のメンバーを、ほかの集団のメンバーよりも無意識に厚遇します。これが「内集団びいき」で、ランダムに選ばれた少数メンバーであっても、このような心理が働くのです。**メンバーの一員である自分（社会的アイデンティティ）を強く意識すると、自分には居場所がある、価値があると感じられ、自尊心を保てます。

一方で、自分の属さない外集団には敵愾心を抱き、自分たちより劣っていると評価します。これが「外集団差別」です。

相手が強い集団のときは恐怖を感じ、立場の弱い集団なら憐憫を感じるなど、集団間勢力の影響もあります。移民の増加などで差別意識が高まるのも、外集団が脅威として映るためです。

内集団びいきと外集団差別を、外集団の努力不足に帰して正当化するのが、現代的な差別。

現状を正当化し、相手の問題と決めつける

生物学的な優劣があると信じ、あからさまな偏見・差別をすることを「古典的人種差別主義」といいます。これは時代が進むにつれ、強く戒められるようになりました。そこで広がったのが、表面上は平等をうたい、内心では差別する「嫌悪的人種差別主義」です。**そしてもうひとつ、より現代的な差別があります。目の前にある不平等を、差別の結果としてではなく、努力不足の結果とみなす「現代的人種差別主義」**です。「社会的弱者は過度な要求ばかりして優遇されている」「自分たちのほうがずっと弱者だ」という考えも、この典型。自分には偏見・差別などないと心から信じているところが、非常に厄介です。

そこには現状を肯定したい心理も働いています。**自分たちの生きる世界には一貫性があり、システムが正しく機能していると思いたいのです（システム正当化理論）**。性犯罪が起きたとき、「被害者にも問題がある」と指摘するのと同じ心理です。

マジョリティとマイノリティでは、スタートラインが不平等なのはあきらか。「自分が相手と同じ生まれと育ちでも、いまの自分のように生きられたか」を想像する力が必要です。

社会問題のあるある！

神経科学の研究では、多くの人は薬物中毒者やホームレスを同じ人間とみなせず、犬を人間とみなすほうがずっと容易だと判明。偏見の根深さ、恐ろしさがわかる（Mitchell JP, Banaji MR&Macrae CN, 2005）。

key word »

敵意帰属バイアス

Hostile Attribution Bias

車や電車でキレる人は、決めつけの強い人

相手に他意はないのに、悪意があると決めつける

死亡事故での逮捕例も出て、厳罰化されたあおり運転。混雑した電車でほかの乗客にキレて、トラブルを起こす人。いずれも数こそ減っていますが、たびたび目にする迷惑行為です。

運転時の心理として、前を走る車の遅さ、他者の運転マナーに腹を立てやすいのは、おもに年長者。自分にとっての正しい基準に固執し、他者に怒りを覚えます。ただ、現実の攻撃行動としてあおり運転をしやすいのは、若い世代の男性です。

電車では混雑そのものが不快要因であり、迷惑行為もあります。調査では、席を詰めずに脚を広げて座る人などを、3人に1人以上が迷惑と感じていました（一般社団法人 日本民営鉄道協会、2022）。ただ、実際に暴力的になる人はごく一部です。

このように、見知らぬ他者に突然キレる人は、帰属のゆがみ（**↓P74****）を強くもつ可能性があります。攻撃的な子どもに見られやすい「敵意帰属バイアス」です。**人は3、4歳から心の理論（↓P80）を発達させ、他者の意図を理解する力をつけていきます。しかしなかには、行動の背景にある意図を適切に理解できず、悪意があると決めつける人もいるのです。

体が接触しただけで、悪意の有無はわからない。しかし脳内で単純に変換しすぎてしまう。

天気が悪いだけで、攻撃的になる人もいる

とくに子ども時代や思春期に、友だちにからかわれる、挑発されるなどのネガティブ体験をした人は、敵意帰属バイアスが起きやすいと報告されています（Dodge A et al., 2015）。9000人以上の成人を対象とした研究でも、攻撃的特性をもつ人は、あいまいな状況において、原因を相手の敵意に求めやすいとわかっています。**車の運転場面を想定した実験でも、攻撃性の高い人は、ほかのドライバーの行動に敵意があると受けとる傾向がありました**（Matthews BA & Norris FH, 2002）。

攻撃行動には、そのほかの要因も多く関係しています。一般に考えられているほどの男女差はなく、男性は身体的攻撃、女性は心理的・社会的にダメージを与える攻撃に出やすいことがわかっています。犯罪として立件されるのが男性のため、男性がめだちやすいのでしょう。**状況要因も大きく、気候や温度、電車の混雑、騒音などの不快さが引き金となります。**さらにお酒が入っていると、攻撃を抑制する脳機能が低下します。

帰属のゆがみをもつ人が、不快な環境に置かれたり、酒に酔っている状況では、わずかな刺激でキレやすいといえます。

社会問題のあるある！

近年、ようやく認知度が高まってきたドメスティックバイオレンス（DV）。深刻な加害は男性から女性への場合が多いが、女性から男性へのDVもあり、身体的攻撃が多いと報告されている（Archer J, 2000）。

key word »

監獄実験

Prison Experiment

過度の役割意識が
暴力につながることもある

社会に衝撃を与えた「スタンフォード監獄実験」

心理学、行動科学には数かぎりない実験がありますが、もっとも有名な実験のひとつが「スタンフォード監獄実験」。『es（エス）』という映画作品にもなりました。現代では倫理的にも考えられない実験で、学術領域でも波紋を巻き起こしました。

舞台は心理学部地下につくられた刑務所で、実験参加者は24名。刑務所長役と看守役、囚人役に、ランダムに割りあてられました。実験初日はたがいに役割を演じており、まだぎこちない状態。しかし時間とともに、囚人たちは不当な扱いを受けるようになり、反乱を起こします。すると看守たちは報復行為として囚人たちを全裸にし、独房に押し込むまでに。**残虐行為がエスカレートしたことから、実験は6日目に中止となりました。**

心理学者の不適切な介入や、別の実験での逆の結果も報告されており、役割意識からくる残酷さを、そのまま受け止めることはできません。**しかし役割を意識させる制服を着て、役割固有の権力を与えられると、人は残酷になれるという可能性はあります。**米軍のグアンタナモ収容所、イラクのアブグレイブ刑務所で起きた虐待を考えても、軽視できない現象です。

普段は善良な人が、状況しだいで悪人になる

「刑務所の秩序を保つように」と指示された看守役が、やがて暴力で囚人を制圧し始めた。

権威に逆らえず、残酷な行為をしてしまう

役割意識と権力による残酷さには、権威への服従も大きく影響します。**それを調べたのが「ミルグラム実験（アイヒマン実験）」**。実験参加者は教師役に割りあてられ、生徒が問題に誤答するたびに電気ショックを与え、電圧を上げるよう指示されます（生徒は皆サクラで、電気ショックもにせものです）。いざ実験を始めると、実験参加者の65％は電気ショックを最大まで与え続け、生徒役が叫んでもやめることはありませんでした。**この実験からわかったのは、人々は与えられた役割に没頭するだけでなく、権威者の指示に容易に服従するということです。**

この実験にはたとえられませんが、日本でも入管収容施設での暴力がたびたび報告されています。その様子を映したドキュメンタリー映画もあります。病気の治療を受けられず、命を落とした女性もいました。人々の態度には文化差も影響し、日本人はほかの人の態度を見て、自身の行動を決める傾向にあります。**仕事でも、上からの命令や同調圧力を無視できる人は少ないはず。**そのような文化で強い役割意識をもつことがどれほど危険か、私たちはこの現象にもっと敏感になるべきでしょう。

社会問題のあるある！

認知症患者への身体拘束も、人権侵害という理解が広がり、現在は極力おこなわないようになった。それでも日本の実施数は世界トップクラス。オーストラリアの599倍という報告もある（Hasegawa T, 2021）。

key word »

マインド・コントロール

Mind Control

カルト宗教は、孤立でますます信念を強める

予言が外れても、信心不足のせいと考える

オウム真理教の事件からしばらく経ち、あまり語られなくなっていた日本の宗教問題。しかし2022年以降、新興宗教への注目が再び集まっています。日本人は既存宗教への信仰心が薄いといわれますが、スピリチュアル産業はいまや一兆円規模に成長。「何かを信じたい」というニーズは高いのです。

カルト宗教に関しても、アイデンティティや居場所を求める人々がつねにターゲットとされてきました。最初は軽い集まりなどに誘い、親切にしてくれます。そしてセミナーや説法を聞くうちに、徐々に傾倒し、外部世界から断絶されていきます。

この過程で見られるのが、「マインド・コントロール」という影響・操作過程。**組織の目標達成のため、本人が気づかぬうちに人の心や行動に影響を与え、操作することです**（Nishida K, 1995）。カルト宗教において、一度このような影響を受けると、信念はどんどん強まります。周囲の人が「やめたほうがいいよ、おかしいよ」と止めても、信念に沿わない情報や考えの価値を下げて、「教義は正しい」と考えるのです。これは認知的不協和理論（→P24）からも説明できる現象です。

Ⅰ 家族の誰かが入信しても、「やがて異常さに気づき脱会するはず」という希望的観測をもつ。

▼

Ⅱ 記事を見せる、情に訴える、力ずくで止めるなど、本人の脱会のみに焦点をあてて対応する。

▼

Ⅲ 本人が「家族とは話してもムダ」と感じるなどで、家族関係が悪化する。または家を出る。

▼

Ⅳ 早期脱会は無理と、家族が理解する段階。説得をあきらめ、何らかのつながりを保つなど。

▼

Ⅴ ほかの人への勧誘、友人関係の喪失、退学、退職、借金など、活動によりトラブルが生じる。

脱会を願う家族の苦しみも深まっていく

説得しても、関係が悪化するだけのことが多い

周囲から見れば、カルトに入って変わったように見えても、本人たちは何も変わっていないと主張するもの。人には無意識のうちに、態度の一貫性を保とうとする性質があります。本人のなかでは整合性がとれているのです。

では、カルト宗教を脱会させるには、どうすればいいのでしょうか。**明確な結論は出ていませんが、アメリカでは80年代から、救出カウンセリングが試みられています。**教団施設や自宅以外の場所で保護し、精神科医や心理学者などの専門家が介入。マインド・コントロールを徐々に解いていきます。日本でも、牧師らによる救出カウンセリングがおこなわれています。

家族や身近な人への対処でも、強い説得や力ずくの介入では、望ましい成果は得られません。家族のカルト入信に悩んだ人々への聞きとり調査によると、上記のようなプロセスで関係が悪化していくことが多いようです（Nakanishi A & Nishida K, 2019）。この研究から示唆されるのは、信頼関係を失わないようにコミュニケーションをとり続けることの重要性。そのうえで、専門家のいる支援団体に、早期に相談することです。

社会問題のあるある!

理屈や科学的根拠を示すことで態度が翻るなら、そもそも非合理的な教義にのめり込んではいない。どんな気持ちでその宗教とかかわるようになり、いま何を感じているのか、思いをよく聞くことが大切だ。

key word »

接触仮説

Contact Hypothesis

顔をあわせて協働すれば、偏見・差別は減らせる！

「偏見はダメ」のスローガンだけでは変われない

偏見・差別や分断が広がるこの世界を、よくすることはできるのでしょうか？　こうした研究も古くから進められています。

ポリティカル・コレクトネスに反発する人が多いことからもわかるとおり、「偏見・差別はダメ」のスローガンだけで、人は動きません。頭ではわかっている人も、無意識の偏見をもっています。**そこで重要なのが、自分たちとは違う属性の人たちと、顔をあわせて協働すること。集団間葛藤の解決策として生まれた「接触仮説」です。**同じ目標に向かって力をあわせることで、外集団への偏見、差別が軽減します。協働の際に、上下関係をつくらないことも重要。社内でダイバーシティを進めるときも、なるべく複数の人種、性別、年齢でチームを組ませ、そのチームを組織として支援するのが理想です。親密に接し、協力しあううちに、異なる属性の人を脅威と感じなくなります。

より新しい研究では、間接接触も有効とわかっています。同じ集団の人が、外集団の誰かと親しくしているだけで、偏見が弱まります。集団間接触により関係が深まる様子を描いた本、映画、ドラマなども有効です（Lemmer G & Wagner U, 2015）。

直接接触のほか、友だちを介した接触も有効

組織におけるダイバーシティの実現にも、直接接触や間接接触は有効。

直接接触

共通のプロジェクトに
異なる人種・
ジェンダーでとり組む

同じ目標に向かって、同じ立場で作業させる。ダイバーシティ研修でも、座学よりずっと役立つ。

ジグソー法

全員揃って
はじめて
ピースが埋まる!

教育現場での実践法。各自がもつ情報をあわせて、はじめて答えが見つかる問題を出す。

間接接触

友だちに
在日コリアンの
子がいてさ、

すげーおもしろ
くて、いいやつ
なんだよ

へぇー

友だちの友だちが外集団の人といった間接接触も、偏見緩和につながる。

社会問題のあるある!

ステレオタイプの軽減に、感謝が役立つという研究もある。中国人に道を教えたときに感謝の意を示されるだけで、社会的望ましさや知的さの評価が高まり、奔放性の評価が低下した(Miyamoto S&Nomura Y, 2022)。

key word »

社会的支配理論

Social Dominance Theory

社会の格差も貧困も、「自己責任」と信じる人たち

不平等をどう感じるかは、個人差が大きい

日本はいまや自己責任の国。生活保護受給者や、路上で暮らす人を、冷ややかな目で見る人もいます。「働ける体なのに働かない」「努力して生活を立て直そうともしない」というわけです。2018年の国民生活基礎調査では、相対的貧困率は15・7%。6人に1人は年収127万円以下で貧困に苦しんでいますが、それを本人の努力不足と指摘する声もあるほどです。

こうした社会的階層をどう見るかには、個人差があります。格差をよしとする人は「社会的支配志向性（SDO）」が高く、むしろ社会における不平等を望んでいるのです。自分たちの階層（内集団）から、より低い階層（外集団）を見下ろし、支配しようとします。この傾向は差別行動にも結びつき、「貧困は社会の問題」「福祉により多くの予算を割くべき」とするリベラル側と、しばしば対立を起こします。

SDOが高いのは、おもに男性の保守主義者。共感性も低い傾向にあります。現状維持、現状肯定派ともいわれますが、これは考えてみれば当然のこと。いまいるポジションに満足しているのですから、社会が変わることを望むはずもありません。

社会の格差を是認する人は、共感性も低い

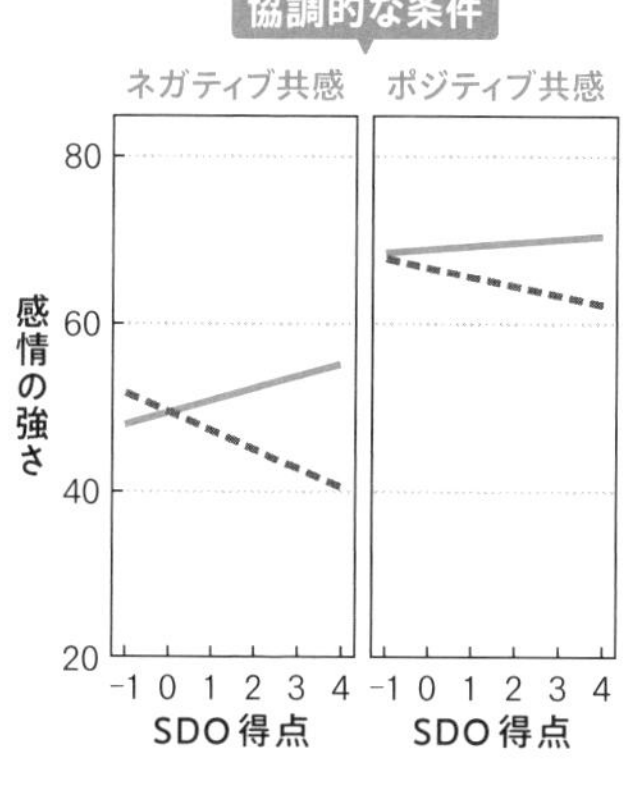

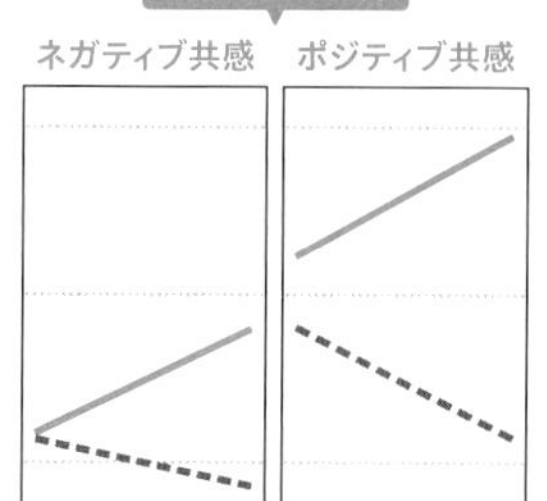

SDOの高い人は、内集団（青の線）には共感できても、外集団（グレーの線）に対する共感性が低い。

（「Preference for hierarchy is associated with reduced empathy and increased counterempathy towards others, especially out-group targets.」Hudson STJ, Cikara M & Sidanius J, Journal of Experimental Social Psychology vol.85 (1):103871, 2019より引用）

「働かざる者食うべからず」も、偏見のひとつ

道徳心理学で有名なハイトによると、SDOが高い人は、フリーライダー（→P99）に敏感。働かない人を「ずるい人間」と判断し、怒りを感じます。しかし心身の問題で働けない人、成育歴に大きな問題があった人などは、どの社会にも一定数います。教育レベルや知性の差もあり、スタートラインは一緒ではありません。それを「働けるはずなのに」と決めつけ、フリーライダーとみなすのはフェアでしょうか？「在日特権だ」「女性専用車両は逆差別」などの言説も、SDOの高い人に見られますが、背景にある差別や被害を無視しています。

アメリカ発の道徳心理学は、日本でも徐々に広がっています。**その結果わかったのは、日本では「公正」概念と「ケア」概念が区別されていないということ**（Kitamura H, 2020）。公正は基本的人権にもとづくため、働く人も働かない人も、安全な家できちんと食事をとれることが大前提です。しかし日本には「働かざる者食うべからず」が根づき、人権教育も不十分。「弱者を支援すべき」というケア概念、福祉政策と混同されがちです。こうした要因も日本の自己責任論に影響しているようです。

社会問題のあるある!

日本人521名を対象とした研究でも、SDOが高い人ほど共感性が低かった。政治的亡命者を含む外国人が自国に住むのを望ましく思わない傾向や、人種差別的な傾向も認められた（Mifune N&Yokota K, 2018）。

key word »

モラル・ジレンマ

Moral Dilemma

大事なのは身内？それとも平等な社会？

人はなぜ、マスクや食料品を買い占めるのか

コロナ禍初期におけるマスクや食料品の買い占め、買いだめは、記憶に新しいところ。震災時などにも見られる現象で、一部の人のために、水や食料を手にできない人が出てきます。

これを説明するのが「共有地の悲劇」の例（Hardin G, 1968）。イギリスにはかつて、農民たちが羊を育てるコモンズ（共有地）がありました。多くの羊を育てるほど儲かりますが、皆がそのように行動すると牧草がなくなって土地が荒廃し、皆の損失となります。**これが「モラル・ジレンマ」で、個人にとっての利益と集団・社会の利益が相反する状態です。**

この状況を解決するには、人々が「利他的利己主義」をもとに行動すること。「人のため、社会のために動くことが、結果的に自分のためになる」という考え、行動様式です（Yamazaki M, 2010）。人間は集団で過ごすことで、種として生き延びてきました。進化心理学的に見ても、人のためになる「利他的行動」、社会のためになる「向社会的行動」をとるように仕向ける遺伝子をもっています。**資源がかぎられているときこそ、自分と身内のためだけに動くのではなく、全体の利益を考えて動くのが理想です。**

保守とリベラルの対立も、モラル・ジレンマの問題

保守は身内を、リベラルは平等を大事にする。利他の「他」が誰かの違いといえる。

ものごとが正しいか間違っているかを判断するとき、次の事項はあなたの考えにどの程度関連しますか?

危害
- 誰かに危害が加えられたか
- 誰かが精神的に傷ついたか
- 誰かが暴力を使ったか
- 弱い人や傷つきやすい人に対する配慮があったか

権威
- 関係者どうしが同格か、同じ地位か
- 誰かが果たすべき役割を果たせなかったか
- 権威に対する敬意が欠落していたか
- 権威ある者が、下の立場の人を守れたか
- 社会の伝統を重んじていたか

公正さ
- 一部の人が、ほかの人とは違う扱いを受けたか
- 誰かの権利がないがしろにされていたか
- 不公平な行動をとったか
- 誰かがほかの人より多くの利益を得たか

神聖さ
- 気持ち悪くなるようなことをしたか
- 純潔や礼儀正しさの基準に違反していたか
- 人情に背くこと、品位に欠けることをしたか
- 高潔な方法、社会をよくする方法で行動したか
- 欲望をコントロールできていたか

内集団への忠誠
- 自分の所属グループへの裏切り行為があったか
- あなたの友人や親戚が、そのような行為をしたか
- その人の行動は忠誠心に欠けていたか
- ある行動によって、無秩序や混乱が生じたか
- 自分の利益より、集団の利益を優先したか

1613人を対象にしたアメリカの調査。道徳基盤を測る23の項目に回答してもらった。

保守−リベラルでの違い

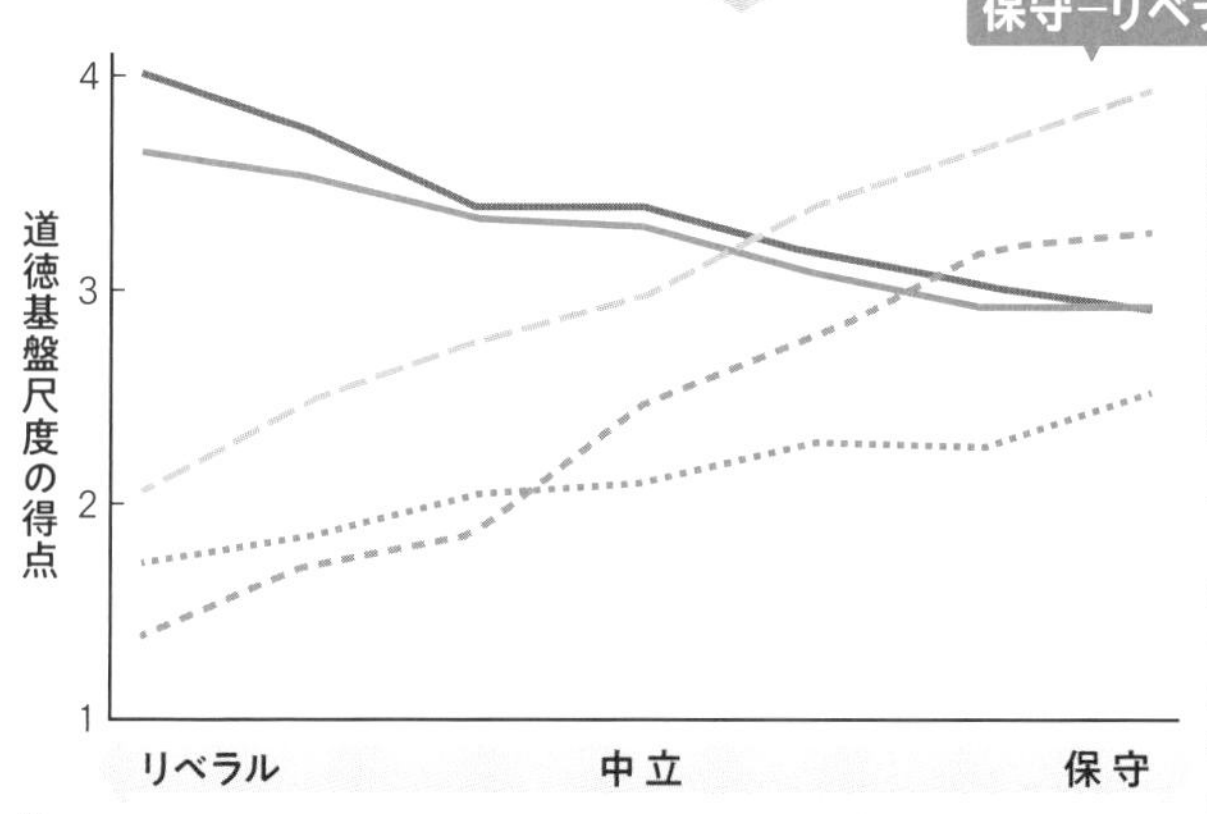

上記で何を重んじるかで、思想の違いが浮き彫りに。リベラルは公平性を、保守は権威や神聖さを重視した。

(「Liberals and conservatives rely on different sets of moral foundations.」Graham J, Haidt J & Nosek BA, Journal of Personality and Social Psychology vol. 96(5): 1029-1046, 2009より引用)

共有地の悲劇に似ているのが、マグロ問題。日本の過剰漁獲などで資源量が減り、世界で批判されることに。それでもマグロを食べたいという日本人は多い。世界の誰を、どこまでを仲間と思えるかが問われている。

key word »

傍観者効果

Bystander Effect

痴漢被害者を助けるかどうかは、周囲の乗客しだい

「自分が介入しなくても」と、つい思ってしまう

日本にとりわけ多いとされる「Chikan」被害。1万人以上への調査では、電車などで体をさわられた経験がある女性は47・9％。約半数はがまんしたと答え、周囲に助けを求められたのは20人に1人程度（#WeToo Japan, 2019）。あきらかな性被害ですが、周囲の人に助けてもらえない現状がわかります。

これを説明する心理学的知見に、「傍観者効果」があります。発端は1964年の事件。ニューヨークのアパート前で女性が暴漢に襲われ、殺されました。犯行は30分以上に及び、アパートの住人38名が気づいていましたが、誰も助けず、通報もしませんでした。心理学者らは、多くの目撃者がいたことで援助行動が減少したと指摘。実験でもこの現象が確かめられています(Latané B & Rodin J, 1969)。男性実験参加者が質問紙に回答中、隣室に行った女性研究者が椅子から転落し、悲鳴を上げます。自分ひとりで悲鳴を聞いた場合、7割は女性を助けようと行動しました。しかし別の実験参加者もいる状況では、援助率は4割に。**同様の実験でも、人数が増えるほど「自分が介入しなくても」という心理が働き、援助率が減るとわかっています。**

プログラムを継続的に受けた男子学生は、パーティなどで目にした性暴力を容認する発言に、適切に介入できるようになった。

自分しか気づいていない前提で、対処を考えて

どのような条件なら、人は利他的になれるのかの研究も進んでいます。**現在有力なのが「共感－利他性仮説」**です（Batson CD, 2011）。援助行動の第一段階は、援助が必要な人がいて、援助の方法があると気づくこと。第二段階は行動のコスト－利益分析で、「人の役に立つ喜び」「時間の損失」「自分に危険が及ぶリスク」「罪悪感」などを秤にかけて、行動を決めます。痴漢被害よりはるかに例外的な「冤罪」記事が目につく現状では、「冤罪被害で逆に訴えられるかも」などのコストも妨げに。しかし、皆が見て見ぬふりでは、被害をくい止められません。痴漢被害者には男性も1割近くいます。女性でも「性器をさわられた」が約4人に1人という調査結果も。小学生以下をねらう痴漢もいます。誰にとっても他人事ではなく、「自分ひとりしか気づいていない」という前提で動くのが最善です。

現在は、性暴力を減らすための「傍観者防止プログラム」も世界的に広がっています（上図参照）（Casey EA & Ohler K, 2012）。男性への痴漢もあることから、男女ともに早期から、こうしたプログラムを受けられるのが理想です。

社会問題のあるある！

共感力を高めるプログラムの開発も進んでいる。56の中学校を対象とした研究では、プログラムの実践で、いじめや中傷などの問題を生徒たち自身で減らせた（Paluck EL, Shepherd H & Aronow PM, 2016）。

key word »

社会的証明

Social Proof

SDGsはただの流行？流行でも意味はある

人が正しいと思うことは、きっと正しい

帝国データバンクによる2021年の調査では、SDGsに積極的な企業は全体の39・7%。世界的に取り組みが進んでいることもあり、年々増加傾向にあります。

なかには、環境対策や労働環境で問題のある企業もあり、「ただの流行では」「どうせイメージアップねらいでしょ」と見る向きもあります。**しかしただの流行、イメージアップ戦略であっても、意味はあります。**導入する企業が増えるほど、「SDGsは企業に必須の取り組み」という社会的規範が自然と生まれるからです。一般消費者も同じで、「エコバッグを使うのに、電気は節約しない」という矛盾した行動をとることもあります。それでもやらないより、ずっとまし。**多くの人に正しい行動として認識されれば、残りの人もそれを正しいと考えます。これが「社会的証明」の原理です。**自分ひとりだけでものを考え、適切に判断できる人はいません。皆の行動を見てまねることで、正しく適切な行動を選ぼうとします。

環境保全行動の実験でも、「皆がやっている」と訴えることが、もっとも効果的とわかっています（左図参照）。

実験でも、ホテルのドアプレートを社会的証明のメッセージにすると、タオルの再利用率が増加した。

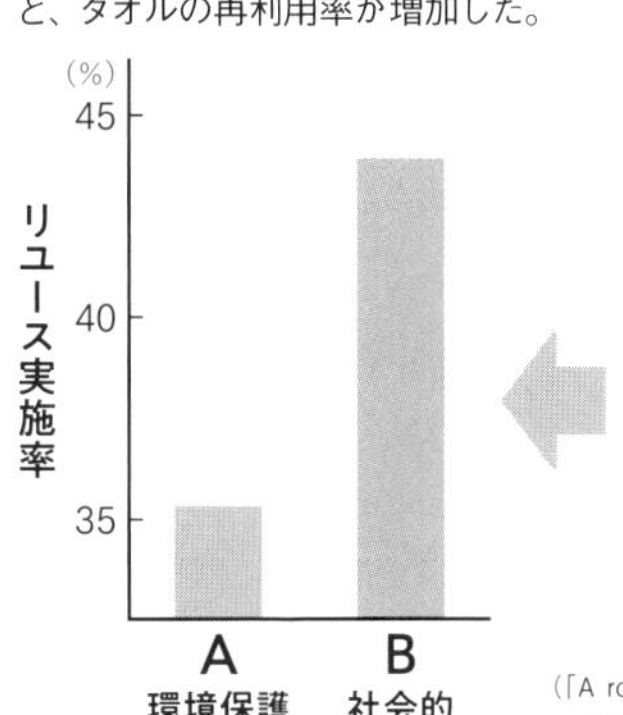

「みんなやってる」のメッセージが、いちばん効果的

A
PLEASE REUSE THE TOWELS
環境を守りましょう。
タオルをリユース
することが、
自然環境保護に
つながります

B
PLEASE REUSE THE TOWELS
75%のお客様が
環境保護プログラム
に参加しています。
あなたも
参加しませんか？

（「A room with a viewpoint：Using social norms to motivate environmental conservation in hotels.」Goldstein NJ, Cialdini RB & Griskevicius V, Journal of Consumer Research vol.35(3)：472-482, 2008より引用）

社会をよくする「ソーシャルマーケティング」に注目

ほかの人に同調する心理的傾向は、消費行動やマーケティング研究でも古くから認められ、「バンドワゴン効果」として知られています。用語の由来は、祝祭のときに、バンド（楽隊）を乗せて先頭を走るワゴン（楽隊車）。「自分も勝ち馬に乗りたい」という心理です。皆が持っているスマホや売れている本などがよさそうに思えるのも、この原理で説明できます。

社会的証明の原理は、さまざまな社会問題の改善にも役立ちます。**こうした行動科学的知見を使い、個人や社会全体の利益のために行動を変えていく手法が「ソーシャルマーケティング」です。**多くの人が重要と認識しているのに、行動を変えられずにいる理由、障壁を調査し、それをとり払う施策を考えます。

臓器提供や献血率の改善策にも、ソーシャルマーケティングが活用されています。ビジネスマンにとって身近な例では、パワハラの改善もあげられます。かつては多く見られた部下への暴言・暴力は、大幅に改善しました。本来は時代に関係なく、人権の問題ですが、「いまどきそれはない」「見過ごせない行為だ」という感覚が大勢に共有されることが大切なのです。

社会問題のあるある!

環境保護を訴えるより、行動を意識させる手がかり（行動プロンプト）を与えるほうが、行動を自然と変えられる。割り箸などをデフォルトで渡さず、「ご入用ですか」と尋ねると辞退者が増えるのも、この原理。

key word »

間接互恵性

Indirect Reciprocity

社会をよくするには、まず誰かの力になること

「いまだけ、金だけ、自分だけ」の社会を変える

「マーケットは正しい」を前提とした新自由主義は、格差を拡大させました。いきすぎた競争主義では、多くの人は幸せになれず、次の世代にも豊かな環境を残せません。「いまだけ、金だけ、自分だけ」の言葉がリアルに感じられる時代です。日本でも、相対的貧困が増える一方で、自己責任論が根強くあります。

このような背景を受けて、共感性の研究が世界的にも進んでいます。どうすれば私たちは共生できるか、ギスギスしない社会をつくれるかに注目が集まっています。

そのヒントとなるのが、生物学を中心に発展してきた「間接互恵性」の概念。誰かの役に立つ行動（利他的行動）をしてお返しを受ける「直接互恵性」と異なり、誰かの役に立つことで、まわりまわって別の誰かに助けられるしくみです。

利他的行動を私たちがとるのは、生物学的に見ても適応的な戦略。利他的行動を受けた人は、ポジティブな感情を抱くと同時に、心理的負債を背負います。そのため別の誰かに利他的行動をとり、負債を返そうとするのです。ゲーム理論でも、こうした作用が数多く研究されています。

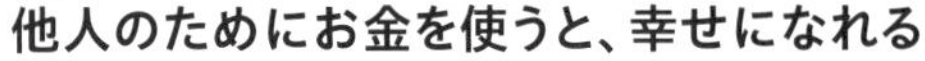

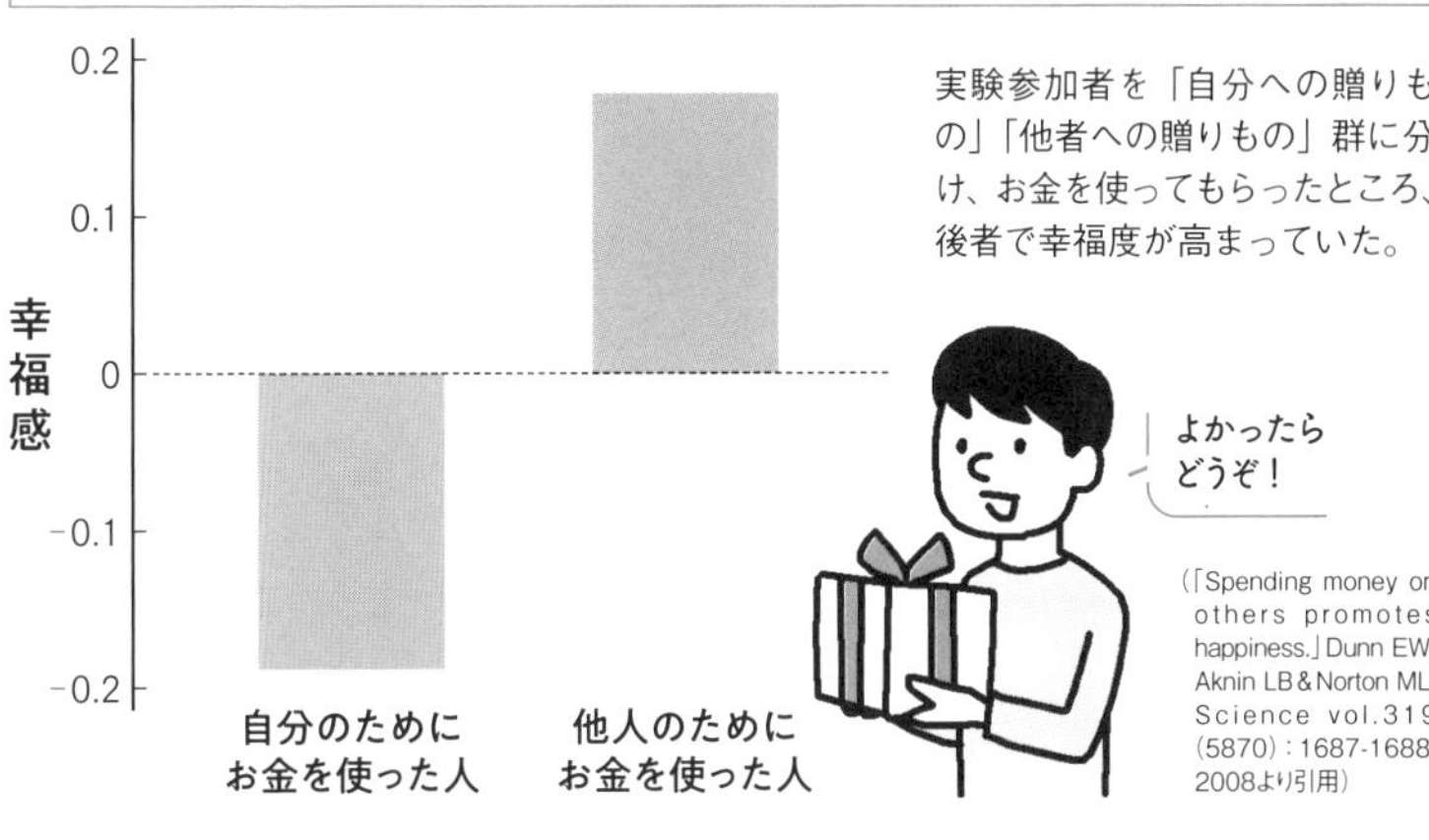

（「Spending money on others promotes happiness.」Dunn EW, Aknin LB & Norton ML, Science vol.319 (5870)：1687-1688, 2008より引用）

不特定多数の人と〝利他〟でつながる

利他的行動には、さまざまなパターンがあります。**「電車で高齢者に席を譲る」など、限定的なシチュエーションでの親切にかぎりません。**新入社員や中途入社の社員に声をかけ、困っていることがないか尋ねるのも、利他的行動。誰かにもらったお菓子を皆に分けて、美味しく食べるのも、いますぐできる利他的行動です。他人のためにお金を使うことで、幸福になれるという研究もあります（上図参照）。632人を対象としたアメリカの調査でも、自分のための支出と幸福度には相関がないと判明。**一方、他者への贈りものや慈善団体への寄付をしている人は、幸福度が高い傾向にありました。**慈善団体への寄付は、見知らぬ他者に容易にできる利他的行動のひとつです。

行きたい店にたどりつけずにいる外国人観光客に声をかけ、助けるのもいいでしょう。感謝の言葉が返ってくることは、人種的偏見の軽減にもつながります（→P207）。

大切なのは、できそうなことをまずやってみること。目の前の他者が何に困っているかを習慣的に考えるだけで、共感性が高まり、利他的行動が自然と増えるはずです。

社会問題のあるある！

「親切にしたのに、感謝されなかった」という経験はないだろうか。こんなときこそ間接互恵性の概念を思い出し、別の誰かに、別のやりかたで役に立つことが大事。これによりネガティブな記憶、感情も薄れていく。

「Stereotypes and prejudice：Their automatic and controlled components.」Devine PG, Journal of Personality ana Social Psychology, vol. 56(1)：5-18, 1989
「Stereotype threat and women's math performance.」Spencer SJ, Steele CM&Quinn DM, Journal of Experimental Social Psychology vol.35(1)：4-28, 1999
「Strategic regulation of empathy.」Weisz E&Cikara M, Trends in Cognitive Sciences vol.25(3)：213-227, 2021
『Striving and feeling：Interactions among goals, affect, and self-regulation.』Martin LL& Tesser A(Eds.), 1996(Lawrence Erlbaum Associates)
「Students' attitudes；A report of the Syracuse University reaction study.」Katz D, Allport FH&Jenness MB, Craftsman Press, 1931
『社会心理学概論』北村英哉・内田由紀子編、2016(ナカニシヤ出版)
「社会的スキル実習の試み」大坊郁夫・栗林克匡・中野 星, 北海道心理学研究 vol.23：22, 2000
「新型コロナウイルス感染症とトランプ的アメリカ」山岸敬和, 国際問題 No. 695：29-38, 2020
「証券価格変動のモメンタム現象とリバーサル現象に関する考察―行動ファイナンスの考え方の整理とそれに基づく定量分析―」高橋典孝, 金融研究 vol.23(別冊2)：43-70, 2004
「多元的無知が非合理的社会現象の普及および維持過程において果たす機能」宮島 健, 九州大学学術情報リポジトリ, 2017
「対人コミュニケーションにおける文化差と普遍性：表情と感情の心理学的研究の視点から」中村 真, 異文化コミュニケーション研究 vol.11：33-52, 1999
「対人認知過程における血液型ステレオタイプの影響―血液型信念に影響されるものは何か―」工藤恵理子, 実験社会心理学研究 vol.43(1)：1-21, 2003
「対立する情報との接触が態度に及ぼす効果―対立の種類に着目した研究レビュー―」小林敬一, 心理学評論 vol.59(2)：143-161, 2016
『単純接触効果研究の最前線』宮本聡介・太田信夫、2008(北大路書房)
「単純接触効果と無意識―われわれの好意はどこから来るのか―」川上直秋, エモーション・スタディーズ vol.1(1)：81-86, 2015
「短期記憶作業時における騒音の影響――うるささの心理的印象と作業成績――」佐伯徹郎ほか, 日本音響学会誌 vol.59(4)：209-214, 2003
「助け合いの社会神経科学」上田竜平, 心理学評論 vol. 63(3)：286-303, 2020
「Telling more than we can know：Verbal reports on mental processes.」Nisbett RE&Wilson TD, Psychological Review vol.84(3)：231-259, 1977
「店頭POPの効果的な訴求方法に関する考察―チョコレート・カテゴリにおける行動経済学の心理効果を用いた実験を通して―」鄒 晨燕・脇山真治, プロモーショナル・マーケティング研究 vol.11：45-58, 2018
「Test of a concession procedure for inducing verbal, behavioral, and further compliance with a request to give blood.」Cialdini RB&Ascani K, Journal of Applied Psychology, vol.61(3)：295-300, 1976
「撤退の意思決定に関する理論的検討(1)：既存研究の概況と今後の研究の方向性」渡辺 周, 東京外国語大学論集 No.100：251-268, 2020
「The accuracy of verbal reports about the effects of stimuli on evaluations and behavior.」Wilson TD&Nisbett RE, Social Psychology vol.41(2)：118–131, 1978
「The anchoring-and-adjustment heuristic：Why the adjustments are insufficient.」Epley N&Gilovich T, Psychological Science vol. 17(4)：311-318, 2006
「The courage of misguided convictions：The trading behavior of individual investors.」Barber BM&Odean T, Financial Analysts Journal vol.55(6)：41-55, 1999
「The development of attitudes toward scientific models during a participatory modeling process―The Impact of participation and social network structure.」Goelz T et al., Frontiers in Marine Science vol.7(644)：1-13, 2020
「The effect of word of mouth on sales：Online book reviews.」Chevalier JA&Mayzlin D, Journal of Marketing Research vol. 43(3)：345-354, 2006
「The effects of met expectations on newcomer attitudes and behaviors：A review and meta-analysis.」Wanous JP et al., Journal of Applied Psychology vol.77(3)：288-297, 1992
「The evolutionary origins of human patience：Temporal preferences in chimpanzees, bonobos, and human adults.」Rosati AG et al., Current Biology vol.17(19)：1663-1668, 2007
「The impact of unconscious bias on women's career advancement.」Filut A, Kaatz A& Carnes M, The Sasakawa Peace Foundation Expert Reviews. Series on Advancing Women's Empowerment, 2017
「The influence of in-store music on wine selections.」North AC, Hargreaves DJ&McKendrick J, Journal of Applied Psychology vol.84(2)：271-276, 1999
「The influence of shared mental models on team process and performance.」Mathieu JE et al., Journal of Applied Psychology vol.85(2)：273-283, 2000
「The mere exposure effect on sweet taste.」Kawano R, Ayabe-Kanamura S&Ohta N, Poster presented at 4th Tsukuba International Conference on Memory, 2003
「The impact of credit cards on spending：A field experiment.」Hafalir EI&Loewensteinield G, Available on SSRN: http://ssrn.com/abstract=1378502, 2009
「The link between social cognition and self-referential thought in the medial prefrontal cortex.」Mitchell JP, Banaji MR&Macrae CN, Journal of Cognitive Neuroscience vol.17(8)：1306-1315, 2005
「The neural basis of financial risk taking.」Kuhnen CM&Knutson B, Neuron vol.47(5)：763-770, 2005
「The organizational apology.」Schweitzer M, Brooks AW&Galinsky AD, Harvard Business Review vol.93：44-52, 2015
「The straw man effect：Partisan misrepresentation in natural language.」Yeomans M, Group Processes&Intergroup Relations vol.25(7)：1905-1924, 2022
「The straw man fallacy as a prestige-gaining device.」de Saussure L, In book：Argumentation and Language――Linguistic, cognitive and discursive explorations, 2018
「The tragedy of the commons.」Hardin G, Science New Series, vol.162(3859)：1243-1248, 1968
「The warm-cold variable in first impressions of persons.」Kelly HH, Journal of Personality vol.18(4)：431-439, 1950
「Time discounting for primary rewards.」McClure SM et al., The Journal of Neuroscience vol.27(21)：5796-5804, 2007
「サードプレイス概念の拡張の検討――サービス供給主体としてのサードプレイスの可能性と課題」石山恒貴, 日本労働研究雑誌 vol.63(7)：4-17, 2021
「透明性の錯覚に与える解の既知性の影響」永野駿太ほか, 行動計量学 vol.45(1)：59-66, 2018
「透明性の錯覚：日本人における錯覚の生起と係留の効果」鎌田晶子, 実験社会心理学研究 vol.46(1)：78-89, 2007
「投資家のリスク態度と熟達度ならびに市場動向が投資行動に与える影響」岩崎雄斗ほか, Cognitive Studies vol.22(2)：389-408, 2015
「Translational science in action：Hostile attributional style and the development of aggressive behavior problems.」Dodge KA, Development and Psychopathology vol.18(3)：791-814, 2006
「Trolls just want to have fun.」Buckels EE, Trapnell PD&Paulhus DL, Personality and Individual Differences vol.67：97-102, 2014
「つぶやきの中のモラル」笹原和俊, 人工知能 vol.34(2)：146-151, 2019
「罪へのライセンス―罪悪感と向社会的行動に対するモラルライセンシング効果の検討―」古川善也・安部主晃・中島健一郎, 感情心理学研究 vol.27(1)：1-9, 2019
「強い監視による看過の増幅：コミットメント・エスカレーションに役員が与える影響」渡辺 周, 組織科学 vol.50(4)：54-65, 2017
「Unawareness of self-interest bias in moral judgments of others' behavior.」Bocian K&Wojciszke B, Polish Psychological Bulletin vol.45(4)：411-417, 2014
「Understanding the better than average effect：Motives(still)matter.」Brown JD, Personality and Social Psychology Bulletin vol.38(2)：209-219, 2012
「Understanding the political representativeness of Twitter users.」Barber P&Rivero G, Social Science Computer Review vol.33(6)：712-729, 2014
「運動パフォーマンスへの皮肉過程理論の援用―皮肉エラーと過補償エラーの実証とメカニズム―」田中美吏・柄木田健太, スポーツ心理学研究 vol.46(1)：27-39, 2019
「VDT作業における疲労度評価に関する研究―休憩時間の長さの検討において―」吉村 勲・友田泰行, 人間工学 vol.31(3)：215-223, 1995
「Weather to go to college.」Simonsohn U, The Economic Journal vol.120(543)：270-280, 2010
「What people desire, feel conflicted about, and try to resist in everyday life.」Hofmann W, Kathleen DV&Baumeister RF, Psychological Science vol.23(6)：582-588, 2012
「When choice is demotivating：Can one desire too much of a good thing?」Iyengar SS&Lepper MR, Journal of Personality and Social Psychology vol.79(6)：995-1006, 2000
「When is believing "Seeing"? Hostile attribution bias as a function of self-reported aggression.」Matthews BA&Norris FH, Journal of Applied Social Psychology vol.32(1)：1-32, 2002
「Which Healthy Eating Nudges Work Best? A Meta-Analysis of Field Experiments.」Cadario R&Chandonb P, Marketing Science vol.39(3)：465-486, 2020
「抑制、表出、反芻傾向と感情プライミング効果の関係」及川昌典・及川 晴, 社会心理学研究 vol.29(1)：40-46, 2013
『よりよい仕事のための心理学 安全で効率的な作業と心身の健康』芳賀 繁編、2019(北大路書房)
「有能営業担当者と非有能担当者の初回商談にむけた準備行為と商談行為」伊東昌子ほか, 人間工学 vol.42(5)：305-312, 2006
「ゼロリスク幻想と安全神話のゆらぎ：東日本大震災と福島原子力発電所事故を通じた日本人のリスク意識の変化」西山 昇・今田高俊, CUC view & vision vol.34：57-64, 2012

「On teams, teamwork, and team performance：Discoveries and developments.」Salas E et al., Human Factors vol.50(6)：540-547, 2008
『恐れのない組織 「心理的安全性」が学習・イノベーション・成長をもたらす』エイミー・C・エドモンドソン著、野津智子訳、2021(英治出版)
「Overcoming the home bias in equity investing」Hetts A, Investments&Wealth Monitor, 2018
「Overeating in restrained and unrestrained eaters.」Polivy J&Herman CP, Frontiers in Nutrition vol.7(30)：1-7, 2020
「Perceiving an object and its context in different cultures：A cultural look at new look.」Kitayama S et al., Psychological Science vol.14(3)：201-206, 2003
「Placebo effects of marketing actions：Consumers may get what they pay for.」Shiv B, Carmon Z&Ariely D, Journal of Marketing Research vol.42(4)：383-393, 2005
「Procrastination：Self-regulation in initiating aversive goals.」van Eerde W, Applied Psychology vol.49(3)：372-389, 2000
「Psychological safety：A meta-analytic review and extension.」Frazier ML et al., Personnel Psychology vol.70(1)：113-165, 2017
「Paradoxical effects of thought suppression.」Wegner DM&Schneider DJ, Journal of Personality and Social Psychology, vol.53(1)：5-13, 1987
「ペットボトル緑茶飲料の外観から感じる味の印象に及ぼすパッケージカラーの効果」齋藤牧子・潮田 浩・和田裕一，日本感性工学会論文集 vol.8(2)：361-368, 2009
「Pluralistic ignorance and white estimates of white support for racial segregation.」O'Gorman HJ, Public Opinion Quarterly vol.39(3)：313-330, 1975
「Pooling of unshared information in group decision making：Biased information sampling during discussion.」Stasser G&Titus W, Journal of Personality and Social Psychology vol.48(6)：1467-1478, 1985
『Pour your heart into it：How Starbucks built a company one cup at a time』Schultz H&Yang DJ, 1997(Hyperion)
「Power and perspective-taking：A critical examination.」Galinsky AD, Rucker DD&Magee JC, Journal of Experimental Social Psychology vol.67：91-92, 2016
『〈パワーポーズ〉が最高の自分を創る』エイミー・カディ著、石垣賀子訳、2016(早川書房)
『PRE-SUASION――影響力と説得のための革命的瞬間』ロバート・チャルディーニ著、安藤清志監訳、2017(誠信書房)
「Prosocial spending and happiness：Using money to benefit others pays off.」Dunn EW, Aknin LB&Norton MI, Current Directions in Psychological Science vol.23(1)：41-47, 2014
「Prosocial spending and well-being：Cross-cultural evidence for a psychological universal.」Aknin LB et al., Journal of Personality and Social Psychology vol.104(4)：635-652, 2013
『リーダーのための心理的安全性ガイドブック』青島未佳編、山口裕幸監修、2021(労務行政)
「Reducing inequality in academic success for incoming college students：A randomized trial of growth mindset and belonging interventions.」Broda M et al., Journal of Research on Educational Effectiveness vol.11(3)：317-338, 2018
「令和4年度性別による無意識の思い込み(アンコンシャス・バイアス)に関する調査結果」内閣府男女共同参画局, 2022
「Relational energy at work：Implications for job engagement and job performance.」Owens BP et al., Journal of Applied Psychology vol.101(1)：35-49, 2016
「恋愛関係の相互作用構造と関係安定性の関連：カップルデータへのペアワイズ相関分析の適用」清水裕士・大坊郁夫，社会心理学研究 vol.22(3)：295-304, 2007
「Registered replication report：Strack, Martin, & Stepper(1988).」Wagenmakers EJ et al., Perspectives on Psychological Science vol.11(6)：917-928, 2016
「令和3年度情報通信メディアの利用時間と情報行動に関する調査報告書」総務省情報通信政策研究所, 2022
「リスク・コミュニケーション再考―統合的リスク・コミュニケーションの構築に向けて(1)」木下冨雄，日本リスク研究学会誌 vol.18(2)：3-22, 2008
『リスク・マネジメントの心理学 事故・事件から学ぶ』岡本浩一・今野裕之編著、2003(新曜社)
「労働生産性の国際比較2022」公益財団法人 日本生産性本部, 2022
「差別・偏見研究の変遷と新たな展開―悲観論から楽観論へ―」池上知子，教育心理学年報 vol.53：133-146, 2014
「災害における認知バイアスをどうとらえるか―認知心理学の知見を防災減災に応用する―」菊池 聡，日本地すべり学会誌 vol.55(6)：286-292, 2018
「先延ばし過程で自覚される認知および感情の変化の検討」小浜 駿，心理学研究 vol.81(4)：339-347, 2010
「先延ばしにつながる意思決定に影響する行動選択肢への評価」黒田卓哉，応用心理学研究 vol.42(3)：194-208, 2017
「先延ばしのパターンと気晴らし方略および精神的適応との関連の検討」小浜 駿，教育心理学研究 vol.60(4)：392-401, 2012
「Save more tomorrow™：Using behavioral economics to increase employee saving.」Thaler RH&Benartzi S, Journal of Political Economy vol.112(S1)：S164-187, 2004
『産業・組織心理学――変革のパースペクティブ』藤森立男編著、2010(福村出版)
「Schwartzの『価値観理論』の構築とその後の展開：『円環連続体モデル／ヒエラルヒカル構造モデル』に焦点を合わせて」真鍋一史・前田忠彦,・清水香基，関西学院大学社会学部紀要 vol.139：1-41, 2022
「Seeing everyone else's highlight reels：How facebook usage is linked to depressive symptoms.」Steers MLN, Wickham RE&Acitelli LK, Journal of Social and Clinical Psychology vol.33(8)：701-731, 2014
「制御焦点がパフォーマンスに及ぼす影響―目標達成の観点から―」外山美樹ほか，CRET年報 vol.4：1-10, 2019
「制御焦点理論―マーケティング分野における応用―」小野晃典，Japan Marketing Journal vol.38(2)：3-5, 2018
「性的視覚刺激による透明性の錯覚の強化」米満文哉・山田祐樹，日本認知心理学会第17回大会, 2019
「Self-compassion, interpersonal conflict resolutions, and well-being.」Yarnell LM &Neff KD, Self and Identity vol.12(21)：46-159, 2013
「『セルフコントロールが得意』とはどういうことなのか 『葛藤解決が得意』と『目標達成が得意』に分けた概念整理」後藤崇志，心理学評論 vol.63(2)：129-144, 2020
「Self-focused attention and emotional reactivity：The role of culture.」Chentsova-Dutton YE& Tsai JL, Journal of Personality and Social Psychology vol.98(3)：507-519, 2010
「Self-nudging and the citizen choice architect.」Samuli R&Ralph H, Behavioural Public Policy vol.6(1)：119-149, 2022
「セルフライセンシング効果による罪悪感の軽減が消費行動に及ぼす影響」三井雄一，西南学院大学商学論集 vol.69(1・2)：17-32, 2022
「サーバントリーダーシップの効用 社員に仕えて能力を引き出す，支えるリーダーのあり方とは」真田茂人，人事マネジメント vol.21(5)：33-47, 2011
「Sex differences in aggression between heterosexual partners：A meta-analytic review.」Archer J, Psychological Bulletin vol.126(5)：651-680, 2000
『新版 インターネットの心理学』パトリシア・ウォレス著、川浦康至・和田正人・堀 正訳、2018(NTT出版)
『新編 社会心理学[改訂版]』堀 洋道監修、吉田富二雄・松井 豊・宮本聡介編著、2009(福村出版)
『心理学から見た社会――実証研究の可能性と課題』安藤清志・大島 尚監修、北村英哉・桐生正幸・山田一成編著、2020(誠信書房)
「心理的安全性が必要なチームとは―チームリーダー516人に聞く『心理的安全性』の実態」松本洋平，RMS Message No.48：23-28, 2017
「ソーシャルメディアにおける道徳的分断：LGBTツイートの事例」笹原和俊・杜 宝発，社会情報学 vol.8(2)：65-77, 2019
「社会神経科学と精神医学」高橋英彦，精神神経学雑誌 vol.115(10)：1027-1041, 2013
『社会心理学・再入門 ブレークスルーを生んだ12の研究』ジョアンヌ・R・スミス&S・アレクサンダー・ハスラム編、樋口匡貴・藤島喜嗣監訳、2017(新曜社)
『社会・集団・家族心理学』森 津太子、2020(放送大学教育振興会)
『社会的認知研究――脳から文化まで』S.T.フィスク&S.E.テイラー著、宮本聡介ほか編訳、2013(北大路書房)
「社会的プライミング研究の歴史と現況―特性プライミング，目標プライミング，評価プライミング，感情プライミング，マインドセット・プライミングの研究動向―」北村英哉，Cognitive Studies vol.20(3)：293-306, 2013
「社会的促進及び抑制の発生機序の解明と理論構築―Zajonc動因説を越えて―」請園正敏，明治学院大学機関リポジトリ, 2016
「社会的促進の研究――歴史・現状・展望」末永俊郎・安藤清志・大島 尚，心理学評論 vol.24(4)：423-457, 1981
『消費者行動の心理学 消費者と企業のよりよい関係性』永野光朗編、2019(北大路書房)
「集団思考(groupthink)とは何か 複合集団における集団思考の可能性」松井亮太，日本原子力学会誌 vol.62(5)：272-276, 2020
「集団における相互作用と影響過程―主な研究の方向と結果―」原岡一馬，久留米大学心理学研究 vol.3, 1-32, 2004
『組織と職場の社会心理学』山口裕幸、2020(ちとせプレス)
「Spatial ecology：Its effects on the choice of friends and enemies.」Ebbesen EB, Kjos GL&Konecni VJ, Journal of Experimental Social Psychology vol.12(6)：505-518, 1976
「Status quo bias in decision making.」Samuelson W&Zeckhauser R, Journal of Risk and Uncertainty vol.1(1)：7-59, 1988

「Familiar and unfamiliar face recognition in a crowd.」Ito H&Sakurai A, Psychology vol.5(9)：1011-1018, 2014
「Fear and greed in financial markets：A clinical study of day-traders.」Lo AW, Repin DV&Steenbarger BN, American Economic Review vol.95(2)：352-359, 2005
「Fighting procrastination in the workplace：An experiment.」Cadena X et al., NBER Working Paper No. 16944, 2011
「Fund managers by gender：Through the performance lens.」Sargis M&Wing K, Morningstar Research No.8：1-24, 2018
「Future self-continuity：How conceptions of the future self transform intertemporal choice.」Hershfield HE, Annals of the New York Academy of Sciences vol.1235(1)：30-43, 2011
「Gender stereotypes in leadership：How threatening are they?」Streets VN, Psychology Theses and Dissertations vol.108：1-56, 2014
「Getting older isn't all that bad：Better decisions and coping when facing "sunk costs".」Bruine de Bruin W, Strough JN&Parker AM, Psychology and Aging vol. 29(3)：642-647, 2014
「グリット研究とマインドセット研究の行動経済学的な含意－労働生産性向上の議論への新しい視点－」川西 諭・田村輝之, 行動経済学 vol.12：87-104, 2019
「グローバル化社会における共生と共感」遠藤由美, エモーション・スタディーズ vol.1(1)：42-49, 2015
「Group influence on individual risk taking.」Wallach MA, Kogan N&Bem DJ, ETS Research Bulletin Series vol.1962(1)：1-39, 1962
「Group inhibition of bystander intervention in emergencies.」Latané B&Darley JM, Journal of Personality and Social Psychology vol.10(3)：215-221, 1968
『はじめてふれる産業・組織心理学』榎本博明、2019(サイエンス社)
「Heads or tails：The impact of a coin toss on major life decisions and subsequent happiness.」Levitt SD, NBER Working Paper No.22487：1-40, 2016
「平均点以上効果が示すものは何か：評定対象の獲得容易性の効果」工藤恵理子, 社会心理学研究 vol.19(3)：195-208, 2004
「ヒューマン・ディベロップメント　目標管理制度(MBO)の限界－OKR に学ぶ発想の転換－」松丘啓司, 経営センサー No.212：42-47, 2019
「Hostile attribution bias and aggression in adults－A systematic review.」Klein TS, Bogaerts S&Veling W, Aggression and Violent Behavior vol.46：66-81, 2019
「Hostile attributional bias and aggressive behavior in global context.」Dodge KA et al., PNAS vol.112(30)：9310-9315, 2015
「'I did it for the LULZ'：How the dark personality predicts online disinhibition and aggressive online behavior in adolescence.」Kurek A, Jose PE& Stuart J, Computers in Human Behavior vol.98：31-40, 2019
「I don't like it；I never tried it：Effects of exposure on two-year-old children's food preferences.」Birch LL&Marlin DW, Appetite vol.3(4)：353-360, 1982
「I feel like I know you：Sharing negative attitudes of others promotes feelings of familiarity.」Weaver JR&Bosson JK, Personality and Social Psychology Bulletin vol.37(4)：481-491, 2011
「Impact of increasing vegetarian availability on meal selection and sales in cafeterias.」Garnett EE et al., PNAS vol.116(42)：20923-20929, 2019
「Increasing compliance by improving the deal：The that's-not-all technique.」Burger JM, Journal of Personality and Social Psychology vol.51(2)：277-283, 1986
「Internet paradox　A social technology that reduces social involvement and psychological well-being?」Kraut R et al., American Psychologist vol.53(9)：1017-1031, 1998
「Is anybody out there?　Antecedents of trust in global virtual teams.」Jarvenpaa SL, Knoll K&Leidner DE, Journal of Management Information Systems vol.14(4)：29-64, 1998
『自分を知り、自分を変える　適応的無意識の心理学』ティモシー・ウィルソン著、村田光二訳、2005(新曜社)
「自我脅威状況における補償的自己高揚の検討」田端拓哉・池上知子, 社会心理学研究 vol.27(1)：47-54, 2011
「ジグソー法の背景と思想――学校文化の変容のために――」友野清文, 学苑 総合教育センター・国際学科特集 No.895：1-14, 2015
「自己統制の行使は創造性を高めるのか－特性的接近動機を調整変数として－」湯 立ほか, CRET年報 vol.7：1-9, 2022
「自身の「嘘」に対する確信の生まれ方～他者視点取得と懸念的被透視感から～」石川 悟, 日本認知科学会第32回大会, 2015
「Judgment under uncertainty：Heuristics and biases」Kahneman D, Slovic P&Tversky A(Eds.), Cambridge University Press, 1982
「Judgment under uncertainty：Heuristics and biases.」Tversky A&Kahneman D, Science New Series vol.185(4157)：1124-1131, 1974
「感情的意思決定を支える脳と身体の機能的関連」大平英樹, 心理学評論 vol.57(1)：98-123, 2014
「間接互恵性の成立――非寛容な選別主義に基づく利他行動の適応的基盤――真島理恵・高橋伸幸, 心理学研究 vol.76(5)：436-444, 2005
「感謝の表明は外国人ステレオタイプイメージの好転に貢献するか」宮本聡介・野村優寿, 明治学院大学心理学紀要 vol.32：9-18, 2022
「顔認知の個人差と文化差」山口真美, Vision vol.29(1)：6-11, 2017
「香りの単純接触効果(2)－嗜好変化と香りの印象の関係－」庄司 健・田口澄恵・寺嶋有史, 日本味と匂学会誌 vol.13(3)：617-620, 2006
「結婚生活の経過による妻の夫婦関係満足度の変化」永井暁子, 社会福祉 vol.52：123-131, 2011
「懸念的被透視感によって生起する反応の印象」太幡直也, 心理学研究 vol.81(6)：625-630, 2011
「利き手側の良さ－事前登録されたCasasanto(2009)の直接的追試－」佐々木恭志郎・米満文哉・山田祐樹, 心理学評論 vol.62(3)：262-271, 2019
「個人投資家の証券投資に関する意識調査【インターネット調査】」日本証券業協会、2022
「国際分散投資におけるホーム・バイアス・パズルを巡る諸論点」白塚重典・中村 恒, 金融研究 vol.17(2)：69-104, 1998
『行動意思決定論――バイアスの罠』M.H.ベイザーマン&D.A.ムーア、長瀬勝彦訳、2011(白桃書房)
『行動科学でより良い社会をつくる――ソーシャルマーケティングによる社会課題の解決――』瓜生原葉子、2021(文眞堂)
『行動科学と投資――その努力がパフォーマンスを下げる』ダニエル・クロスビー著、長岡半太郎監修、井田京子訳、2020(パンローリング)
「幸福感と自己決定－日本における実証研究(改訂版)」西村和雄・八木 匡, RIETI Discussion Paper Series 18-J-026, 2018
「向社会的行動の受け手の感謝および負債感を喚起する要因の検討」白木優馬・五十嵐 祐, 心理学研究 vol.87(5)：474-484, 2016
「交渉におけるフレーミング効果と互酬性効果」佐々木秀綱, 組織科学 vol.50(3)：73-88, 2017
『基礎から学ぶ産業・組織心理学』幸田達郎、2020(勁草書房)
『競争と協調のレッスン　コロンビア×ウォートン流　組織を生き抜く行動心理学』アダム・ガリンスキー&モーリス・シュヴァイツァー著、石崎比呂美訳、2018(TAC出版)
「Licensing effect in consumer choice.」Khan U&Dhar R, Journal of Marketing Research vol.43(2)：259-266, 2006
「Male vs female leaders：Analysis of transformational, transactional & laissez-faire women leadership styles」Silva S&Mendis B, European Journal of Business and Management vol.9(9)：19-26, 2017
「Many hands make light the work：The causes and consequences of social loafing.」Latané B, Williams K&Harkins S, Journal of Personality and Social Psychology vol.37(6)：822-832, 1979
「マスクの着用が表情認知に及ぼす影響とそのメカニズムの解明－視線計測器による検証」齊藤俊樹, 「新型コロナウイルス感染拡大に関連した実践活動及び研究」成果報告書, 2021
「マスクをした顔に対する表情認知の文化差」齊藤俊樹・元木康介・高野裕治, 日本認知心理学会第19回大会, 2022
「メンタルモデルを共有しているチームは対話せずとも成果を挙げる：共有メンタルモデルとチーム・ダイアログがチーム・パフォーマンスへ及ぼす効果」秋保亮太ほか, 実験社会心理学研究 vol.55(2)：101-109, 2015
『Microaggressions and marginality：Manifestation, dynamics, and impact.』Sue DW(Ed.), 2010(John Wiley&Sons)
「Mindless eating：The 200 daily food decisions we overlook.」Wansink B&Sobal J, Environment and Behavior vol.39(1)：106-123, 2007
「More evidence of home bias.」Toshino M, Waseda University Institute of Finance Working Paper Series(WIF-08-002), 2008
「何が仕事のストレスをもたらすのか～ISSP国際比較調査「仕事と生活(職業意識)」から～」村田ひろ子, 放送研究と調査 vol.68(3)：38-50, 2018
「ネット炎上の実態と政策的対応の考察－実証分析から見る社会的影響と名誉毀損罪・制限的本人確認制度・インターネットリテラシー教育の在り方－」山口真一, 総務省 情報通信政策レビュー vol.11：52-74, 2015
「Neural basis of egalitarian behavior.」Dawes CT et al., PNAS vol. 109(17)：6479-6483, 2012
「Neural predictors of giving in to temptation in daily life」Lopez RB et al., Psychological Science vol.25(7)：1337-1344, 2014
「認知的負荷が懸念的被透視感によって生起する反応に与える影響」太幡直也, 心理学研究 vol.79(4)：333-341, 2008
「脳が決める効果：プラセボ効果の要因解析からわかること」井澤美苗ほか, 日本香粧品学会誌 vol. 37(3)：197-200, 2013
「ナッジ研究における諸課題－倫理的観点から－」山根承子, 日本健康教育学会誌 vol.30(1)：68-72, 2022
「オンライン脱抑制：構成概念の再考と新たなモデルの提案」温 若寒・三浦麻子, 心理学評論 vol.65(1)：52-63, 2022

参考文献

「Affect, not Ideology：A social identity perspective on polarization.」IyengarS, Sood G&Lelkes Y, Public Opinion Quarterly vol.76(3)：405-431, 2012
「A human voice, but not human visual image makes people perceive food to taste better and to eat more：“Social” facilitation of eating in a digital media.」Kawai N, Guo ZG&Nakata R, Appetite vol.167(3), 2021
「愛着不安は親密な関係内の暴力の先行要因となり得るのか?—恋愛関係と夫婦関係の縦断調査から—」金政祐司ほか, 心理学研究 vol.92(3)：157-166, 2021
「A lady in distress：Inhibiting effects of friends and strangers on bystander intervention.」Latane B&Rodin J, Journal of Experimental Social Psychology vol.5(2)：189-202, 1969
『Altruism in humans.』Batson CD, 2011(Oxford University Press)
「Ambiguity and self-evaluation：The role of idiosyncratic trait definitions in self-serving assessments of ability.」Dunning D, Meyerowitz JA&Holzberg AD, Journal of Personality and Social Psychology vol. 57(6)：1082-1090, 1989
「A meta-analytically derived nomological network of procrastination.」van Eerde W, Personality and Individual Differences VOL.35(6)：1401-1418, 2003
『あなたがあなたであることの科学——人の個性とはなんだろうか』デイヴィッド・J・リンデン著、岩坂 彰訳、2021(河出書房新社)
「A negative effect of a contractive pose is not evidence for the positive effect of an expansive pose：Comment on Cuddy, Schultz, and Fosse(2018).」Credé M, Meta-Psychology vol.3：1-5, 2019
「Anger.」Averill JR, Nebraska Symposium on Motivation vol.26：1-80, 1978
「アノマリーに基づく投資の実践(6)：過去の株価情報から追加リターンを稼ぐことができるか?(2)」徳永俊史, 調査情報 No.248：1-9, 2001
『安全・安心の心理学 リスク社会を生き抜く心の技法48』海保博之・宮本聡介、2007(新曜社)
「あおり運転に関する研究の概観と抑止策の提案」中井 宏, 交通科学 vol.52(1)：3-12, 2021
『新しい社会心理学のエッセンス——心が解き明かす個人と社会・集団・家族のかかわり』松井 豊・宮本聡介編、2020(福村出版)
「Attending holistically versus analytically：Comparing the context sensitivity of Japanese and Americans.」Masuda T&Nisbett RE, Journal of Personality and Social Psychology vol.81(5)：922-934, 2001
「Behavioral economics and the effects of psychology on the stock market.」Nagy JL, Applied Economics Theses vol.24：1-83, 2017
「Being a positive bystander：Male antiviolence allies' experiences of “stepping up”.」Casey EA&Ohler K, Journal of Interpersonal Violence vol.27(1)：62-83, 2012
「Being efficiently fickle：A dynamic theory of organizational choice.」Nickerson JA& Zenger TR, Organization Science vol.13(5)：547-566, 2002
「Beliefs about willpower determine the impact of glucose on self-control.」Joba V et al., PNAS vol.110(37)：14837-14842, 2013
「Body size misperception：A novel determinant in the obesity epidemic.」Powell TM et al., Archives of internal medicine vol.170(18)：1695-1697, 2010
「Boys will be boys：Gender, overconfidence, and common stock investment.」Barber BM&Odean T, Quarterly Journal of Economics vol.116(1)：261-292, 2001
『武器としての組織心理学——人を動かすビジネスパーソン必須の心理学』山浦一保、2021(ダイヤモンド社)
「Bystander intervention：The effect of ambiguity of the helping situation and the interpersonal relationship between bystanders.」Harada J, Japanese Psychological Research vol.27(4)：177-184, 1985
「Can including pros and cons increase the helpfulness and persuasiveness of online reviews? The interactive effects of ratings and arguments.」Schlosser AE, Journal of Consumer Psychology vol.21(3)：226-239, 2011
「Can we really reduce ethnic prejudice outside the lab? A meta-analysis of direct and indirect contact interventions.」Lemmer G& Wagner U, European Journal of Social Psychology vol.45：152-168, 2015
「Changing behavior with normative feedback interventions：A field experiment on curbside recycling.」Schultz PW, Basic and Applied Social Psychology vol.21(1)：25-36, 1999
「Changing circumstances, disrupting habits.」Wood W, Tam L&Witt MG, Journal of Personality and Social Psychology vol. 88(6)：918-933, 2005
「Changing climates of conflict：A social network experiment in 56 schools.」Paluck EL, Shepherd H&Aronow PM, Proceedings of the National Academy of Sciences vol.113(3)：566-571, 2016
「Clearing the air：Identity safety moderates the effects of stereotype threat on women's leadership aspirations.」Davies PG, Spencer SJ&Steele CM, Journal of Personality and Social Psychology vol.88(2)：276-287, 2005
「Closed-mindedness and insulation in groupthink：Their effects and the devil's advocacy as a preventive measure.」Akhmad M, Chang S&Deguchi H, Journal of Computational Social Science vol.4：455-478, 2021
「コミュニケーション・スキルの重要性」大坊郁夫, 日本労働研究雑誌 No.546：13-22, 2006
「Computer-mediated communication：Impersonal, interpersonal, and hyperpersonal interaction.」Walther JB, Communication Research vol.23(1)：3-43, 2016
「Cortisol shifts financial risk preferences.」Kandasamy N et al., PNAS vol.111(9)：3608-3613, 2014
「“カルト”問題に直面した家族の心理的プロセスの研究—曖昧な喪失に対する家族の反応—」中西彩之・西田公昭, 応用心理学研究 vol.45(1)：1-14, 2019
「Cultural narratives of individualism and collectivism：A content analysis of textbook stories in the United States and Japan.」Imada T, Journal of Cross-Cultural Psychology vol.43(4)：576-591, 2012
「Culture and the physical environment：Holistic versus analytic perceptual affordances.」Miyamoto Y, Nisbett RE&Masuda T, Psychological Science vol.17(2)：113-119, 2006
「Cyberbullying in Japan：An exploratory study.」Udris R, International Journal of Cyber Society and Education vol.8(2)：59-80, 2015
「大学生における敵意帰属バイアスと認知機能の関連」河井奈央ほか, 徳島大学 人間科学研究 vol.24：67-87, 2016
「第一印象の形成」林 伸二, 青山経営論集 vol.40(4)：51-78, 2006
「Dissociable effects of self-reported daily sleep duration on high-level cognitive abilities.」Wild CJ et al., Sleep vol.41(12)：1-11, 2018
「Divergent consequences of success and failure in Japan and North America：An investigation of self-improving motivations and malleable selves.」Heine SJ et al., Journal of Personality and Social Psychology vol.81(4)：599-615, 2001
「Does spending money on others promote happiness?：A registered replication report.」Aknin LB et al., Journal of Personality and Social Psychology vol.119(2)：e15-e26, 2020
「Does team training improve team performance?：A meta-analysis.」Salas E et al., Human Factors vol.50(6)：903-933, 2008
「“Don't miss!” The debilitating effects of suppressive imagery on golf putting performance.」Beilock SL et al., Journal of Sport and Exercise Psychology vol.23(3)：200-221, 2001
「同調, 服従行動としての社会的影響過程と自己統制感—Deaux, K., Dane, F.C., Wrightman, L.S.&Sigelman, C.K.の『'90年代の社会心理学』をもとに—」原岡一馬, 久留米大学心理学研究 No.2：1-14, 2003
『Effective television advertising：A study of 1000 commercials.』Stewart DW&Furse DH, Lexington, Lexington Books, 1986
「Effect of task length on remembered and predicted duration.」Roy MM&Christenfeld NJS, Psychonomic Bulletin&Review vol.15(1)：202-207, 2008
「Effects of content of verbal aggression on future verbal aggression：A field experiment.」Ebbesen EB, Duncan B&Konečni VJ, Journal of Experimental Social Psychology vol.11(2)：192–204, 1975
「Effects of word-of-mouth versus traditional marketing：Findings from an internet social networking site.」Trusov M, Bucklin RE& Pauwels KH, Journal of Marketing vol.73(5)：90-102, 2009
「Egocentrism over e-mail：Can we communicate as well as we think?」Kruger J et al., Journal of Personality and Social Psychology vol.89(6)：925-936, 2005
「炎上に書き込む動機の実証分析」山口真一, InfoCom review vol.69：61-74, 2017
「円滑な間主観的インタラクションを可能にする神経機構」乾 敏郎, こころの未来 vol.9：14-17, 2012
「Explaining affective linkages in teams：Individual differences in susceptibility to contagion and individualism-collectivism.」Illies R, Wagner DT&Morgeson FP, Journal of Applied Psychology vol.92(4)：1140-1148, 2007
「Extraneous factors in judicial decisions.」Danziger S, Levav J&Avnaim-Pessoa L, PNAS vol. 108(17)：6889-6892, 2011
「Facing one's implicit biases：From awareness to acknowledgment.」Hahn A&Gawronski B, Journal of Personality and Social Psychology vol.116(5)：769-794, 2019
「False memories of childhood experiences.」Hyman IE, Husband TH&Billings FJ, Applied Cognitive Psychology vol.9(3)：181-197, 1995

監修

宮本聡介（みやもと・そうすけ）

明治学院大学心理学部心理学科教授。博士（心理学）

1966年京都府生まれ。1996年筑波大学大学院博士課程心理学研究科修了。2009年より明治学院大学心理学部心理学科准教授、2014年より現職。専門は社会心理学、社会的認知、コミュニケーション。
『新しい社会心理学のエッセンス　心が解き明かす個人と社会・集団・家族のかかわり』『新編 社会心理学』（福村出版）、『高校生に知ってほしい心理学〈第2版〉：どう役立つ？どう活かせる？』（学文社）、『社会心理学』（朝倉書店）、『社会的認知研究：脳から文化まで』『単純接触効果研究の最前線』（北大路書房）など、編著書・訳書多数。

STAFF

本文デザイン　八月朔日英子
本文イラスト　いたばしともこ
校正　渡邉郁夫
編集協力　オフィス201（川西雅子）
編集担当　田丸智子（ナツメ出版企画）

本書に関するお問い合わせは、書名・発行日・該当ページを明記の上、下記のいずれかの方法にてお送りください。お電話でのお問い合わせはお受けしておりません。
・ナツメ社webサイトの問い合わせフォーム
https://www.natsume.co.jp/contact
・FAX（03-3291-1305）
・郵送（下記、ナツメ出版企画株式会社宛て）
なお、回答までに日にちをいただく場合があります。正誤のお問い合わせ以外の書籍内容に関する解説・個別の相談は行っておりません。あらかじめご了承ください。

自分を変える！　行動の理由がわかる！
ゼロからわかる　行動科学大全

2023年7月4日　初版発行

監修者　宮本聡介　　Miyamoto Sosuke, 2023
発行者　田村正隆
発行所　株式会社ナツメ社
東京都千代田区神田神保町1-52　ナツメ社ビル1F（〒101-0051）
電話 03-3291-1257（代表）　FAX 03-3291-5761
振替 00130-1-58661
制　作　ナツメ出版企画株式会社
東京都千代田区神田神保町1-52　ナツメ社ビル3F（〒101-0051）
電話 03-3295-3921（代表）
印刷所　ラン印刷社

ISBN978-4-8163-7394-7　　Printed in Japan
＊定価はカバーに表示してあります
＊落丁・乱丁本はお取り替えします